내가 아파서 다행이야

내가 아파서 다행이야

발행일　　2025년 11월 14일

지은이　　박정안, 우장문
표지그림　박수진
펴낸이　　손형국
펴낸곳　　(주)북랩

출판등록　2004. 12. 1(제2012-000051호.)
주소　　　서울특별시 금천구 가산디지털 1로 168, 우림라이온스밸리 B동 B111호, B113~115호
홈페이지　www.book.co.kr
전화번호　(02)2026-5777　　　　　　　　　　팩스　　(02)3159-9637

ISBN　　　979-11-7224-935-9 03810(종이책)　　　979-11-7224-936-6 05810(전자책)

작가 연락처 문의 ▶ ask.book.co.kr

전용 게시판에 문의를 남기시면 저자에게 직접 전달됩니다.

(주)북랩 성공출판의 파트너

북랩 홈페이지와 SNS에서 다양한 출판 솔루션을 만나 보세요!

홈페이지 book.co.kr　　•　**블로그** blog.naver.com/essaybook　　•　**출판문의** text@book.co.kr
카톡채널 북랩

내가 아파서 다행이야

박정안, 우장문 지음

박수진 표지 그림

 북랩

아내에게 이 책을 바치며

아내가 세상을 떠난 지 어느덧 여덟 해가 되었습니다. 그간 아내와의 두 가지 약속을 지키기 위해 노력했습니다. 하나는 막내딸을 유학 보내자는 약속이었고, 또 하나는 아내가 병상에서 쓴 일기를 책으로 내자는 약속이었습니다.

막내딸은 영국에서 킹스칼리지 대학을 마치고 런던정경대학 대학원에서 '국제사회 및 공공정책학'을 전공하여 열심히 공부하고 있어 첫 번째 약속은 잘 진행되고 있습니다.

두 번째 약속도 이제 지키게 되었습니다.

아내는 병원에 입원하기 전부터 수첩에 메모하는 습관이 있었습니다. 그러다가 공교롭게도 2017년부터 다이어리를 사서 본격적으로 일기를 쓰기 시작했습니다.

나는 그때까지 아내가 일기를 쓰고 있었다는 사실조차 몰랐습니다. 입원 후, 무료한 시간을 조금이라도 달래보자는 마음에 일기를 써서 나중에 책으로 내보자 제안했습니다.

아내는 힘든 와중에도 새벽녘, 혼자 있는 시간에 조용히 일기를 써 내려갔습니다. 그렇게 쌓여간 기록이 바로 지금 이 책의 시작이 되었습니다.

내가 아파서 다행이야

하지만 아내의 병세는 점점 깊어졌습니다. 결국 2017년 12월 31일을 끝으로 더는 일기를 쓸 힘이 남아있지 않았습니다. 그 사실을 나중에야 알고, 2018년 1월 20일부터 아내의 자리를 대신해 그날그날의 일을 제가 적었습니다. 그렇게 해서 이 책은 '부부가 함께 써 내려간 병상 일기'가 되었습니다.

아내가 떠난 뒤, 나는 오랫동안 그 일기를 다시 펼칠 용기가 없었습니다. 몇 장만 넘겨도 가슴이 미어져 책을 덮곤 했습니다.

세월이 흘러 일곱 해가 지나고, 여덟 번째 해가 되어서야 비로소 마음을 다잡고 일기를 다시 읽을 수 있었습니다.

그러나 그 과정은 다시 나를 무너뜨렸습니다. 일기 속에는 내가 알지 못했던 형언할 수 없는 고통, 가족을 향한 사랑, 그리고 마지막까지 꺾이지 않은 의지가 고스란히 담겨 있었기 때문입니다.

아내의 일기를 읽으면서 병원 치료를 받아야 할 정도로 심적 고통이 컸습니다. 책을 펴내면 아이들도 힘들어하지 않을까 하는 염려에서 출판 여부를 묻자 모두 "엄마를 위해 책을 내자"고 말해주었고, 그 말에 용기를 얻어 출판할 수 있었습니다.

아내는 확진 판정을 받은 순간까지도 의연했습니다. 죽음에 대한 두려움을 입에 올리지 않았고, 오히려 항상 아이들을 걱정했습니다.

　서울성모병원 응급실에서 한 환자가 "왜 하필 나에게 이런 병이…" 라며 울부짖을 때, 아내는 "그래도 내가 아파서 다행이야."라고 말했습니다. 그 말을 듣는 순간, 아내가 얼마나 단단하고 훌륭한 사람인지를 새삼 깨달았습니다.

　그 한마디가 이 책의 제목이 되었습니다.

　『내가 아파서 다행이야』.

　아내는 화가가 되고 싶었지만 상업 교사로 35년 동안 전문계고등학교에서 교편을 잡았습니다. 힘든 학생들과 씨름하며 많은 날을 보내면서도, 자식 셋을 위해 끝까지 직장을 놓지 않았습니다. 그 와중에도 그림을 그리고, 만들기를 즐기며, 작은 것에서 행복을 찾던 사람이었습니다.

　아내가 떠난 뒤 몇 번 꿈에서 보았습니다. 처음에는 무표정한 얼굴로 나타났지만, 어느 날은 하얀 해변의 흰 파라솔 아래에서 하얀 옷을 입고 서 있었습니다. 그 순간 나는 "열심히 기도하더니 정말 천국으로 갔구나."라는 생각이 들면서 마음이 한결 가벼워졌습니다. 책의 표지 그림은 바로 그 꿈속의 모습을 담은 것입니다.

　책 속에 등장하는 장모님과 시어머니는 8년이란 세월이 지나면서 하늘나라로 가셨습니다. 아내와 만나 평안하게 잘 지내고 계시리라 믿습니다.

　아이들은 엄마의 부재에도 첫째는 호주에서 간호사, 둘째는 보은에서 약사, 막내는 영국에서 공부하면서 잘 생활하고 있어서 고마울 따름입니다.

이 책이 세상에 나오기까지 많은 분의 도움이 있었습니다. 아내가 아플 때 큰 걱정과 도움을 주신 처남과 처갓집 사람들, 시댁 식구들, 미모 회원들, 이용조, 홍석희 선생님께 진심으로 감사드립니다.

또한 이 책의 출간을 허락해주신 북랩 출판사와 표지 그림을 그려준 박수진 작가에게 고마움을 표합니다.

이 책은 단순한 기록이 아닙니다.

아내가 남긴 마지막 목소리이자, 남겨진 가족이 그 목소리에 다시 귀 기울이는 여정입니다. 누군가는 나처럼 아파할 수도 있고, 누군가는 나처럼 위로받을 수도 있을 것입니다.

이 책이 누군가에게 '가족이 사랑으로 뭉치는 원동력'이 되기를 바라며, 아픈 기억의 내용이지만 조심스럽게 세상 밖으로 내보내게 되었습니다.

2025. 10. 31.

남편 우장호

목차

5장 힘들게 고생만 하다가

6장 떠난 자리 나 홀로

일상이 바쁘고
힘들었던 나날

아영 졸업식에서…

엄마, 교사, 아내로 분주한 나날

●●●

2017년 1월 14일(토)

다이어리가 도착했다. 올해는 11월에 주문해야겠다. 1:30 p.m. 남편은 경주 답사 갔다가 늦게 돌아온다고 나감. 아란이는 아숨시오(성가대) 연습한다고 권선동 성당에 감. 윤명이가 라면 끓여 점심으로 먹음. 큰오빠가 엄마 모시고 백내장 수술받으라고 함. 여러 가지 택배가 도착한 다이어리, 폰 커버, 수첩, 조미료, 차 원료(도라지, 생강, 계피)로 차를 끓여 먹으니 만족스럽다. 도장(만년 도장)이 아직 도착하지 않았다.

1월 15일(일)

11시 미사를 보려고 아침 먹고 서둘렀다. 빠져나오기 힘들 것 같아 길에 주차하는데 세라 언니한테서 톡이 왔다. 앞에서 5번째 앉아 있다고 본당에 들어가니 아녜스와 세라 언니가 앉아 있어서 그 옆자리로 갔다. 지휘자가 새 가운을 입고 지휘하는 데 적응하기 힘들었다.

안젤라 부동산 개업한 사무실에 갔다. 마르타 언니는 세라 언니한테 혼자 가겠다고 해서 우리 셋이 차를 타고 갔다. 새 사무실이라 깔끔하고 좋았다. 점심은 아브뉴프랑 부대찌개 집에서 먹었다. 사무실에 다시 돌아와 커피를 마시며 담소를 나누고 있는데, 안젤라가 컴퓨터 바이러스 때문에 자료가 날아갔을까 봐 걱정했다. 윤명이 저녁에 치킨을 먹는다고 해서 시켜 먹고 쉬고 있는데, 8시쯤 성당 갔던 아란이가 돌아왔다. 오늘이 아숨시오 행사 날이었다고 했다.

1월 16(월)

아란이 체크카드 만들러 농협에 갔다. 아란이 명의 입출금 통장에서 하나 만들고, 내 계좌로 보통예금 통장 개설해서 하나 더 만들어 아란이에게 주었다. 아란이 빨리 쓰고 싶다며 좋아했다.

아란이 수학과외 백○○ 선생님께 첫 전화를 했다. 막달레나가 소개해준 여학생인데 달리 아는 과외샘도 없고 하여 2월 11일 저녁 7시에 오시기로 했다.

밤에 미바 합창단에서 연습하고 있는데 둘째 오빠가 전화했다.

요즘 서울에서 하는 집회에 가는 것에 관해 물어봤다. 역시 열정적으로 참여하고 있다고 했다. 전화는 끊기가 어려워 연습 시간도 좀 제쳐두고 통화를 하다 좀 늦게 들어갔다. 밤에 오빠가 보내준 유튜브를 검색하느라 밤을 새우고 말았다.

낮에 아란이랑 이마트, NC 아웃렛, 롯데마트를 돌며 아란이 래시가드, 분홍 양말(양말 인형 재료) 반찬거리 등을 사 왔다.

1월 17일(화)

오후에 척추측만증 치료를 받으러 갔던 부부○○한의원에 벌침 9회분 카드 결제를 취소하고, 내일 윤명이 생일 반찬거리를 좀 사서 돌아왔다.

아침에 아란이 보고 같이 척추측만증 병원에 가자고 했더니 내일

가자고 한다.

1월 18일(수)

윤명이 생일이다.

6시쯤 눈이 떠져서 컴퓨터로 이것저것 하다가 다시 잤다.

9시에 일어나 잡채를 만들다 보니 팔과 다리가 너무 아파서 간신히 만들어 11시에 아이들을 깨워 미역국과 잡채로 식사를 했다.

3시에 가족 넷이 집을 나서 이마트와 함께 붙어 있는 NC백화점 애슐리에서 점심 겸 저녁을 먹었다.

다 먹고 나니 배가 좀 좋지 않아 화장실에 갔다.

윤명이 호주에 가져갈 수영복을 사려 했더니 필요 없다고 하여 이마트로 왔다. 이마트에서 살 것(멀티 어댑터)을 보니 9,000원이나 한다.

G마켓에서 온라인 구매가 훨씬 싸기에 그만두었다.

윤명이 아주대 앞에서 안경 맞추겠다고 하여 내려주고 오는 길에 파리바게뜨에서 치즈케이크 사 가지고 집으로 왔다.

밤에 생일파티를 했다.

1월 19일(목)

아란이 '비데스'(봉사단체)에서 제주도 가는 날.

6:30에 일어나 아침을 차리고 아란이를 깨웠다. 아란 아빠와 아란이랑 아침을 먹고 내 차로 호텔 캐슬(동수원공항리무진 버스터미널)에 내려주었다.

아란 아빠는 석○○과 아란이를 김포공항까지 버스로 데려다주고 왔다. 나는 집에 와서 좀 있다가 11시경 연말 정산하러 학교에 갔다. 이번에는 200,000원을 더 내야 한다. 학교 가기 전에 성당에 들렀더니 이번 해는 교무금을 하나도 내지 않았단다. 연초에 낸 줄 알았는데….

집으로 돌아와서 호주행 에어아시아 웹 체크인을 했다. 가는 항공편은 했는데 오는 항공편은 되지 않았다. 월요일에 다시 해야겠다.

1월 20일(금)

종일 TV 보고, 책 읽고 쉬었다.

1월 21일(토)

11시에 엄마가 계신 요양원에 갔다. 염색도 하고 파마하니 얼굴이 훨씬 좋아 보이신다. 도착하니 식사를 하다 말고 나오셨는데 다 드셨다고 괜찮다고 했다. 이런저런 얘기로 시간이 흘렀다. 여행 잘 다녀오라고 10만 원을 주셨는데 집에 와보니 11만 원이었다. 윤명이는 한국사능력시험 보러 가서 저녁 먹고 들어온다고 한다.

1월 22일(일)

아란이 비테스 연수 마치고 제주에서 돌아왔다.

저녁 6:25 도착 대한항공 편이다. 나는 미사 보러 가고 아빠가 호텔 캐슬로 데리러 갔다.

KE1220 22JAN 30A 093 *05529○○○

1월 23일(월)

○○ 애기 돌이라 원천동 파스타 집에 조금 일찍 오라고 했다. 나는 짐도 싸야 하고 해서 못 가고 연습만 참석했다.

행복했지만 힘들었던 호주 여행

● ● ●

1월 24일(화)

드디어 시드니로 출발하는 날이다. 인천에서 9:35 a.m. 출발이라 집에서 6시쯤 아빠가 차로 인천 공항까지 갔다. 부치는 짐은 20kg짜리 1개, 나머지는 셋이 7kg씩 나누어 탔다. 오후 3:20에 쿠알라룸푸르 공항에 도착하고, 다시 11:35 p.m.에 출발해서 내일 10:45 a.m.에 시드니에 도착한다. 에어아시아 비행기가 3시간이나 늦게 출발했다. 그나마 쿠알라룸푸르 공항 출발 시간이 늦어 다행이었다. 쿠알라 공항에 도착해서는 눈치껏 찾아서 환승에 성공했는데 저가 항공이라 자리가 좁아 다리가 잘 퍼지지 않는 고통이 따랐다.

1월 25일(수)

아침 10:45에 도착하기로 한 비행기가 1시간가량 늦어졌다. 그래도 무사히 아영이를 만나 전세한 차를 타고 호텔로 갔다. chat thai 에서 점심을 먹었다. 시드니에는 다양한 인종의 사람들로 가득 차 있어 서양사람보다는 동양인이 더 많아 보인다. 하이여드 파크는 넓은 공원인데 가는 곳마다 공원이 있어 시원한 느낌을 준다. St Mary's 성당, 보타닉가든, Rocks 그리고 사진으로만 보던 Opera house에 갔다. 저녁은 아영이가 일하는 YAMA Gardens in Darling hurst에서 먹었다. 일식이라 회덮밥이랑 고급 요리가 정말 맛있었다.

1월 26일(목)

관광회사 프로그램으로 포트 스테판 여행을 했다.

돌핀 크루즈는 배 타고 가면서 돌고래가 나오면 구경하는 것이다.

샌드 보팅은 모래 언덕을 타고 내려오는 것인데 나는 팔이 아파서 구경만 했다. 윤명이 몇 번 타고 그만 탔으나 아영, 민규, 아란이는 신나게 탔다. 생각보다 코스가 짧다.

와이너리 농장은 포도 농장인데 아란이 포도주를 맛있게 마셨다.

달링하버(Daring habour)에 있는 허리케인 그릴(Hurricane Grill)에서(사위 민규가 예약한 곳) 식사를 했다. 스테이크가 정말 맛있다.

오스트레일리안 데이라고 마침 불꽃놀이를 했다. 분위기가 좋았다.

1월 27일(금)

원래 본다이 비치 가려 했는데 날씨가 서늘해서 쇼핑 관광을 했다.

그리고 타롱가 동물원에 가서 코알라와 호주 특유의 동물들을 보았다.

아이들이 코알라를 너무 좋아해서 온통 코알라 사진을 찍었다.

1월 28일(토)

본다이 비치에 갔다. 사람이 많고 물이 깨끗하다. 날씨도 매우 쾌청하다. 아란이와 아영이 해수욕을 즐기고 윤명이는 모래에 누워있었다. 나는 애들을 찍어주려고 돌아다니다 윤명이 있는 곳을 잃어버려 한참 헤맸다. 시드니 사람들은 3시에 퇴근한다더니 퇴근 후 가족과 함께 비치에 놀러 왔다가, 모래만 툭툭 털고 수영복 차림으로 버스로 집에 가는 모습이 보기 좋다.

1월 29일(일)

블루 마운틴에 갔다. 기차 타고 두 시간 못 가서 내렸다.

하늘과 산과 공기가 정말 깨끗하다. 다 들어 마시고 다녔는데 다리가 아픈 건 어쩔 수 없다.

세 가지 교통수단을 탈 수 있는 패키지가 있어 에버랜드처럼 손목에 밴드를 차고 돌아다녔다. 관광객이 실망하지 않게 잘 만들어 놓았다.

저녁에 시드니 시내로 돌아와 식사했다. 시드니 타워 전망대는 가지 않았다.

1월 30일(월)

시드니의 호텔 체크아웃하는 날이다. 부칠 짐은 민규에게 맡기기로 하고 짐을 싸서 민규가 렌트한 차를 탔다. 울롱공 → 키야마 마을에 도착했다.

하늘은 온통 파랗고 비둘기 떼가 날아다녔다. 아이들은 비둘기 떼

에게 과자를 주며 놀았다. 절벽 아래 파도와 암석들 경치는 가히 절
경이다.

시드니 공항에 도착해서 6:10 p.m. 비행기에 탑승했다. 즐거웠던
시드니의 추억을 뒤로하고 7:45 p.m. 멜번에 도착했다. 멜번의 순환
트램은 free이다.

숙소는 '아파트'라는 이름이 붙어 있는데 모든 시설이 완비되어 있
고 방도 두 개라 아이들이 환호했다. 마트에서 한국 식재료를 사서
아영이가 김치찌개, 스팸으로 저녁을 차렸다. 오랜만에 먹는 얼큰한
맛이 좋다.

1월 31일(화)

오전에 멜번 시티를 좀 돌아보고 2:50 p.m. 타운홀 앞에 집결하
여 단체 관광을 떠났다.

노비스 센터는 볼 게 없음.

필립 아일랜드 투어를 갔다. 해 질 무렵 펭귄이 뭍으로 올라온다
는 섬이다. 사람들이 바닷가 계단에 앉아 펭귄을 기다렸다. 점점 어
두워져 펭귄이 올라와도 보이지 않을 즈음 우리는 펭귄이 지나간다
는 길목으로 갔다. 그곳에도 사람들이 빽빽하게 몰려 있었다. 간신
히 비집고 들어가니 진짜 귀여운 펭귄 가족들이 나타났다. 드문드
문 뒤를 이어 걸어오는 녀석들을 보자니 시간이 아깝지 않았다.

2월 1일(수)

그레이트 오션로드 단체 투어 날이다.

키야마를 보아서 그런지 버스로 지나가는 거대한 해변 풍경도 크게 감동적이지는 않다.

퀸 빅토리아 나이트 마켓에 갔다. 다양한 공예품과 옷, 여러 가지 장신구들이 있었다. 무언가 먹고 싶었지만 마땅한 게 없어서 그냥 돌아다니다가 트램을 타고 돌아왔다.

2월 2일(목)

9:50 a.m.에 집결하여 퍼핑빌리, 단데농 마을 여행을 했다. 토마스와 친구들에 나오는 기차의 모델이 되었다는 퍼핑빌 기차를 탔다. 기차의 난간에 앉아 다리를 내놓고 타는 거라 신나기는 한데 엉덩이가 좀 아프다. 숲속을 달리는 기분은 흡족했다.

단데농 마을은 아기자기한 공예품을 만들어 파는 마을이다. 동화 속 마을 같다.

호주 여행

내가 아파서 다행이야

2월 3일(금)

멜버른 시티에서 선물 살 것을 돌아보고 아디다스 아울렛에서 아란이 상의, 아영이는 민규 준다고 축구공을 샀다.

근처 공원에 가서 윤명이는 부메랑을 날리고 아영이와 아란이는 축구공을 차며 놀았다. 아영이가 유명한 수제 햄버거집이 있다고 하여 가서 맛있게 먹었다. 펑키 분위기가 나는 곳이었다.

8:45 비행기를 타고 시드니로 돌아왔다. 아영이 예약한 호텔에 도착하여 짐을 풀었다.

호텔이 참 좋다며 아란이가 좋아했다. 아이들이 피곤하여 저녁도 제대로 안 먹고 쉬었다.

2월 4일(토)

어느새 돌아가는 날이 되었다.

8:00 a.m. 일어나서 10:00 a.m. 공항에 도착했다.

이번에도 비행기 출발이 늦어질까 걱정했지만, 이번에는 11:55 정시에 에어 아시아에 탑승했다. 아영이의 배웅을 받으며 다시 장시간의 비행에 올랐다.

말레이시아 시각으로 오후 5:30 공항에 도착했다. 내일 7:30에 출발(환승)하기 때문에 저녁을 사 먹고 무엇을 할지 이리저리 쿠알라룸푸르 공항을 돌아다녔다. 일단 누워서 눈을 붙여야 할 것 같아 누울 자리를 마련했다.

아란이는 딱딱한데도 잘 잔다. 윤명이와 나는 누웠다 일어났다 하다 보니 비행기 시간이 되어갔다.

2월 5일(일)

말레이 시각으로 7:30 a.m. 비행기다.

6시부터 일어나서 open을 기다렸다. 힘들었지만 보름간의 호주 여행도 끝나니 인천 공항으로 아란 아빠가 나온다고 하여 짐 찾고 만났다. 언제 또 이렇게 긴 가족여행을 갈 수 있을지 모르겠다.

다시 바쁜 일상 속으로

● ● ●

2월 6일(월)

아란이 치과 갔는데 교정하는 치아가 너무 돌아가서 장치를 제거 하고 좀 기다려 보자고 했다.

너무 힘들어서 성가대 미바 연습에 불참했다.

2월 7일(화)

여행 갔다고 빨래며 정리할 것이 많다.

우체국에 가서 민규가 부탁한 영양제 등을 나주와 서울에 각각 부쳤다.

2월 8일(수)

엄마 계신 요양원에 갔다.

2월 10일(금)

아란 남수원중 졸업식이다. 아란이는 도지사상, 장학증서, 정근상을 받았다. 아빠, 윤명이랑 사진 찍고 점심은 농수산물 시장 횟집에서 먹었다.

2월 11일(토)

아란이 수학과외 백○○ 샘이 왔다. 원래 7:00 p.m. 약속이었는데 차가 밀려서 7:30이나 되었다. 고대 이과생이다. 싹싹하고 대안도 없어 그냥 하기로 마음먹었다.

2월 12일(일)

피곤하여 미사 보러 가지 않았다.

2월 13일(월)

여행 갔다가 와서 너무 피곤하다며 선생님이 미바 연습을 쉬게 하였다.

2월 14일(화)

오전에 아란이 데리고 삼성S통증의학과에 가서 도수 치료를 받았다. 척추 사진을 보니 상태가 심각하다. 돈이 아무리 들어도 고쳐야겠다.

점심 먹고 2:00 p.m. 출발하여 엄마 요양원에 가서 엄마 모시고 빈센트 병원 안과에 갔다. 눈에 '가짜 비늘'이라는 것이 있어 일반적인 백내장 수술보다 좀 좋지 않다고 했다. 지난번에 다 말씀드렸던 거라며 다시 생각해보라고 했다. 엄마는 수술을 원한다고 하시기에 수술하겠다고 하여 3시간 정도 여러 검사를 받게 되었다.

너무 늦어서 저녁 식사도 못 한 채 엄마를 모셔다 드리니 너무 죄송하다. 수술 날짜는 2월 23일로 했다. 출근하는 날이라 큰오빠께 말했더니 좀 힘들어하는 눈치지만 어쩔 수 없다.

2월 15일(수)

홈쇼핑 갈비탕이 배송되었다.

아란이 텝스 접수했다.

2월 16일(목)

11시에 범계역에서 청ㅇ을 만나기로 했다. 시래기 국밥 먹고 백화점을 조금 돌아다녔다. 여전히 20개의 임대를 운영한다고, 나도 임대수익 올릴 수 있는 곳을 찾아보라고 했다. 골프 치다가 회전근개 파열이 왔는데 찜질방과 운동으로 좀 좋아졌다고 했다.

저녁 7시에는 미모 모임이 있었는데 마르타 언니가 먼저 갔다.

법원 사거리에 있는 호박넝쿨에서 15,000원 하는 한정식을 먹은 아네스 생일 축하하는 날이다.

2월 17일(금)

9시 삼성S병원에 아란이를 깨워 데리고 갔다. 척추측만증 치료 두 번째 날이다. 한 시간 정도 도수 치료받고 오는 길에 농수산물 시장에 들러 강○○ 샘 줄 청견 한 상자 사서 12시에 맞춰 아이파크시티에 갔다. 집안이 온통 주인공인 '○○' 물건으로 가득 차 있다. 육아는 아이템 발이라는 강 샘의 말답게 처음 보는 육아용품들이 가득. 우유 먹일 때 쓰는 받침대, 일어나서 앉히는 허리에 매는 아기 의자 기타 등등. 선○ 샘, 덕○ 샘과 넷이 이런저런 얘기를 하다가 왔다. 저녁 8시에는 아란이 과외 하는 학생이 왔다. 두 시간 동안 어찌 가르치는지 모르겠지만 들어가 볼 수도 없고, 아란이 표정이 밝으니 믿고 맡긴다.

교복 19군데에 이름을 수놓다

● ● ●

2월 18일(토)

아란이 교복과 리본 총 19군데에 이름을 수놓았다. 워낙 디자인이랑 만드는 걸 좋아해서 종일 매달렸지만, 밤이 되니 어깨랑 팔이 매우 쑤신다. 주사 맞고 약 먹고 물리치료 받은 게 모두 허사가 되었다.

2월 19일(일)

11시 아란 수학과외샘이 왔다. 오늘은 생활관 입사 준비로 아란이 오락가락 짐을 쌌다. 드디어 캐리어를 끌고 나오니 비가 왔다. 아주 조금씩. 학교는 저녁 7시~10시까지 들어오라 했다. 차를 타더니 아란이 멀미가 난다며 비스듬히 누웠다. 저녁이라 밀려서 그런지 T-map이 처음 가는 경로로 안내했다. 생활관 입구에서 사진 한 방 찍고 엘리베이터 앞에 줄을 섰다가 아란이도 올라갔다. 이렇게 주말까지 이별인 건가. 돌아오는 길이 슬슬 허전하다.

11시에 서수원 이마트 올반에서 모바일 샘들과 모임이(최○ 총무) 있었지만 내키지 않아서 못 간다고 했다.

아란이 침대 2층에 배정받았다고 한다. 불편하겠네. VH 816D

2월 20일(월)

트레이더스에 가서 냉동 굴, 세타필 로션, 반찬거리를 좀 사다가 생각이 나서 안○○ 샘께 전화하여 주○○ 교감 모친상 조의금 5만 원을 부탁했다.

아란이 교복 조끼 등등에 놓은 이름 수가 마음에 들지 않아서 몇 개를 뜯고 다시 작업했다.

오늘 아란이 장학생 고사 보는 날인데 공부를 안 해서 기대는 안 했지만, 너무 망치지 않기를 바란다.

2월 21일(화)

홈쇼핑으로 산 동결건조 매생이, 거제산 냉동 굴로 국을 끓이는데 아란 아빠가 밥에 얹은 고구마만 먹고 집을 나섰다.

4시 이후 홈쇼핑 고등어가 온다고 알림 톡이 왔다.

2월 22일(수)

아란이 교복 이름 새긴 것 중 마음에 들지 않은 것을 뜯어서 다시 수를 놓았다.

2월 23일(목)

출근했다. 별로 하는 일 없이 보내다가 교무실을 4층 1학년부와 같이 쓰기로 했다고 하여 내 짐을 대충 빼고 몇 가지를 옮겼다.

퇴근하려고 차에 타서 큰오빠와 통화 했더니 감기 증세로 수술을 연기했다고 한다. 엄마의 백내장 수술은….

성빈센트병원에서 수술하면 수술 후 총 6번을 가야 하고 기다리는 시간이 너무 길어 다른 곳에서 하기로 했다고 한다.

2월 24일(금)

아란이 OT에서 오는 날.

출근했다. 업무분장 발표를 했다. 4층 교무실로 이동.

오전에는 아이들 힘을 빌려 짐을 옮기고, 오후에는 업체 사람 둘이 와서 파티션 옮기고 랜선 작업을 하여 5시 다 되어 정리를 마쳤다. 5시 송별회 장소인 큰솔식당에 가서 돼지고기구이를 먹었다. 아란이는 아빠가 데려와 집에 있고, 8시까지 과외 선생님 카페로 가기로 했기에 7:30쯤 도착하여 내려오라고 했더니 오늘 안가겠다고 했다. 수학 숙제할 시간이 없어 하나도 못 했고, 학교 숙제도 밀려 이번 주는 두 번 다 쉬겠다고 해서 직접 전화하라고 했다.

학교 교육과정이 바뀌어 직접 수강 신청을 해야 하고 동아리도 메인과 서브 선택하는 것에 고민하면서 시간을 보내고 있다.

윤명이 등록금 이체하려고 농협 사이트에 들어갔지만, 오늘도 이체 불가다.

2월 25일(토)

9시 예약된 삼성S통증의학과 3번째 도수 치료받았다. 아침에 아란이 깨우느라 애를 먹었다. 차에서도 눈감고 병원 대기실에서도 눈감고, 올 때도 눈감고 왔다.

아란이 선택 교과 문제로 카톡방이 종일 시끄러웠다. 아란이는 논리학과 사회문화를 하기로 했다. 8단위짜리 일본어 작문은 무슨 의도로 개설했는지 모르겠다.

2월 26일(일)

성당 7시 미사에 갔다. 작년에 못 낸 교부금도 개운하게 냈다. 아란 중고등부 신청비 ₩ 20,000 내고 주일학교 신청했다.

보좌신부님과 미사 보았다.

점심 지나서 새터 갔던 윤명이 돌아왔다. 청춘 책방 동아리 회장이라 홍보 차 참여했다가 왔다. 갈 때는 귀찮아하더니 올 때 얼굴빛은 좋아 보였다.

낮 12시 스마트스쿨 선택 교과 신청 방이 열린다고 하여 아란이를 태우고 11시 20분쯤 PC방으로 갔다. 기다리면서 보니 학부모 톡방에 11시 55분쯤 열렸다고 했다. 영어과는 57분에 마감이 됐다고 울고불고하는 아이들도 있다고 한다.

내가 아파서 다행이야

기다려도 나오지 않기에 PC방으로 올라가려니 아란이가 내려왔다. 논리학과 사문을 신청했는데 '경제' 선호도가 높아 30명 마감되고 사문은 23명이란다. 인원이 적어 사문 1등급 안 나온다고 아란이 걱정했다.

2월 27일(월)

아침 차리는데 아네스로부터 톡이 왔다. 마르타 교장 발령 선물을 사줘야 하지 않느냐고. 다른 사람들이 찬성했다기에 그러겠다고. 아침 먹고 빨래했다. 아란 OT, 윤명 빨래가 많다. 윤명 등록금 ₩5,630,000 가상계좌 S.C. 우리은행 모두 안되어서 농협에 갔다. 오는 길에 삼겹살 사 가지고 돌아왔다.

2월 28일(화)

밀린 빨래를 했다.

막내 고등학교 입학

● ● ●

3월 1일(수)

엄마 생신.

11:00에 윤명이, 아란과 아빠 차를 타고 요양원에 갔다. 엄마가

깜빡 잊으셨다는 전화를 받았었지만, 옷만 갈아입으시면 되니 금방 모시고 나왔다. 성복동(수지)에 있는 '미젠' 한정식 집이다. 성복동 음식점이 즐비한 곳에 전에 와봤던 곳이라는데 갈 때까지는 이름이 생소했다. 큰오빠 내외 와있고 둘째 오빠 내외도 오고, 2층 좌식 의자식 방에 앉았다. 수진이 내외도 왔다. 승면이는 출장 갔다고 한다.

아란이는 방학 숙제가 밀려 집에 두었다. 코스 요리가 계속 나와서 무슨 맛인지 나중엔 배만 불렀다. 수진이 사 온 케이크로 마무리를 했다. 엄마를 모시고 요양원으로 와서 큰오빠가 맡긴 빵과 둘째 오빠가 맡긴 떡을 전달했다.

3월 2일(목)

아란 입학식과 설명회.

학교 시간표가 1, 2교시인데 입학식과 담임 시간이라 11시에 있는 외고 입학식에 참석했다. 학생과 학부모가 나란히 앉아 있다가 한 쌍씩 나가서 학생의 선언서를 읽고 엄마에게 전해주면 다시 교장 샘께 드리고 악수하는 과정이 있었다. 아란이와 좀 앉아서 식이 끝나기를 기다렸다가 학교로 돌아왔다. 점심시간이 부족해 20분쯤 있다가 그대로 다시 경기외고로 와서 교육과정 설명회(2시)에 참석했다.

학교에서는 지난 학년 교육과정을 갑자기 선택형 교육과정으로 바꾸고, OT 마지막 날인 2월 24일에야 아이들에게 30분 설명해 준 바람에 학부모들의 원성이 빗발친 후 마련된 설명회다.

어떤 수원 엄마가 하나고 모델을 그대로 가져온 것이라고 귀띔을 한다. 어쨌든 그만둘 것이 아닌 이상 학교에서 마련한 교육과정을 수용하고 적응하는 도리밖에 없다.

3월 3일(금)

아란이 귀가일.

목요일이 입학식 날이라 오늘 귀가다.

학교에 가서 2·3교시 수업(자기소개 시간)을 하고 5, 6교시는 담임 시간이라 앉아서 이것저것 수업 준비를 하다가 5:10 p.m.에 있는 환영 회식에 참석했다.

7:00 p.m.에 아란이 학교 주차장으로 갔더니 저녁 먹고 친구들과 나와서 기다리고 있었다.

퇴근 시간이라 길에 차가 밀렸다.

3월 4일(토)

아란 동아리 신청.

동아리 신청을 해야 한다고 7시에 깨워 달래서 그 어려운 깨우기 작업을 하고, 7:30에 수강 신청을 한다. 또 5분 전에 열리고, 새로운 동아리도 생겼다고 아란이 투덜거리며…. 나중엔 그래도 잘 되었다며 일어났다.

미리 컴 앞에 앉아 준비했더라면 좋았을 것을. 밥은 먹고(삼겹살 반찬) 9:30에 예약된 삼성S통증과에 갔다. 도수 치료 들여보내고 카타리나 지인 제1 원장으로 바꿔달라 했더니 간호사가 오늘은 이미 치료 시작했으니 다음번부터 그리하겠다고 한다.

하지만 원장과 얘길 하는 듯하더니 현재 의사 선생님과 계속하는 게 낫다고 하셨단다. 할 수 없이 따를 수밖에⋯. 아는 사람 하나 없는 처지라는 게 슬프다.

아란 수학과외는 2시까지 카페로 오라고 했다 한다. 아란이 카페 수다(구운동)에 데리고 가니 백○○ 샘이 있었다. 혼자 돌아와 라면 끓여 먹고 4시에 데리러 다시 갔다. 오는 길에 테니스 라켓 사러 중앙스포츠에 가서 주인이 원하는 던롭 ₩120,000짜리를 구입하고 임광문고에 가서 아란이 문제집 2권 사고 아파트(임광) 장이 섰길래 떡볶이와 순대를 사서 집에 오는데 너무 돌아다녔더니 몸이 좋지 않다. 윤명이는 외출했다가 새벽 1:15에 귀가했다.

3월 8일(수)

상과 회식을 반월고야에서 샤부샤부 먹었다.

오는 길에 박○○ 샘, 안○○ 샘 태웠다.

나이대가 비슷해서, 박 선생님이 김○○ 싫어하는 것 빼고는 말이 통했다.

3월 10일(금)

박근혜 대통령 탄핵 헌재 판결 나오는 날이다.

20시 TV를 틀어 줬더니 막 시작하여 판결문 낭독 중이다. 아무래도 한 시간 이상 걸릴 듯하여 끄고 수업을 했다.

그런데 중간에 분위기가 심상치 않아서 다시 급하게 틀었더니 벌써 인용 판결이 나버렸다. 혹시나 했던 한 가닥 희망마저 무너지는 순간이다.

금요일 도시락 먹는 샘들과 외식을 하기로 한 날이라 '토담길'에 가서 ₩12,000짜리 황태 정식을 먹었다.

금요일이라 운영위 교원 위원 선출 업무 좀 들여다보았더니 금방 6:20 p.m.이라 부리나케 의왕으로 갔다. 역시 차가 밀렸다. 아란이 태우고 집 주차장 옆에 내려주고 다시 미바 연습하러 원천동에 갔다.

집에는 아무도 없고, 과외샘 오서서 과외하고(8시~10시) 아란이 혼자 있었다.

3월 11일(토)

11:30 아란이 데리고 행복나눔치과에 갔다. 이가 돌아왔고 자리 잡는 중이나 이제 3개월에 한 번씩 정기 점검받으면 된다고 했다.

12시 S통증의학과에 갔는데 20분이나 기다리고 도수 치료도 오래 해서 2시가 다 되어 끝났다. 오늘은 물리치료도 했다고 한다. 혼자 오는 길에 롯데마트에서 과일, 반찬거리 조금 사 가지고 집에 돌아왔다.

3월 12일(일)

10시 아침 먹고 11시 백○○ 과외 샘 왔다.

증상은 나타났지만…

• • •

3월 15일(수)

조 마르타 교장샘 서호중 방문하기로 한 날이다.

갑자기 4:50에 회의한다고 해서 협의회실에 갔는데 아까부터 화장실 소변 본 뒤끝이 이상해서 밖으로 나왔다. 소변에 혈액이 섞여 갈색인 데다가 건더기까지 둥둥 떠다니는 것이다. 오늘 모임에 불참한다고 톡을 보내고 이마트 맞은편 웰이비인후과에 갔다. 피부과랑 함께하는 곳이었다.

방광염이라고 했다.

주사 맞고 항생제 처방받아서 나왔다. '미모'는 써니스에 와 있다고 해서 그곳으로 합류했다. 준비해간 찻잔 받침을 마르타 언니한테 주고…. 다시 광교 카페로 가서 자몽주스를 마시며 담소했다.

3월 16일(목)

학부모 설명회.

방광염 때문에 쉬어야 할 것 같아 설명회에 불참하려고 마음먹었으나, 누가 톡방에 올린 설명회 순서를 보니 진학 안내도 있고 하여 궁금한 나머지 3시에 갑자기 외고로 출발했다. 준비된 책자를 받고 설명을 들었으나 특별한 건 없었다.

담임 면담 시간에 보니 담임은 똘똘해 보인다. 김○○ 샘. 전체 대상 인사말을 하고 학부모 조직을 위해 나가셨다. 나는 어디에도 속할

내가 아파서 다행이야

수 없어 좀 있다가 나왔다. 최○○은 자기주도학습 상을 받아 ○○ 엄마가 좋아했다. 여러 가지 걱정이 밀려왔다.

이쁜 아란이 얼굴도 보고 아란이 자리에 앉아 본 것이 큰 수확이었다.

3월 17일(금)

6:50 p.m.에 맞추어 경기외고에 가서 아란이를 태워 왔다. 동아리는 많이 가입한 거 같다.

3월 18일(토)

웰비뇨기과에서 다시 오라고 한 날이어서 9:30쯤 갔다. 세균이 아직 좀 있다고 약 처방을 받았다.

11:30 아란이 통증의학과에 데리고 갔다. 늘 하던 도수 치료를 받으러 들여보냈다. 이제 6번째인데 효과는 안 보이고 사실 너무 비싸다. 10만 5천 원.

3월 19일(일)

11시에 아란 수학과외 샘이 오는데 그 시간에 맞춰 깨우기도 참 어려웠다. 안 일어나서.

몸이 안 좋아서 쉬고 싶은 마음에 미사도 안 갔다.

3월 22일(수)

퇴근 후 트레이더스에 들러서 반찬거리를 좀 샀다. 봄나물은 꽤 비싸서 안 사고 샐러리, 콩나물, 차돌박이 등을 샀다. 그리고 요양원에 가는데 늦은 시간이라 차가 너무 밀린다.

갔더니 큰오빠 내외가 와 계셨다.

오빠는 7:30 p.m. 성당 부활 준비한다고 일어섰다.

엄마 머리가 좀 길었다.

나도 8시쯤 나왔는데 배가 너무 고파서 오자마자 밥을 먹었다.

반찬을 해야 하는데 몸이 늘어져서 그냥 잤다.

3월 23일(목)

세월호 인양.

어젯밤 세월호를 바닥에서 1m 들어 올렸다는 뉴스를 봤는데 오늘은 물 밖으로 나왔다는….

아이들은 너무 불쌍하지만, 세월호를 이용하는 사람과 세태에 혼란스럽다.

3월 24일(금)

저녁에 아란이를 데리러 갔는데 힘들게 만났다. 아란이가 봉사 활동 나가서 늦은 데다가 버스를 잘못 타서 시간이 훨씬 더 늦어졌다. 그 사이 아란이 캐리어를 가지러 기숙사 앞에 가서 끌고 내려와 트렁크에 실었다. 무척 힘들었다. 오늘 밤의 모든 일이 힘들었다. 아란이 수학과외를 쉬겠다고 했는데, 우리 둘이 다 착각하고 있었다. 과외가 8시에 시작된다는 사실을. 부랴부랴 왔지만 백 샘을 근처 cafe에서 기다리게 하고, 8:30에야 집에 도착했다. 아란이를 내려주고 난 미바 연습하러 갔다.

3월 25일(토)

10:30 아란이 데리고 통증의학과에 갔다.

앞으로 오기 어려울 거라고 얘기해 주었다. 아란이 다음 주 학교에 있겠다고 했기 때문에 가끔이라도 도수 치료를 하는 게 좋을 거라고 했다. 하지만 앞으로 하기 어려울 것 같다고 생각했다.

3월 26일(일)

아란이 비테스 가는 날이다. 서울까지 데려다 달라고 했다. 가는 동안 노트북 작업을 해야 동아리 과제를 할 수 있다고. 가는 데 한 시간 넘게 걸렸다. 지하철이나 똑같았다. 아란이는 차멀미하느라 20분쯤 있다가 잠들었다. 비테스 사회교육원 근처에 있을까 하다가 그냥 차를 돌려 집에 왔다. 2~5시까지 하는 동안 버티기 힘들 것 같아서. 아란이는 지하철로 왔고 세류역에 마중을 나갔다. 피곤하겠다. 밤중에 다시 학교로 돌아가는 아란이.

감기로만 생각했는데

● ● ●

3월 27일(월)

어제 무리해선지 감기에 걸렸다. 약 안 먹고는 낫지 않는 요즘 감기. 잘 지나가기만 바랄 뿐.

집에 와서 누워있다가 8시가 다 되어서야 원천동 성당에 도착했다. 요새 자주 늦게 가게 된다. 요안나가 가져온 한라봉이 정말 맛있다. 집에 올 때 2개 가져왔다. 지하에서 1층으로 올라오는 데 힘들었다. 누가 눈치채는 것도 싫고.

3월 28일(화)

beauty & the beast 영화.

퇴근하고 5:30에 메가박스에서 안젤라를 만났다.

약속한 영화를 보기 위해서. 어제 온 감기가 오늘 어째 좀 괜찮은 듯한데 안젤라 컨디션도 엉망으로 보인다. 어쨌든 5:45 영화를 보았다. 애니메이션과 똑같은 영화였다. 한 편의 동화에 빠져 있었지만, 갑자기 찾아온 요절박에 힘들었다. 참을 수는 있었지만, 방광염 도질까 봐 무사히 관람을 마치고 귀가했다. 영화 관람료를 안젤라가 안 받아서 할 수 없이 빚졌다.

3월 29일(수)

감기 때문에 e-mart 맞은편 좋은 내과에 갔다.

요즘 계단 오르기가 너무 힘들어 말했더니 혈액 검사를 해보자고 했다. 혈액 1 앰풀을 뽑고 감기약을 지어 집에 왔다.

결과는 금요일 나온다고 했다.

범혈구 감소증?

● ● ●

3월 30일(목)

12시에 조퇴했다. 아침에 4층까지 걸어 올라가는데 죽을 뻔했다. 호흡곤란, 심장은 부리나케 뛰고 어지러웠다.

그래서 과감하게 학교를 나서 집으로 왔다. 검사 결과는 내일 나온다니 쉬면서 기다리려고.

부활 판공을 보러 가야 하는데 자꾸 미루어서 큰일이다.

생각해보니 성탄 때도 아파서 간신히 판공을 보고 성탄 미사도 못 보았다. 일 년 내내 감기로 고생하는 것 같기도 하다.

3월 31일(금)

헐떡이면서 간신히 수업하고 있는데 좋은 내과에서 전화가 왔다. 검사 수치가 정상보다 반밖에 안 되고 너무 좋지 않으니 빨리 와서 큰 병원에 가야 한단다.

12시 조퇴 달고 좋은 내과에서 소견서 받아서 아주대병원에 갔다. 아란 아빠도 아주대에서 CT 찍는 날이라 만났다.

2:10 p.m. 좀 되어 불려갔다. 피검사를 다시 하자고 해서 무려 5병을 채취하고 2시간쯤 있다가 재진을 하니 수혈이 필요하고 백혈구 수치가 너무 떨어져 감염되면 위험하니 무균실에 입원하여 골수검사를 해야 한단다. 그거 매우 아플 텐데…. 입원은 내일 하기로 하고 집으로 왔다. 침대와 화장실만 왔다 갔다 하랬는데…. 저녁 먹으려는데 윤명이 와서 치킨을 시켜 주었다. 나는 미역국에 밥을 말아 먹었다.

TV에서는 박근혜 대통령의 화장 안 하고 머리 못 만진 모습을 종일 비춰준다. 구속을 온 나라가 축하하고 있다.

윤명이 친구 자취방에서 공부하고 3일 만에 돌아왔다. 간만에 퀴즈 시험 잘 봤다고 했다. 이번 주는 아란이가 학교에 있겠다고 했다.

4월 1일(토)

2시까지 아주대병원에 도착하려고 서둘렀다. 양치 도구와 몇 가지 속옷을 챙겨 윤명이와 아빠 차를 타고 병원에 갔다. 아란 아빠는 일이 있어 다시 가고 윤명이랑 기다리는데 병실이 나지 않아 저녁 4시 30분이 되어서야 13층 18호 특실에 들어갔다.

마스크를 쓰고 외부인 출입 제한이라는 글씨가 붙어 있다. 저녁에 혈소판 4봉지와 수액, 항생제를 맞고 또 빨간 혈액을 2봉지 맞고 있어야 했다.

아픈 오른쪽 어깨 때문에 팔에 꽂은 주사 맞는 장치가 여간 불편한 게 아니다.

내가 아파서 다행이야

윤명이는 참 잘 잔다. 기다리는 내내 불편한 의자에서도 잔다.

4월 2일(일)

입원 2일, 주일날이지만 병원은 쉬지 않고 움직인다.

한 시간 간격으로 체온을 재고 혈압을 체크했다.

빨간 혈액 2봉지를 더 맞았다.

직장에 병가를 내겠다고 알렸다. 우선 월요일에 못 간다고 전화했다.

4월 3일(월)

외래에서 만났던 의사가 회진을 왔다. 오늘 골수검사를 하는 줄 알고 잔뜩 긴장하고 있었는데 촉진제 때문에 의미가 없다며 다음에 외래에서 시술하자고 한다.

외래로 하면 보험 혜택을 못 받는데….

어쨌든 숙제 검사가 미뤄진 기분으로 골수검사를 피하게 되었다. 수치가 좀 좋아졌다고 퇴원할 수 있다고 하여 내일 퇴원한다고 했다.

아침에 병실을 옮겼다. 4층 47호실은 일반실이지만 시설은 별 차이 없었다.

진단서를 받아 보았는데 '호중구 감소성 발열'과 '범혈구 감소증' 백혈구 감소로 인한 발열과 혈소판, 적혈구 백혈구가 감소했다는 거다. 학교에 연락해서 이번 주는 쉬기로 했다. 아주대 약대를 다니는 윤명이 점심때 다녀갔다.

4월 4일(화)

퇴원하고 금요일 다시 검사하겠다고 한다. 11시까지 준비를 마치고 퇴원 수속하고 아란 아빠 차를 타고 집에 왔다. 아무런 해결의 실마리도 없이 돌아온 집.

집도 마음도 텅 비어 허탈하다.

김치참치찌개를 하여 셋이 저녁을 먹었다.

4월 5일(수)

무언가를 해야 하는데 무기력하다. 인터넷으로 '범혈구 감소증'을 검색했다. 꼭 끼는 옷을 입지 말 것, 꼭 끼는 바지와 벨트를 하고 출근한 날 혈뇨가 나왔다. 방광염이라고 했다. 점 모양 피하 출혈, 내게 가끔 보여 이상하게 여겼지만 대수롭지 않게 생각했다. 범혈구 감소증은 만만한 병이 아니라는 걸 확인하고 마음이 좋지 않았다.

아녜스가 전화해서 강남성모병원을 추천해 주었다. 저녁거리가 없어 아란 아빠에게 부탁하여 돼지고기를 사 왔다. 돼지고기볶음으로 저녁을 먹고 쉬었다.

윤명이 아침에 안 일어나기에 수업이 늦게 있나 보다 했더니 8:30분이 되어 학교에 간다고 밥 먹을 시간이 없다고 한다. 과일 한 조각만 먹고 지각하게 생긴 아이를 차마 볼 수 없어 차로 데려다주고 왔다. 떡진 머리를 하고… 계단을 2층 걸어 올라와 보았다. 숨이 차지 않았으나 그다지 기쁘지도 않다. 남의 피로 얻은 거라.

내가 아파서 다행이야

4월 6일(목)

집에서 쉬었다. 오전에 최○○ 샘으로부터 전화가 왔다. 내일 검사 여부에 따라 병가가 늘어날 거 같아서 문자를 넣었더니, 내가 아직 병원에 있는 줄 알고 면회 오려고 했던 듯. 금방 오후가 되어 고구마 전을 몇 개 부쳤다. 저녁이 되니 윤명이 일찍 들어왔다. 멸균우유를 사 오라고 심부름을 시켰다. 밤에는 아란이 아빠가 선지해장국을 사 왔다. 내일 아침은 금식해야 하므로 김치 냉장고에 보관했다.

내일 아침 7시에 윤명이 태우고 운전하여 가기로 했다.

4월 7일(금)

아침 굶고 아주대병원에 갔다. 혈액 검사에 대비해서…. 그리고 혈액 수치가 상승했기를 기대했다.

의사 선생님께 진료를 받으면서 기대는 실망으로 바뀌었다. 수치가 좀 내려갔으니 골수검사를 받아야 한다. 나는 강남성모병원으로 병원을 옮기겠다고 했다. 그리고 소견서와 서류를 받아서 집에 있다.

성모병원에 전화를 걸어 예약했다. 다른 진료 기록도 떼어오라고 했다. 하는 수 없이 다시 아주대병원으로 가서 서류를 발급받아 왔다.

저녁에 아란이 아빠가 아란이 학교에 가서 데리고 왔다. 8시에 수학 샘이 와서 과외도 했다. 다행히 청주 사는 교장 샘이 주신 망고가 있어 간식을 마련했다.

4월 8일(토)

일찍 일어나 8시에 집을 나섰다. 청주 ○○한의원에 들르기 위해서.

육거리 시장 맞은편에 있는 한의원에 찾아갔다. 시장에는 채소 모종이 파랗게, 싱싱하게 나와 있었다. 주차장에 차를 맡기고 엘리베이터를 탔는데 1층과 한의원이 있는 3층의 번호 주름판이 닳아서 허옇게 지워져 있었다. 병원 안에도 많은 사람이 대기하고 있었다. 조금 기다리니 순서를 제치고 우리 두 사람을 불러서 진찰실로 갔다. 곱슬머리가 좀 벗겨지고 말을 조심스럽고 조곤조곤 작게 말하는 한의사는 아란 아빠의 시골 지인이다. 소음인은 갱년기에 갑자기 몸이 나빠질 수 있다며 몸에 좋은 음식과 나쁜 음식을 말해 주었다. 현미차, 바나나, 색깔이 있는 채소, 익힌 음식, 브로콜리…. 많아서 기억하기 힘들다.

스무 군데 줄 침을 맞고 큰고모 칠순 잔치 있는 뷔페로 갔다. 시댁과 큰고모 쪽 친척들이 많이 왔다. 셋째 시아주버님 내외와 막내 고모 딸 영미가 있는 쪽에 앉아 음식을 가져다 먹었다. 오랜 시간 있으려니 몸이 힘들었다.

4월 9일(일)

결혼기념일이지만 아란 아빠가 대학 동기들과 모여서 융건릉에 가기로 했다고 하여 그러라고 했다.

내가 아파서 다행이야

서울성모병원으로

●●●

4월 10일(월)

아란 아빠와 서울성모병원에 갔다. 3:16 예약인데 두 시간 일찍 오라고 해서 12:30쯤 도착하여 소견서랑 진료 기록 접수하고 마냥 기다렸다. 3시가 다 되어가도 소식이 없어 이상해서 다시 물어봤더니 혈액 검사를 하고 오라고 했다. 일찍 간 보람도 없이 시간을 허비하고 혈액 검사를 하러 갔다. 혈액 검사 결과가 나와야 진료를 할 수 있기에 지하 1층에 일식집에 갔다. 아란 아빠는 대구탕, 나는 돈가스 정식을 시켜 먹고 다시 3층 진료실 있는 곳으로 올라갔다.

오늘 골수검사를 할지도 모른다고 생각했는데 의사 선생님은 수치가 별로 차이가 없으니 일주일 기다려 보자고 했다. 다음 주 월요일 3:57 예약하고 다시 채혈하고 집으로 왔다.

시골 전 교장 샘(아란 아빠 지인)이 소개해준 김○○ 연구원을 만나 보았다. 나의 상태에 대해 자세히 설명해 주었다. 아마 치료가 오랜 기간 걸릴 수 있는 병일 거라고 했다. 착해 보였다.

돌아갈 수 없게 된 병가

● ● ●

4월 11일(화)

병가 내러 학교에 갔다. 11시쯤 도착해서 4층 교무실에 올라갔다. 황 부장과 한 부장이 있었다. 얘기를 나누고 진단서 2장을 가지고 2층에 가서 최○○ 교무부장에게 내고 교감 선생님께 인사드렸다. 1시쯤 이○○ 선생님이 와서 인수인계했다.

교장실에 가서 잠깐 인사하고 나왔다. 모두 걱정해주어서 고마웠다. 오는 길에 트레이더스에 가서 바나나, 달걀, 메추리알, 발아현미 콩나물, 돼지고기 등을 사고 농민왕마트에 가서 깐마늘, 청양고추, 두부를 사서 집에 왔다. 돼지고기 수육을 했다.

장모님과의 마지막 만남

4월 12일(수)

낮에 안젤라가 만나자고 했던 터라 기다렸더니 2시쯤 나오라고 카톡이 왔다. 광교산 벚꽃길을 드라이브하고 산길을 조금 걸었다. 벚꽃이 제법 흐드러지고 산에 봄기운이 완연하다. 집에 돌아와서 저녁 먹고 엄마 계신 요양원에 가려 했는데 안젤라가 굳이 밥 먹고 요

내가 아파서 다행이야

양원에 같이 가서 자기가 기다리고 있겠다며 홍덕으로 갔다. 음식점을 찾다가 염소 전골 하는 집에 들어갔다. 냄새도 거의 안 나고 맛이 괜찮았다. 4:30 p.m. 정도밖에 되지 않아 사람이 없었다. 배도 별로 고프지 않아서 남은 것을 싸서 들고나오려는데 아란 아빠가 전화해서 요양원에 오겠다고 했다.

적절한 찰나에 잘되었다. 안젤라를 보내고 요양원에서 있는데 아란 아빠가 왔다. 엄마는 감기가 오래간다며 아직 다 떨어지지 않았다고 했다. 치매 걸린 노인들이 방에 함부로 들어오고 요양사들도 마구 들락거린다고 불편해하셨다. 저녁에 집에 와서 달걀 카레덮밥을 차렸다. 낮에 집밥 백선생에서 보고 바로 만든 것이다. 맛이 있었다. 지휘자 샘이 재작년 티켓 검수 어떻게 했냐고 전화를 했다. 막달레나는 스페인 여행가고 가브리엘라랑 선생님이 무척 바쁜 것 같다.

4월 13일(목)

어제는 오후 외출로 좀 피곤하여 오늘은 좀 쉬기로 했다.

발아현미를 볶아서 물을 끓이었는데 구수하고 괜찮았다.

집에 있으니 택배가 부지런히 온다. 고메 넛츠와 윤명이 책.

고마운 미모 회원들

● ● ●

고마운 안젤라.

점심때 안젤라가 308동 경비실에 내장탕 1인분과 순댓국 2인분을 맡겨 놓았다고 카톡을 했다.

내려가서 찾아왔다. 뭘 그렇게까지 했는지.

저녁 6:30까지 아란이 학교에 데리러 갔다. 아란이 교실에 가서 책을 가져와야 한다고 해서 기다렸다. 그런데 옷에 무엇이 묻어서 교복을 사복으로 갈아입으러 기숙사에 다시 간다고 했다. 30분 이상 기다렸는데 내려와서, 다시 행정실에 다녀와야 한다고 올라갔다. 하염없이 좁은 차 안에서 기다렸다. 감기 기운이 있어 내리지도 못하고 다른 차들이 수없이 아이들을 데리고 떠나는 걸 보고, 보고 싶었던 마음이 짜증으로 바뀌었다.

아란이를 구운동 수라 카페에 내려주고 빨래를 가지고 집으로 돌아왔다. 저녁에 아란 아빠가 와서 다시 아란이를 데리러 구운동으로 갔다. 그런데 학교로 가야 할 아란이를 집 근처까지 데려왔단다. 어이없이…. 그리고 다시 경기외고로 데려다주고 돌아왔다. 아란이는 차만 타면 자고 아란 아빠는 자기도 모르게 집으로 왔다고….

4월 15일(토)

아녜스의 들깨탕.

집에 있었다. 자꾸 기침이 나서. 날씨는 따뜻한데 열이 날까 봐. 그래서 내일 미모 회원들과 미리내 가서 부활절 미사 같이 보기로 한 약속에 못 간다고 했다. 내 생일 기념으로 정한 건데.

저녁 8시에 아녜스가 집 앞으로 나오라고 했다.

들깨탕 한 통과 머위나물을 주었다. 집에서 끓였다고 했다. 고맙게 받았다.

사망 1년 전에는...

● ● ●

4월 16일(일)

카톡방 승강이 끝에 미리내에 안 가기로 했는데 아녜스가 케이크 준다고 정자로 나오라고 했다. 케이크와 선물로 볶은 깨, 울금 가루, 매실액을 준다. 사랑스러운 아녜스. 안젤라도 왔다. 민들레 5송이를 꺾어. 화원이 안 하는 날이란다. 마르타 언니도 차를 타고 나타났다. 얼굴이 엉망인데 사진을 마구 찍고. 잘 다녀들 오라고 인사를 하고 들어왔다.

아란 아빠는 9시 넘어 아란이 학교로 갔다. 가서 아란이를 구운동 수학과외 샘께 데려다주고 거기서 공부하고 있겠다고 했다. 카페에 있기가 좀 불편해서 차에서 잤다고 한다.

저녁에 카톡방에 불이 났다. 사진 올라오고, 미리내 갔다 온 이야기들 하느라고.

난 그동안 못 먹었던 빵을 케이크로 해결했다. 맛있다. 윤명이 학교 앞 친구 집에서 자고 밤에 돌아왔다. 아란이에게 교복 빨아 다린 것, 양말과 속옷, 썬크림 2개, 복사물, 우유 5개를 싸서 아빠 편에 보내고 나니 아란이가 보고 싶다.

힘겨운 골수검사

●●●

4월 17일(월)

서울성모병원에 기대하고 갔는데 오히려 수치가 떨어졌다.

골수검사를 해야겠다고 의사가 말했다. 골수검사는 담당이 없는 날도된다고 해서 내일 하기로 했다. 피검사 결과 후 혈소판 수치가 26,000밖에 안 돼서 먼저 수혈받고 골수검사 하는 걸로 예약하고 돌아왔다.

4월 18일(화)

오후 1:57 예약이다. 택시로 홍덕중에 갔다. 택시 기사가 꼼수 안 부리고 시원하게 운전해서 좋았다.

내가 아파서 다행이야

남편 수석실에 처음 가보았다. 눈에 익은 책들이 한쪽 벽면을 채웠다. 날씨가 흐렸다. 병원에 도착해서 혈액을 채취당하고 주사실로 갔다. 침대 D-6을 배정받고 기다렸는데 혈소판 준비가 안 돼서 골수검사 먼저 하고 맞으란다. 간호사 안내로 검사실에 들어갔다.

인턴 2명과 간호사(남) 1명이 있다. 엎드리라고 해서 그렇게 하려니 통증이 있는 오른쪽 어깨가 아팠지만 참았다. 부분마취 주사 맞고 이어서 바늘이 들어온다. 서걱서걱한 느낌. 그런데 세포가 안 나온다며 시간을 끌고 바늘이 세 번 들어왔다 나갔다 하면서. 아파서 이를 악물었다. 우여곡절 끝에 검사가 끝나고 지혈을 위해 D-6 침대로 이동했다. 그러나 고통은 이제부터 시작.

딱딱한 모래주머니를 바늘구멍이 있는 허리 뒤에 받치고 2시간을 꼼짝없이 누웠다. 죽을 맛을 참아가며 버텼는데 지혈이 안 된다며 30분 더 있으라고 했다. 30분 후 그래도 안 됐다며 다시 30분 음⋯. 일단 화장실에 다녀오고 엎드려서 남편이 눌러주는 것으로 했다. 한결 살 것 같다. 하지만 오른쪽 어깨는 계속 아팠다. 악몽 같은 시간이 흐르고, 남편 차에 올라 집으로 왔다. 골수검사가 머리를 짓누르던 시간도 멀어져 갔다.

4월 19일(수)

골수검사 후유증으로 온몸이 쑤시고 기침과 가래는 여전하고 오른쪽 어깨는 다시 도졌다.

저녁에 두부전골을 끓여 먹었다.

4월 20일(목)

쑤시던 엉덩이는 덜 아팠지만, 몸이 너덜거린다.

세탁기 거름망을 청소하고 일어났는데 어질어질하다. 오늘은 윤명이 시험 날이라 새벽 4시에 학교 간다고 톡이 온 답장을 하고 나니 잠이 안 와서 뒤척이다 일어났다.

내가 아파서 다행이야

백혈병과의
1차전

커다란 나무처럼 항상 계셨기에

당신의 소중함을 잘 몰랐습니다.

엄마, 사랑해요

급성 골수성 백혈병이라니

● ● ●

4월 21일(금)

성모병원에 결과 보러 갔다. 윤○○ 샘이 심각한 얼굴로 역시 좋지 않다며 급성 골수성 백혈병이라고 했다.

어제부터 오르던 미열이 오늘 더 올랐는지 열을 재보더니 39℃라며 입원하라고 했다. 갑작스러운 입원에 준비도 못 하고 응급실에서 접수하고 무작정 기다리게 되었다. 응급실 침상을 차지하는 데도 얼마나 걸릴지 모른다고 한다.

둘째 오빠 내외가 응급실로 찾아왔다가 의자에서 기다리는 모양을 보고는 밤에 다시 가서 이불을 가져다주었다.

아란이 귀가하는 날인데 택시로 오라고 하고, 저녁엔 윤명이가 교대하러 오고 남편은 이미 약속해 놓은 강의가 있어 나갔다. 밤에 대기실 의자를 붙여 놓고 이불을 덮고 잤다. 불편하지만 이불이 있으니 잘 만했다.

4월 22일(토)

응급실 2일째.

아침에 연락을 받고 응급실 침대로 옮겨갔다. 그나마 다행이다. 카타리나가 공연용 검은 치마를 빌려 간다고 해서 아란이에게 연락하여 빌려주었다. 아란이랑 집안일을 챙겨야 하기에 남편은 집에 가서 두루두루 살피고 밤에 다시 병원으로 왔다. 응급실 가림천 사이로 모든 사람의 목소리가 다 들려서 못 자고 아침이 되어서야 잠이 들었다. 밤에 남편은 이불을 들고 잘 만한 곳을 찾아다니며 잠을 청했다.

4월 23일(일)

아침 늦게 잠을 청해 아침 식사가 늦어졌다. 지하 1층에 가서 메뉴를 골라 보지만 맛있어 보이는 음식은 없다.

큰형님 내외분이 와서 보고 가셨다. 점심 먹고 4시에 미사가 있어 성당에 갔다. 그 사이에 남편은 아란이 귀교도 시켜야 하므로 집으로 갔다가 밤에 돌아왔다.

밤에는 1층 성모님 성화 아래 그나마 편한 소파가 있어 자리를 잡고 남편이 자게 되어 다행이라고 했다.

마지막이 된 생일

● ● ●

4월 24일(월)

생일, 응급실 4일째, 급성골수성 백혈병 확진.

아침 일찍 일어난 남편이 응급실 침대로 왔다. 생일이라고 미역국을 사 와서 응급실 칸막이 안에서 나누어 먹었다.

생일인지도 잊고 있었다. 그전에 큰형님, 선희, 말이, 문우가 왔다. 조금 후 창순 형님도 왔다. 나는 큰형님이 손수 싸 오신 도시락을 창순 씨와 같이 응급실에서 먹고 다른 식구들은 점심도 할 겸 같이 떠났다.

오후엔 오빠들이 오신다는 소식에 창순 씨도 돌아갔다. 오빠들과 1층 대기실 소파에서 얘기 도중 5시경 남편도 왔다.

밤에는 선미가 주방장과 다녀갔다. 정과 눈물이 많은 조카. 밤에 회진하는 인턴생이 급성 골수성 백혈병이라고 확진해 주고 내일부터 항암 치료를 할 것이라 했다. 마음의 준비를 했다.

4월 25일(화)

9시쯤 둘째 새언니가 오셨다. 11시엔 큰아주버님이 저녁 6시에는 둘째 오빠가 오셨다.

항암 치료는 언제 하는 건지 감감무소식이다.

4월 26일(수)

응급실 6일째지만 응급실을 못 벗어났다. 오늘과 내일 남편이 연가를 내고 병원에 있기로 했다.

아침에 지하 1층에 내려가 삼계죽을 사 먹고 올라오니 연한 녹색 검사복을 주면서 곧 가슴관을 삽입한다고 예고하였다. 팔에 주사를 놓는 대신 가슴관으로 모든 주사와 약제를 투입한다고 한다.

11시 아란이 시험 첫날인데 못 보았다고 톡을 보냈다. 12시 형님과 문우가 도시락을 또 챙겨 오셨다. 나는 금식이라 남편이 응급실에서 식사하고 있는데, 갑자기 삽관한다고 데리러 와서 나는 침대에 눕고, 남편은 먹다 만 식기를 치우고 침대 뒤를 따랐다. 처치실에 가니 줄줄이 누워서 차례를 기다리는 사람들이 들어온다. 시술은 부분마취로 반수면 상태에서 15~20분 걸렸다.

5:30 대기실 소파에서 잠깐 잠들었는데 큰아주버님이 또 오셨다. 봐야 마음이 놓인다고. 7시 둘이 도시락을 먹는데 반찬이 12가지다. 응급실 침대에서 졸고 있는데 기척이 있어 눈을 뜨니 마르타 언니다. 10:40이나 되었는데 안젤라랑 같이 왔다. 대기실에서 이야기 나누다 11:30 가까이 되어 너무 늦어 걱정하며 보냈다.

입원실 배정에 쾌재

● ● ●

4월 27일(목)

응급실에서 18층 206호 1인실로 (1)

어제 남은 반찬으로 둘이 아침 식사를 했다.

정형외과 박○○ 샘이 와서 면담했다. 어깨 X-ray 결과는 아직이라고 한다.

저녁에 뜻밖에 방 배정을 받고 드디어 병실로 올라왔다.

1인실이라 하루 50만 원 가까이 되니 걱정스럽긴 하지만 그 어수선한 응급실을 벗어난다는 생각에 우린 쾌재를 불렀다.

18층은 한강과 서울이 다 내려다보이고 1인실이라 역시 쾌적하다.

이제 남편도 편하게 잘 수 있다.

1차 항암 치료

● ● ●

4월 28일(금)

항암 치료 시작 1

식사는 이제 병실에서 나오므로 나는 병실에서 먹고, 남편은 보호자들 식사하는 곳에서 먹고 화장실도 병실을 사용하지 말란다.

9:30 a.m. 김○○ 샘이 회진을 했다. 정형외과에서 어깨 MRI를 찍어보자고 한다고 전했다. 나중에 결정한다고 했다.

남편은 8:00 출근하고 8:30 윤명이 간병하러 왔다.

10:30 둘째 오빠 내외가 병실로 오시고 조금 있다가 주치의 김○○ 교수님이 첫 번째 회진하러 오셨다. 한 달 관해(백혈병 세포를 읽애 정상적인 혈액을 만들어내는 상태) 후 주 1회 검진. 이렇게 입원과 내원을 반복하며 치료한단다.

11시 오빠 내외는 가시고 큰형님 내외분이 도시락을 가지고 오셨다. 2시 큰오빠 내외 오셨다. 5월 10일~6월 2일 은정이네 다녀온다고 한다. 둘째 오빠는 5월 3일~5월 11일 크로아티아 여행을 다녀온다고 했고.

오늘 항암 치료를 한다고 해서 3:20 p.m. 이발사를 불러 삭발했다. 4:00 항암 치료제를 투약했다. 처음이라 별다른 느낌이 없다. 9:30 p.m. 아란이 아빠랑 와서 한 시간 정도 있다가 오빠랑 돌아갔다.

4월 29일(토)

아직 항암 치료의 별다른 부작용은 없다. 오전에 큰아주버님께서 도시락 가져오시고, 오후에 승면이가 와서 애기 도중 식사가 나오는 바람에 조금 후 돌아갔다. 1층에는 소현이도 와 있는데 임신 중이라 올라오지 말라고 했다.

남편이 주말이라 종일 있었고 회진은 없었다. 미바 합창단 3회 연주회 날이라 카톡을 보며 부산한 움직임을 감지하고 기도했다. 긴장되었다. 연주회는 무사히 잘 마쳤다고 했다.

4월 30일(일)

항암 3일째.

아침에 큰형님 오시고, 좀 있다가 창순 고모 내외, 청주 장숙 씨, 둘째, 셋째 아주버님 다 오시고 잠시 후 청주 큰고모랑 홍용이 다녀갔다.

저녁에 큰아주버님 오심. 밤에 선미랑 주방장 다녀감.

무균실에서

● ● ●

5월 1일(월)

무균실 5인실로 옮겼다.

7:30 남편은 아침 먹고 출근했다. 아침에 간호사가 오늘 병실 옮길 예정이라고 알려주었다. 병실 비용 때문에 걱정되던 차라 혼자서 부리나케 냉장고에 있는 음식만 제외하고 짐은 쌌지만 힘들지 않았다.

잠시 후 형님과 종명이 또 밥을 싸가지고 오셨다. 모처럼 휴일인데 종명이 먼저 보내고 형님과 방을 옮기기로 했다. 점심 먹고 2:30쯤에 방을 옮길 수 있단다. 형님이 얼른 전화해서 큰아주버님도 오셨다.

나는 휠체어 타고 아주버님은 짐을 카트에 싣고 뒤따랐다. 19층 203호 간호간병통합병동 무균실이다. 보호자가 상주할 수 없고, 간호사 1인이 5명의 환자를 돌본다.

면회는 1일 1회만 할 수 있다.

형님 내외분 가시고 병실 수칙 안내받고 1인실에서 나온 희소식을 남편에게 알렸다. 막상 병실에 들어오니 너무 답답하고 갇힌 느낌.

6시 남편이 왔다. 엄청 반가웠다. 메스꺼워 저녁은 반만 먹고 그 사이 남편은 가져갈 짐 실어놓고, 필요한 용품 사다 주고 면회실에서 애틋한(?) 이별을 했다. 자유를 잃은 느낌.

5월 2일(화)

항암 5일째. 일어나니 코가 좀 막힌다. 메스꺼움은 좀 덜하다.

9:30 민○○ 샘의 회진이 있었다. 일반적인 멘트.

9:40 샤워를 하고, 김○○ 샘도 회진을 오셨다. 모레 골수검사가 있다고 한다.

11:30 둘째 오빠 내외가 또 오셨다. 내일 여행 떠나기 전 한 번 본다고….

내가 아파서 다행이야

엄마는 내 얘기 안 물어보시고 잘 계신다고 한다. 다행이다.

오늘 아란이 체험학습 간 날이다. 사진 보내달라고 했더니 사진을 보내주어 기분이 좋다. 자전거를 많이 탄 모양이다.

5월 3일(수)

아침 컨디션은 항상 좋은 편이다. 책이랑 다이어리를 소독하고 돌려받았다. 이제 핸드폰에 기록을 안 해도 된다.

11:50 애들 아빠가 필요한 것들을 사서 왔다. 차가 밀려서 조금 늦었다. 11:30분 되니 보호자들이 모두 도착해 병실이 두런두런. 아침에 박○○, 김○○, 김○○ 샘이 톡방을 열어 초대했다. 터키 가서 찍은 사진들 올려준 것인데 왜 감회가 새롭지? 그때 힘들긴 했는데 사진에 추억이 서려 있다. 오후에 골수검사 동의서 내고, 복약 설명을 들었다. 점심 먹고 미열이…

점심 저녁밥은 4/5 비웠다. 그럭저럭 먹을만하다. 몸무게가 계속 불어나려고 해서 이뇨제를 계속 맞고 있다. 65㎏. 이렇게만 유지되면 좋겠는데. 8시(저녁)에 수혈받을 예정.

오전에 남편과 얘기하려는데 숨이 차다. 멀쩡하지 않은 상태임이 느껴졌다.

5월 4일(목)

항암 7일째. 무균실 4일째. 골수검사 예정일.

골수검사에 대한 압박 때문인지 새벽에 잠이 잘 오지 않았다. 몸무게 재러 오고, 채혈, 체온, 혈압을 체크 해갔다.

10시쯤 골수검사 하러 오겠다는 예고를 받았는데, 병실 청소를 하러 와서 복도 걷기 운동을 했다. 아직 청소가 안 끝났는데 19층에 3명을 검사하러 왔다고 했다. 청소가 끝나자마자 침대에 엎드렸다. 지난번 너무 고생했는데 오늘은 비교적 덜 아팠다. 그리고 지혈하고 있을 때 남편이 왔다. 1시간은 금방 지나고 남편은 돌아가고 나는 40분쯤 더 있다가 지혈이 된 것 같다는 말을 듣고 점심을 먹었다.

골수검사 때문인가 몸이 몹시 피곤하다. 병원에서 환자가 쓰러졌는데 보호자가 병원에 따지느라 시끄러운 소리가 났다. 내 옆 침대환자는 3차 공고 시기인데 계속 열이 안 떨어지고 밥을 못 먹어 걱정이 많다. 오늘도 무사히 하루가 지났다.

1차 항암 끝, 호중구 '0'

●●●

5월 5일(금)

항암제 끊음. 1차 항암 끝낸 날 호중구 '0' 나오다.

병○이 하고 아침에 통화했다. 병○이 전화 수다 여전. 숨차서 끊었다. 통화를 30분이나 했다.

남편이 버스 타고 오기로 했다. 오는 길에 감기 환자의 기침 세례를 받았다고 면회실에서 만났다. 애들 얘기랑 이런저런 얘기 하다

내가 아파서 다행이야

한 시간이 되어 복○○ 교수 만나러 간다고 했다.

오후 항암제 등을 모두 떼어내고 수액 줄 하나만 남겨서 가뿐해졌다. 앞으로 어찌 될지는 모르지만 일단 홀가분하다.

밍(윤명)한테 가족 방을 만들라고 해서 호중구 수치 나온 것을 띄웠다. 가족들이 모두 좋아해서 나도 기분이 최고로 좋다.

면역 수치도 '0'이니 더 조심해야지. 앞으로는 수치를 다시 끌어올리는 싸움이다. 자력으로 억지로라도 음식을 많이 먹고 운동도 조금씩 더 해야겠다. 희망을 품고 다시 하루를 접는다. 밤에 코 막혀서 뿌리는 제재 처방받았는데 효과가 좀 있다.

수치 저하, 오심, 구토.

5월 6일(토)

항암제 끊고 2일째 설사를 했다.

밤새 설사가 나서 한숨도 못 잤다. 코막힘에 대한 킁킁대는 소리도 신경 쓰이고, 배가 몹시 아프다. 화장실을 아무리 가도.

아침은 빵을 주문했던 터라 거의 못 먹었다.

진통제 처방받고 핫팩을 대고 아침 내내 누워 있었더니 증세가 좀 호전되었다.

어젯밤에는 혈압이 내려간 환자 등등이 있어 밤새 병실이 부산스러웠다.

다행히 열은 나지 않는다.

큰오빠랑 남편이 다녀갔다. 큰오빠는 내가 측은해 보였나 보다.

점심은 죽으로 먹었는데도 모두 설사했다. 기운이 하나도 없다.

친절한 간호사가 가슴관을 소독해 주었다. 이쁘다.

입안 염증, 설사, 피부 변화.

아이들을 끝까지 지켜줘야 하는데

● ● ●

5월 7일(일)

항암제 끊고 3일째 복통.

어젯밤과 새벽에 배가 계속 아팠다. 도저히 못 참아서 진통제를 놔 달라하고, 그래도 아파서 바지 고무줄이 너무 신경 쓰여 큰 바지로 가져다 달라고 했다. 그런데 그때 갑자기 어지럽고 힘이 하나도 없더니 구토가 나왔다. 다행히 토사물은 없었고, 한참 후 진정하고 다시 누웠다. 아침까지 일어날 수가 없다.

영양죽을 먹고 계속 누워있었다. 다행히 진정되고 뜬눈으로 새운 까닭에 못 채운 잠도 좀 잤다. 너무 다행이다. 저녁 면회 시간에 남편, 윤명, 아란이 왔다. 아란이 그림 글씨를 써가지고 왔다. 눈물이 났다. 이쁜 아이들을 끝까지 지켜줘야 하는데.

5월 8일(월)

먹으면 먹는 만큼 복통이 심해서 아침부터 흰죽과 국물만 먹었다. 배가 아프긴 하지만 전처럼 심하지는 않다. 간호사가 확인 날인

내가 아파서 다행이야

을 안 한 것이 있다고 오늘 보호자가 와야 한단다. 할 수 없이 남편을 오라고 했다. 오후에 아영이 편지글 사진을 보내왔다. 어쩐지 소식이 없어 걱정했었다.

점심 후 앞 침대 환우가 2차 항암을 마치고 퇴원을 했다. 아들이 와서 짐을 싸서 갔다. 성격이 활달해서 병도 금방 나을 것 같다.

5월 9일(화)

항암제 끊고 5일째. 아영 영국 여행 떠남.

오늘은 두 끼를 굶었다. 배는 거의 안 아팠지만, 점점 배가 고파왔다. 기운이 없어서 누워있는데 11:30 남편이 왔다. 병원으로 동창들이 오기로 했다 한다.

아영이 오늘 런던으로 떠난다고 톡이 왔다. 걱정된다. 배가 너무 고파서 저녁은 흰죽과 국물을 좀 떠먹었다. 배가 아플까 봐 걱정되었지만 조금씩밖에 아프지 않아 다행이다. 새로 두 명의 환자가 빈 침대를 채웠다. 내 옆 환자가 오후에 퇴원했었기 때문이다.

새로 온 환자 1인은 재발해서 왔다고 하는데 가지고 온 빵을 먹겠다고 했다. 간호사들이 들어와서 말렸다. 그런데 나중에 보니 그 빵을 기어이 먹었나 보다.

내 옆에 들어온 환자는 눈이 크고 예쁘게 생긴 언니뻘인가 본데 역시 아들도 훈남이다. 요즘 아들들은 모두 잘도 생겼다.

5월 10일(수)

아침에 일어나 보니 어제 출구조사 때와 같이 문재인이 대통령에

당선되었다.

내 옆 환자가 TV 불빛 때문에 한숨도 못 잤다고 함께 들어온 환자에게 핀잔을 줬다.

아침 식사를 하는데 메스꺼움이 많이 사라졌다. 그러나 부담스럽긴 하여 미음을 2/3 정도만 먹고, 두유도 아직 무리일 것 같아 참았다.

점심을 흰죽으로 시켰는데 정말 맛이 없다. 내일 식단 신청 표를 달라고 하여 내일부터는 밥이나 선택식을 먹기로 했다.

저녁 면회 시간에 남편이 왔다. 빨래를 선물했다.

호중구야 늘어라

● ● ●

5월 11일(목)

항암제 끊고 7일째. 촉진제 1, 호중구 수치 10.

오늘은 촉진제를 맞기로 한 날이다. 모처럼 아침은 좀 먹고 있었다. 컨디션은 괜찮다.

오후 5시에 드디어 왼쪽 팔에 촉진제를 맞았다. 잠시 후 온몸이 덜덜 떨리고 오한이 일었다. 환의를 두 벌 껴입고 찜질팩을 껴안고 침대 시트도 한 장 더 덮었다.

그리고 열이 올랐다. 38.1℃~38.3℃. 모처럼 안정을 찾았나 했더니 도루묵이 된 거 같아 속상했다.

저녁에 마르타, 안젤라가 오기로 되어있어 전화했더니 벌써 출발했단다. 배가 아파 저녁도 못 먹고 기다렸다. 안젤라가 들어와 얘기하다가 면회실에서 마르타 언니도 만났다. 밤에도 열이 떨어지지 않아 항생제를 바꾸었다.

5월 12일(금)

아침에 다행히 열이 내렸다. 어쩐지 세상 귀찮아서 아침 먹고 계속 누워있다가 병실 청소한다고 해서 밖으로 나왔다.

최○○ 부장의 전화가 왔다. 5월 27일~6월 3일까지 연가를 쓰고, 6월 1일~12일은 병가를 쓰고, 6월 13일~ 2018년 2월 28일까지 병휴직을 하기로 했다. 우선 나이스 ID와 비번을 보냈다.

5월 13일(토)

항암제 끊고 9일째. 촉진제 3, 호중구 0.

아침에 선잠 들어 꿈을 많이 꾸었다. 오전 면회 시간에 남편이 왔다. 앉아 있으면 허리가 아파 휴게실에 나가서 있었다. 진단서를 가지고 왔다.

입원 기간이 길어지다 보니 나쁜 예후들에 대해 많이 알게 되었다. 20층에는 사람들이 여기저기서 없어진다는 말이 제일 무섭다.

내 맞은편 침상의 재발한 분은 조혈모세포 이식 후 재발해서 온 건데 얼굴이 검고 죽은 사람 같은 느낌이길래 치료를 받다 힘들어서 그런가 보다 했는데 이식을 받으면 대부분 그렇게 변한단다.

호중구가 또 0이다. 그냥 마음을 비우기로 했다.

5월 14일(일)

11:30 면회에 미모 회원들이 찾아왔다. 마르타 언니가 들어와 정샘과 애기랑 하다가 면회실에 가서 나머지 회원들도 만났다. 반갑기도 하고 울컥했다.

오늘은 날씨가 오래간만에 쾌청하다. 남편은 집안 정리에 집중하도록 오지 말라고 했다.

아란이는 동아리 발표 준비 때문에 노래 연습을 하고 있다고 한다.

5월 15일(월)

항암제 끊고 11일째. 촉진제 5, 호중구 0.

아직도 호중구는 오를 생각이 없다. 3시쯤 교장 샘, 황○○, 한○○, 용○○ 샘이 다녀갔다. 요즘 얼굴이 좀 좋아졌다. 몸무게가 조금씩 불어나서.

그래도 웃는 얼굴로 맞을 수 있어 다행이다. 얼굴을 마스크로 가릴 수 있는 것도 다행이고.

저녁에 남편이 다녀갔다.

5월 16일(화)

오전 면회 시간에 오빠 내외분 다녀가셨다.

윤명이에게 『숨결이 바람 될 때』 폴 칼라니티 책 한 권 택배 부탁했다.

3:30 p.m. 보호자·환자 교육이 있어 남편이 왔다. 면회실 안에서 우리만 받는 거였다. '나의 치료 계획표' 외에는 특별한 내용이 없었다. 열심히 설명해 주셨지만.

둘째 오빠가 남편, 윤명 데리고 저녁을 먹을 모양이다.

5월 17일(수)

항암제 끊고 13일째. 촉진제 7. 호중구 0.

아무래도 나의 호중구는 천천히 상승할 모양. 너무 집착하지 않기로 했다. 컨디션이 좋은 만큼 이제는 규칙적인 생활을 하기로 했다. 어제 9시에 누웠더니 오늘 일찍 눈이 떠졌다. 구경만 하던 운동 기구에서 자전거 타기를 5분 동안 했다. 그리고 마무리로 복도를 돌았다. 기분이 개운하다. 방으로 돌아와 기다리던 쾌변을 보고 샤워하고 소독을 끝내니 6:47이다.

아침 식사 때 입맛이 약간 좋아진 거 같다. 운동 탓인가? 4시쯤 학교 선생님들이 면회 왔다. 8명. 최○○, 박○○, 김○○, 안○○, 임○○, 이○○, 나○○, 오늘도 호중구는 변함없이 0 가리키고 있다.

운동 13cal, 복도 6바퀴.

5월 18일(목)

오늘도 5시 조금 넘어 일어났다. 옆 침상 이○○ 씨는 기력 없어 어젯밤 보호자(남편)가 와서 잤다.

점점 좋아질 거로 생각했는데 죽을 먹기 시작했기 때문에 오히려 더 비틀거리는 때가 많았다. 그래도 그와 무관하게 병세는 호전되고 있을 수 있으므로 섣부른 걱정을 한다는 건 내 처지에 맞지 않는 주제넘은 것일 수도 있다. 어제와 같이 운동하고 독서하고(숨결이 바람될 때) 자리로 돌아 왔다. 칼라니티 책 너무 재밌다.

4시쯤 최○○, 권○○ 샘이 면회 왔다. 최○○ 샘은 수학여행 갔다와서 얼굴이 반쪽이고, 소○ 샘은 어깨 깁스를 잔뜩 해서 포박당한 듯했다.

저녁 면회 때 남편이 사탕을 사 가지고 왔다. 아직도 호중구는 변함없다. 아네스를 통해서 삼성에어컨을 주문하기로 했다. 내일 남편이 해준다고 했다.

운동 10cal, 10바퀴.

5월 19일(금)

몸무게를 잰다고 깨워서 일어났다.

5:30쯤 일어나 운동하고 밥 먹으니 개운하다. 오전에 피 두 팩을 맞았다. 수치가 낮아졌나 보다. 열심히 먹어도 소용없다니….

아네스에게 에어컨 대금 ₩2,598,000을 남편이 이체했다. 배송은 6월 7일이라고 한다. 그 오랜 세월 버티다가 아프고 나서야 놓다니. 아란이 안 덥다고 반대한다는 핑계 대고….

되도록 누워있지 않으려 노력하고 있다. 몸무게가 자꾸 불어나는 거 같아서 무섭기도 하고. 그래도 몸에 항암제 부작용이 없어서 다행이다. 저녁에 남편이 왔다. 빨래하다 세탁기에서 타는 냄새가 났다고 했다. 속상해서 자꾸 물어봤다. 꼭 AS 받으라고 당부했다.

아란이 교복점에서 교복비 내라고 전화가 왔다. 남편에게

₩215,000 이체 부탁했다.

대학 동창들에게 입원했다고 알렸더니 내일 온다고 했다. 오늘도 호중구는 0 상태.

엄마한테서 전화가 와서 깜짝 놀랐는데 파마, 염색하고 싶다고 하셔서 남편과 의논했다.

5:30 운동 10바퀴, 자전거 14cal, 스트레칭 약간, 샤워, 대변 2.5C.

5월 20일(토)

항암제 끊고 16일째. 촉진제 10, 호중구 10.

10시쯤 블라인드 설치 시작했다고 남편한테서 톡이 왔다.

오전 면회 시간에 향○이와 인○이가 왔다. 인○이 들어오고 향○인 밖에 있었다. 애들이 눈물을 보여 나도 좀….

집에는 버티컬을 하는 날이다. 완공 모습을 톡으로 받아 보았다. 베란다가 남의 집처럼 깔끔해졌다. 불쌍한 우리 강아지 예삐는 잘 지내는지.

오후에 남편이 요양원 가서 엄마 모시고 미장원에 갔다. 은혜미용실이 가까워서 아파트(풍림) 쪽에 있는 곳에 간 모양이다. 파마와 염색을 하고 우리 집에 오셔서 자장면을 시켜 드셨다고 한다. 밤에 예삐가 걱정이 되어 남편한테 물었으나 아는 바가 없는 것 같다.

『한국이 싫어서』를 하루 만에 읽었다.

5:30 복도 10바퀴, 자전거 15cal, 대변 20C

5월 21일(일)

아침에 운동했다. 10시쯤 정 샘 톡이 와서 오늘 오겠다고 했다. 윤명이 다음에 오라고 문자를 보냈다. 아무래도 퇴원이 얼마 남지 않은 것 같다.

11:30쯤 정 샘이 들어오셨다. 늦게 와서 미안하다고 했다. 막달레나랑 반주자 명○ 씨도 면회실에 왔다. 명○ 씨가 카드를 써와서 비닐봉지에 받았다.

면회 온 사람들의 말은 대동소이한 격려 말로 끝을 맺는다. 나도 그랬을 것이다. 어차피 좁은 길로 들어선 것을 어찌겠는가. 오늘의 호중구 목표치는 500이었지만 현실은 어제와 같은 '10'이다. 그래도 다시 0으로 떨어질까 봐 걱정했는데 다행이다. 내일에 희망을 걸어 본다.

채만식의 『태평천하』를 읽고 있다. 밤에 체온이 올라갔다. 37.3~37.9℃. 운동을 너무 많이 했나 걱정이 되었다. 그래도 새벽이 되면서 제자리를 찾았다. 모처럼 간호사들의 관심을 좀 받았다.

5월 22일(월)

항암제 끊고 18일째. 촉진제 12, 호중구 0.

어제 너무 무리한 거 같아서 오늘은 한 시간 늦게 6:30에 일어나 독서를 좀 하다가 복도를 5바퀴만 돌았다.

옆 칸 이○○는 호중구가 110으로 올랐다. 항암 부작용으로 시달리더니 다행이다. 이제 나만 오르면 되는데 맘 같지 않다. 입맛이 점점 떨어져서 식사량이 줄어간다.

내가 아파서 다행이야

오른쪽 팔도 점점 아파져서 실내 자전거는 그만두기로 했다. 『나무가 말하였네』가 배달되었다. 역시 나를 실망시키지 않는 책. 오후에 둘째 오빠 내외가 오셨다.

오전 책임간호사가 내게 유전자 검사(공여자)를 입원 기간 안에 해야 한다고 해서 마음이 급해졌다. 마침 오빠가 오시기에 처방해달라고 했으나 아직 내려오지 않았다고 하여 오빠는 내일 다시 오마고 했다. 오늘은 성모병원 지하에서 진○ 오빠를 만났다. 아란이 척추 CD를 전달하기 위해 온 것이다. 아란이는 빨리 집중 치료를 받아야 한단다. 그런데 여름 방학에 GVT 베트남 봉사 활동을 7.16~23(방학 7.14~8.16) 다녀와야 해서 날짜가 괜찮은지 모르겠다.

저녁에 남편이 면회 왔다. 자려는데 심○○ 샘에게서 톡이 왔다. 단단히 화가 났는지 답도 안 하고. 갑자기 눈물이 나서 휴게실에 나가 TV를 보며 맘을 간신히 추스른 후 잤다. 방에서 코 풀면 시끄러워서.

5월 23일(화)

혹시나 하면, 역시나…. 호중구가 또 0이다. 좋게 생각해야지.

오늘은 너무 돌아다녀서 그런가 하여 침대에서 시체 놀이했다.

낮잠도 좀 자고….

둘째 오빠가 유전자 검사용 혈액을 뽑고 갔다. 내일 셋째 오빠랑 또 와야 한다. 그냥 내일로 미뤘으면 될 것을 내가 발 빠르게 처신하지 못했다. 낮에 우리 병실에 불도 안 켜고 모두가 왠지 잠잠한 하루를 보낸다. 나도 의욕이 없어 주로 누워있는데 모두의 마음이 비숫한가? 명○ 씨는 호중구가 또 올라서 좀 있으면, 이번 주 내로 퇴원 예정이다. 림프구성이라서 절대 비교는 할 수 없지만, 난 기대가 걱정으로 바뀌고 있다.

아란이 CD 판독 결과 C형이라 교정 가능성은 있다고 하니 그나마 다행이다. 중학교 3년 동안 그저 성적에만 신경을 쓰다니, 내가 미쳤었나 보다.

5월 24일(수)

항암제 끊고 20일째. 촉진제 14, 호중구 0.

어젯밤 남편이 방문했을 때 체온이 올라서 걱정했었는데 다행히 아침엔 정상을 찾았다. 오늘 온다던 배○○ 미바 총무는 갑자기 출근해야 해서 못 온다고 한다. 3시쯤 셋째 오빠가 오기로 한 날이다. 뭉게구름이 피어오른다.

3시쯤 셋째 오빠가 둘째 오빠랑 왔다. 채혈하고 면회실에서 만났다. 연락도 안 하며 지내다가 한달음에 와주어 정말 고맙다. 밤 면회 시간에 남편이 왔다. 이불 세탁에 대해 알려주었다. 내일은 못 온다고 한다.

5월 25일(목)

항암제 끊고 21일째. 퇴원 전 이식 유전자 검사. 촉진제 15, 호중구 10.

오전에 감염내과에서 다녀갔다. 가슴 카테터에서 균이 검출되었다고 의사 샘이 보고 갔다. 항생제를 계속 투여해야 한다고 했다.

이발 봉사가 와서 머리를 두 번째 밀었다. 여기선 박박 밀수록 이쁘다고 한다. 샤워하고 오전 면회 시간에 아녜스랑 안젤라가 빵과 주스류를 들고 면회 왔다. 샤워하느라고 좀 늦어지다 보니 금방 시간이 지나가 버렸다. 휴게실 냉장고에 처음 주스를 넣었다.

옆 침대 이○○가 퇴원 준비를 서둘렀다. 호중구가 3,000 가까이 되었다. 힘든 과정이었지만 호중구가 올라가니 가족들이 와서 지겨운 수액 폴대와 작별하고 나간다. 그동안 정들었는데.

저녁에 옆 침대에 새 환자가 왔다. 73세 골수성인가 보다. (유○○)

호중구는 10이다. 김○○ 교수님이 와서 너무 늦어지는 거 같다고 한다. 간호사는 내일부터 촉진제를 바꾸기로 했다고.

오늘도 이렇게 하루가 저문다.

연○ 씨가 잊지 않고 전화를 했다. 3번 침대에 있다가 일찌감치 퇴원한 환자. 지금은 일반식을 모두 할 수 있다고 한다. 부럽다.

오늘 샤워 후부터 가슴관 소독 후 투명시트로 바꿨다. 샤워도 이틀에 한 번 하던 것을 3일에 한 번으로 바꾼다.

5월 26일(금)

항암제 끊고 22일째. 촉진제 바꿈 16, 호중구 30.

가슴관 느낌이 별로 좋지는 않다.

오늘은 방문객이 많아서 심○○ 교감 샘에게 전화해 월요일 오시라고 했다.

식욕이 조금 되살아난 날이다. 그래도 밥은 많이 먹고 싶지 않아서 반찬 위주로 먹었다. 잡채가 그래도 먹을 만했다.

예정대로 오후에 용○○, 권○○ 샘이랑 학생대표 준○, 수○, 정○○이 왔다. 헌혈증 115장을 모아왔다. 아이들을 보니 눈물이 난다. 아이들의 헌혈증을 내가 써도 되는지 미안한 마음이 들었다. 용 샘한테도 고맙고, 자녀를 모두 출가시킨 권○○ 샘이 부러웠다.

저녁 식사 후 상과생들이 방문했다. 상업경진대회가 어제 끝났다. 김○○ 샘이 지도한 학생은 은메달, 강○○ 샘은 동상을 받았다고 한다. 뿌린 대로 거둔다. 최○○ 샘도 같이 왔다.

아영이는 8시가 다 되어 왔기에 그냥 유리 면회실에서 만났다. 앞으로 해야 할 일들에 대해서 알려주었더니 난감해하는 눈치다. 긴 여행에서 피곤할 텐데 9:30이 되어서야 돌아갔다.

아란이 체육대회에 같이 간 5반 엄마들의 톡방이 소란스럽다. 나도 같이하고 싶은데…. 아란이가 사진을 몇 장 보내주었다. 정말 이쁜 아란이 신나게 뛰어놀았나 보다. 날씨도 화창했고, 정말 맑은 날이었다.

대변 1.5C

5월 27일(토)

많은 날씨, 밖 기온은 꽤 높이 올라갔나 보다.

빵 있는 게 생각이 나서 꺼내서 한입 물었더니 곰팡이가 보였다.

곰팡이가 그렇게 무섭다는데 겁도 없이 유통기한 확인도 안 하다니, 얼른 뱉고 입을 헹구었다. 나머지 2개 중 유통기한 안 지난 것을 먹었다. 그랬더니 점심 스파게티가 처음 나온 메뉴인데도 맛이 없어 남겼다. 역시 간식을 하면 안 되겠다.

2시 정각에 김○○ 샘과 네 샘이 면회를 왔다. 모두 반가운 얼굴.

폰 스피커를 켜고 얘기를 했다. 같이 들을 수 있어 좋긴 한데, 나만 얘기하고 나머지 상대방 샘들은 얘기하기가 좀 힘든 구조다.

오늘은 아침부터 온몸에 두드러기가 나왔다. 감각은 없어서 괜찮지만 없어지는 데는 시간이 걸린다고 했다.

저녁에 남편이 방문했다. 빨간 T를 입었다. 오늘 집 소독을 하고 갔다고 했다. 갈 때 주스랑 통조림 몇 개를 들려 보냈다. 가방을 안 가지고 와서 불편해 보인다.

그래도 오늘은 보람찬 날이다. 호중구가 70으로 올라갔으니, 내일을 기약해 본다.

5월 28일(일)

항암제 끊고 24일째. 촉진제 18, 호중구 130.

어젯밤 휴게실 TV로 드라마 '도둑놈 도둑님'을 11시까지 보고 들어왔더니 아침에 일어나기 싫어 6시 넘어 일어났다. 가슴 드레싱을 바꿔서 내일이 샤워 날이라 소독일이 너무 길어져 걱정되었는데 간호사가 소독해 준다고 해서 소독했다.

저녁 면회 시간에 윤명이 왔다. 학교생활이 힘들다고 했다. 의욕이 없다고. 공부도 그렇고, 사람 만나는 것도 그렇고, 늘 그렇듯 축 처져 있다. 속이 상해서 잠이 잘 안 온다. 개명해야 하나 고민이 된다. 대체 해결 방법이 무엇인지 모르겠다.

대변 2C.

5월 29일(월)

호중구 220.

아침에 샤워하고 가슴관 소독했다. 헤드폰 끼고 졸다 보니 면회 왔다고 간호사가 깨웠다. 어느새 2시가 넘어 남편이 오래 기다렸나 보다. 예정 시간 보다 일찍 도착했다고 보러 온 거다. 남편은 이 병원에서 뇌파검사, 약물검사, MRI를 찍기로 한 날이다. 조금 얘기하다 검사하러 내려갔다.

맞은편 언니는 오늘 호중구가 3,000을 넘었다. 어제 600이었는데 요즘 기운 없다고 하더니 호중구는 놀라울 정도로 뛰었다. 림프구 성은 빨리 호전되는 거 같기도 하다. 입원 전 건강했던 것도 있고. 5시 남편이 검사 끝내고 왔다. 유리창 면회실에서 좀 얘기하다가 지하 1층 의료기 상에서 가슴관 소독 용품을 사서 집에 가기로 하고 돌아갔다. 이○○ 샘한테서 전화가 왔다. 아프다고 얘기했다. 처음 알릴 때는 마음이 아직도 좀 뒤숭숭하다.

심○○ 교감이 다녀갔다. 정권이 바뀌고 전교조 샘들이 기지개를 켜나 보다. 빨리 발령이 나야 할 텐데. 그래도 건강한 모습이 보기 좋았다.

샤워, 투명 드레싱, 대변 2C와 1.5C

5월 30일(월)

항암제 끊고 26일. 촉진제 20, 호중구 310.

어제 별로 한 일도 없는데 피곤해서 일어나기 싫었다. 7시까지 누워있다가 밥 먹으러 일어났다. 밥 먹고 또 누워있었다.

내가 아파서 다행이야

창가 침대의 조〇〇 씨는 오전에 일찍 퇴원했다. 림프구성은 우리랑 달라서 그런지 1월에 시작해서 3차까지 무난히 마치고 이제 골수 이식만 남기고 퇴원을 했는데 호중구가 3,200까지 올랐다. 그것도 어제 결과고 오늘은 얼마나 더 올랐는지 모르겠다. 3차까지 마치고 나가는 모습이 참 부러웠다. 오전 면회 시간에 가브리엘라가 들어왔다. 아무래도 합창단 얘기로 시작해서 그 얘기로….

5월 31일(수)

항암제 끊고 27일째. 촉진제 21, 호중구 460.

아침 의사샘 회진 때 내일 퇴원해도 된다는 말을 들었다. 호중구가 470이라고 했는데 저녁에 확인한 결과는 460이었다.

오늘 퇴원하고 싶으면 하라는 말도 했으나 내일 하려고 마음먹었는데 조금 후 감염내과 의사 선생님이 오셔서는 항생제를 계속 더 맞아야 해서 금요일까지 맞고 토요일 퇴원하라는 것이었다. 조기 퇴원하면 매일 통원을 해서 항생제를 한 시간씩 맞아야 한다고 했다. 그런데 입원하고 있으면 18층으로 이실해야 할 것 같다고도 했다.

생각 끝에 금요일 오후에 퇴원할 수 있으면 그렇게 해달라고 했더니 감염내과와 연락해 보고 연락해 준다고 했다.

오전 면회 시간에 둘째 오빠 내외와 아영이 왔다. 아영이 입실해서 얘기하고 있는데 면회실에 오빠들 식구가 들어오기에 폰으로 얘기했다. 한 시간이 금방 흘러 아영이 나가서 오빠네 가족과 점심 식사하고 수원에 데려다주기로 했다. 항상 둘째 오빠 신세만 지고 있다.

저녁에 금요일 퇴원이라고 알려주었다. 오후 2시쯤 남편이 오기로 했다. 마지막 항생제 2가지 모두 맞고, 주사(항생제)도 한 대 맞고 잠자리에 든다. 내일은 호중구가 많이 올랐으면 좋겠다.

조○○ 씨 자리에 새 환자가 들어왔다. 56세 림프구성 3차라고 했다. 응급실이나 18층도 안 거치고 사복 입고 들어온 운이 아주 좋은 환자다.

6월 1일(목)

항암제 끊고 28일째.

6:30쯤 일어났다. 혹시 이실하라고 하면 어쩌나 했는데 시간이 지나도 아무 말이 없다. 간호사가 와서 금요일 오후 퇴원에 맞춰 항생제 액과 주사 시간을 조금씩 당겨서 맞는다고 했다.

저녁이 되어도 이실에 대한 기별이 없어 무사히 퇴원하게 되나보다 안심이 되었다. 아영이 톡을 보내 퇴원 후 음식에 관해 물어왔다. 식사 시간도 계획표를 짠다며 묻는다.

저녁 면회 시간에 남편이 방문했다. 퇴원 후에 해야 할 일들에 관해 얘기했다.

1차 입원 마치고 집으로

●●●

6월 2일(금)

항암제 끊고 29일째. 촉진제 23, 호중구 880, 1차 입원 치료 43일

아침 먹고 샤워를 했다. 퇴원 전 마지막 샤워. 그리고 가슴관 소독을 받았다. 김○○ 교수님이 회진했다. 오늘 퇴원인데 왜 그리 기운이 없냐고 한다. 그놈의 기운 없어 보인다는 소리 평생 듣고 산다.

이게 기운 있는 모습이라고 말하려다 참았다. 기다리다가 마지막 항생제도 맞고 수액이 주렁주렁 열린 폴대와 이별했다.

주섬주섬 짐을 쌌다. 쌀 수 있는 것만. 2시가 되어 남편이 지하 주차장에 왔다고 연락했다. 신발도 다 싸고 기다렸다. 서류 떼고 결재하고 20층에서 2:30쯤 남편이 병실에 나타났다. 짐을 트레이에 싣고 복도에 나가 캐리어에 옮겨 담는 사이 나는 사복으로 갈아입었다. 퇴원하는 실감이 좀 났다. 옆 침대 유○○ 언니와 끝 침대 막내와 인사하고 나왔다.

퇴원한다고 여기저기 카톡을 올렸다.

집에 오니 아무도 없다. 아영이는 장 보러 가고 윤명이는 학교 가고, 아란이는 아직 올 시간이 안 된 거다. 얼마 후 아영이 와서 남편이랑 저녁밥을 한다고 왔다 갔다 한다. 집에 오니 힘이 하나도 없고 귀에서 소리도 나서 참견할 엄두는 나지 않았다. 남편이 아란이 학교로 데리러 간 사이 아영이 밥상을 차려 왔다. 조심하려고 밥도 따로 먹기로 했다. 쇠고기뭇국, 감자조림, 달걀 스크램블이다. 혼자 세

가지 하려면 얼마나 분주한지 알기에 감사히 먹었다. 민규가 안부 카톡을 했다. 병실에서 기록적으로 오래 걸린 퇴원이다!

병원에 큰오빠와 둘째 오빠가 방문했었다.

6월 3일(토)

쾌청한 주말 연휴의 시작이다. 이제 내게 연휴는 별로 의미 없는 단어가 되었지만. 마르타 언니는 포항으로 세라 언니와 아녜스는 은이성지, 미리내 성지로 성지순례를 떠났다.

아영이 아침밥을 차려주어 먹었고, 남편은 일찍 매홀고(임○○ 교감)로 연수를 하러 갔다. 11시에 초인종 소리가 울려 그냥 누워있었는데 아영이가 수학과외 샘이 오셨다고 했다.

점심때 아영이 카레밥을 해주고 외출했다. 남편은 장을 보고 3시쯤 돌아왔다. 간식을 좀 먹었더니 저녁 생각이 없었지만 때가 되어 남편이 해준 돼지고기 수육을 삶은 양배추와 함께 먹었다. 퇴원 후부터 먹고 싶었던 건데 배가 고프지 않아 많이 못 먹었다. 어느새 저녁 7시가 되어 남편은 아란이를 재촉하며 도수 치료를 받으러 갔다. 아셈 스포츠센터 건물 2층에서 탁구 동호회원인 침술사에게 처음 보이는 것이다. 아란이는 발목 인대가 늘어나서 척추측만이 왔다고 한다. 침 맞고 도수 치료받고 왔는데, 이제 아플 때 오면 된다고 한다. 여러 번 치료가 계속되는 줄 알았는데 의외였다. 아란이는 와서 저녁 먹고, 9시에 남편은 배 안 고프다며 탁구장에 갔다. 10시가 넘어서 도서관에 갔던 윤명이 돌아왔다.

6월 4일(일)

아침 점심 저녁 식사를 아영이가 열심히 차려주고 있다. 매번 새 반찬과 밥을 만들기가 힘들 텐데 갈수록 맛도 좋아지고 열심히 하는 모습이 기특하다.

11시쯤 둘째 새언니가 쇠고기 잰 것을 가지고 왔다. 염치없지만 목요일 병원에 데려다 달라고 부탁했다. 언니는 들어오지도 않고 점심 약속이 있다가 가셨다.

오후 3시쯤 샤워하고 남편이 가슴관 소독을 했다. 아영이도 불러서 하는 방법을 가르쳐 주었다. 처음 하는 것이라 좀 낯설었다.

아란이는 2시에 카페에서 수학과외 후 도서관에서 공부하고 오느라고 늦게 돌아와 노트북으로 과제를 하다 윤명이 방에서 늦게 잠들었나 보다.

윤명이는 공부한다고 들어오지 않았다.

밤에 남편은 탁구 치러 갔다 오고 나는 아영이와 함께 '아버지가 이상해'라는 드라마를 거실에서 보았다. 10시쯤 끝나서 방으로 돌아와 자려고 누웠는데 잠이 오지 않아서 11시 넘어 잠들었나 보다.

6월 5일(월)

오늘부터 9일 기도를 하기로 하고 6시에 일어나 세수하고 기도를 시작했다.

오늘 외출해야 할 일도 있고 해서인지 남편이 일찌감치 방 청소를 시작하여 기도는 중간에 2번이나 쉬었다가 했다. 아영이는 일찍 일어나 아침을 차려주고, 아침을 먹고 간신히 기도를 끝냈다. 9시에 보험회사 두 곳에 가보기로 했기에 퇴원 후 처음 집을 나섰다.

메트라이프에 가서 담당 사원인 조○○ 씨를 만났다. 나의 발병 사실을 알고 열심히 알려주었다. 회사는 사원 교육 중이었다. 한 가지 서류가 부족하다고 하여 발급받아 주기로 하고, 동부화재로 갔다. 멀지 않은 곳에 있어 다행이다. 그곳에는 보험금 청구 창구가 있어, 필요사항을 기재한 청구서를 제출하여 청구되었다고 했다. 곧바로 돌아와 나는 집으로 들어오고 아란이를 주차장으로 불러서 남편과 함께 논현동에서 척추 치료하는 둘째 오빠 대학 동창인 조○○ 오빠께로 데리고 갔다. 카이로프랙터는 척추 신경 치료 전문의로 미국에서는 현재 진행형이지만 우리나라에서는 도입된 지 얼마 안 되는 분야라고 한다. 아영이 차려 온 점심, 된장찌개와 돼지고기 수육, 파프리카김치 볶음, 양배추쌈을 맛있게 먹고 웹서핑을 하다 보니 남편과 아란이 들어왔다. 치료는 20분 정도 했고, 앞으로 2주에 한 번씩 치료받고 여름에 집중하여 치료하면 된다고 한다. 더 늦지 않고 치료를 받게 되어 그나마 다행이다.

아영이 도서관에서 공부하다 치과에 들러서 온다고 했다. 저녁에는 온 가족이 다 모여 식사를 했다. 나는 다른 방에서 먹긴 했지만, 다음 병원 진료일인 목요일까지는 이렇게 해야 한다.

6월 6일(화)

현충일이라서 아란이, 남편 모두 학교에 가지 않았다. 아란이와 윤명이 모두 늦게 일어났다.

아영이 1월에 결혼하겠다고 하여 인터넷으로 좋은 날짜를 찾아보

내가 아파서 다행이야

았다. 여의도 공제회관은 공사 중이라 수원공제회관 1월 대관 가능일과 맞춰 보았더니 1월 6일이 길일과 대관일이 맞는 날이라 같은 날 2시로 하기로 했다. 길일이 하루밖에 없어 서둘러 계약금을 내도록 했다.

갑자기 서둘러 날짜를 잡다니, 무언가 허전하고 낯선 느낌이다. 더구나 내가 그때까지 안정적인 생활이 가능할지 미지수다. 아영이 호주로 가야 하니 어떻든 내 상태와 맞출 수는 없게 되었다.

아영이 공부도 해야 하고, 내 식사도 준비하고, 결혼 준비도 해야 하니 무척 바쁘게 되었다. 6월 집, 7월 병원, 8월 집, 9월 병원, 10월 집, 11월 골수 이식….

나는 아무래도 그때까지 외출할 수 있을지는 모르겠다. 뜻대로 된다면 좋지만, 이식 후 6개월은 지나야 한다는데 한 달밖에 지나지 않은 시점이라서.

윤명이 저녁을 라면으로 끓여 먹는다. 아란이는 7:30 p.m.에 아빠 차로 학교로 출발했다.

저녁에 김○ 선생님 부부가 사과 상자를 가지고 왔는데, 그냥 밖에서 돌아갔다.

6월 7일(수)

6시 일어났다. 남편은 베란다, 내 방, 자기 방을 청소하고 출근했다. 윤명이 7:40 등교했다.

아영이 내 밥을 차려주고 설거지하고 도서관에 간다고 했다.

점심때 아영이 치과 갔다가 돌아와서 밥을 차려주었다.

샤워하자마자 가슴관 소독해야 하는데 저녁 먹고 남편이 탁구 하러 간다기에 기다렸다가 9:20쯤 샤워를 하고 10시에 돌아온 남편에게 소독을 부탁했다. 아란 아빠는 오늘 성모병원에 다녀왔다. 머리가 아프다고 일주일 전쯤 CT, 혈류검사, MRI 검사한 결과를 보는 날이었다. 결과는 MRI는 아무 이상이 없고, 혈류검사에서 뇌 한쪽의 혈류가 좀 좋지 않은데 약을 먹으면 낫는다고 했다며 약을 한 보따리 가지고 왔다. 그래도 MRI 결과에 이상이 없다고 하니 다행이다.

가슴관 소독을 하고 잘 준비했다. 내일 혈액 검사는 8시간 금식을 해야 해서 아침 식사는 하지 않는다고 아영이에게 일러두었다.

돌연변이 유전자가 있다지만

● ● ●

6월 8일(목)

성모병원 예약일이다.

6시 일어나 9일 기도를 마치고 남편은 방 청소를 하고, 아영이를 재촉하며 8:50 집을 나섰다. 8만 원을 들여 세차 소독한 남편 차를 타고 병원으로 향했다.

남편은 출근해야 하므로 우리를 내려주고 갔다. 아영이랑 3층 채혈실에 가서 채혈하고 BMT 센터에 접수했다. 그리고 BMT 센터 주사실에 가서 히크만 카테터 소독을 하려고 했더니 한 시간 기다려

내가 아파서 다행이야

야 한다고 전화 주겠다고 하여 접수만 하고 지하 1층 식당가로 왔다. 막상 먹을 게 없어서 나는 밀봉 빵 1개와 멸균우유, 아영이는 김밥을 사 들고 먹으려 하는데 주사실에서 오라는 연락이 왔다. 막 먹으려던 찰나여서 먹고 가겠다고 말하고 반쯤 먹다가 올라갔다. 기다렸다가 소독을 마치자 혈액 내과에서 오라는 문자가 와 있다. 또 서둘러 진찰실로 갔다. 김○○ 샘과 외래에서 만나기는 처음이다.

혈압, 체중을 쟀냐고 물어보았다. 아니라고 했더니 5분도 안 걸린다며 나무라는 투다. 경황없이 예약 시간보다 이르게 불려 들어왔지만 아무 말도 못 했다. 첫 번째 항암 치료의 이름을 물었다. 주사제 이름을 묻는 거냐고 했더니 그렇다고 하시기에 모른다고 했더니 '관해 유도 항암 치료'라고 했다. 그거야 다 아는 사실인데 오늘은 정말 서로 맞지 않는 날인 것 같았다. 그동안의 입퇴원 과정을 확인해 보더니 중요한 말씀을 해주었다. 내게는 돌연변이 유전자도 있고, 여러 가지 염색체 변이도 있어 좋지 않은 사례라는 것이다. 하지만 별로 불안하지 않았다. 어차피 나을 것이기에.

그리고 두 오빠 검사 결과가 다르게 나와 한 명은 맞을 거 같다고 했다. 그러나 나의 조직검사를 하지 않았다는 사실을 알게 되었다. 진료 후 다시 채혈해야 했다.

나머지 빵과 김밥을 19층에 올라가 나누어 먹다가 3시에 둘째 오빠를 오시라고 연락하고 감염내과(예약 4:15)에 가서 기다렸더니 진료가 40분 지연되고 있었다. 4시쯤 도착한 둘째 오빠를 기다리게 하면서 겨우 진료를 받고 돌아왔다.

오빠는 차를 소독하고, 내 실수로 주차료를 물고 나왔다.

쉬어야 하는데 쉬지 못하는 엄마

● ● ●

6월 9일(금)

아영이 아침밥을 차려주어 먹었다. 남편은 출근하고 나는 9일 기도를 편히 바쳤다. 세탁기에 있는 이불을 꺼내어 베란다에 널었다. 인터넷으로 드럼용 세제를 검색해서 주문했다.

오늘 택배가 세 군데에서 왔다. 현대카드 재발급+하이패스 2개가 왔고, 핑크 시들리에서 주문한 실내복도 왔고, 아란이 교복 속바지 2개도 도착했다.

아영이는 아침에 도서관, 치과 다녀오고 나서 점심 후 다시 도서관에 갔다.

남편은 아란이 집에 데려오는 날이라 8시에 아란이랑 왔다. 8시에 과외를 한다고 하여 아란, 아영이 어질러 놓은 방을 치우느라 땀을 뻴뻴 흘렸다.

안되는 줄 알지만, 방이 늘 마음을 답답하게 하여 그냥 치웠다.

메트라이프에 어제 발급받은 추가서류(골수 검사의 혈액 검사 결과지)를 가져가라고 연락했어야 하는데 어쩌다 보니 하루가 다 가버렸다.

오늘 일을 좀 했더니(오늘 택배로 받은 옷 중에서 물 빠짐이 있는 옷을 손빨래해서 널었다) 온몸이 쑤셔서 잠이 오지 않았다. 무리하면 안 된다는 걸 알았다. 윤명이는 새벽 1시 넘어서 들어왔다.

6월 10일(토)

남편은 학교 학부모 역사 연수팀을 이끌고 융건릉에 가야 한다고 9시에 나갔다. 나가면서 아란, 윤명이를 깨웠지만….

윤명이는 1시나 되어 학교 간다고 나가고, 아영이는 다시 도서관 가고, 아란이는 라면을 끓여 반찬과 함께 TV 앞에 앉아 미국 드라마를 보고 있다.

3시가 넘어도 TV와 30㎝ 거리에 계속 앉아 있어 그만 보라고 했더니 방에 들어가 커튼을 치고 문을 잠그고 있다. 차라리 병원에 입원하고 보지 않을 때가 나았던 거 같기도 하다.

저녁이 되어 6시쯤 남편이 귀가하고, 아영이는 들어와 밥을 차려주고 다시 도서관에 갔다. 오늘 가슴관 소독하는 날이라 피곤해서 소파에 잠들어 있는 남편을 깨워서 샤워하고 소독했다.

앞에 거실 바닥에 베개만 베고 다시 잠든 남편이 또 일어났다. 내가 아란이 체육복을 빨아야 한다고 나섰기 때문이다. 자식 셋이 있고 내가 백혈병에 걸렸지만, 현실을 바로 보고 있는 사람은 남편뿐이다.

쓰러지든 말든 그냥 집안일을 다 하는 게 차라리 속 편할 거 같다.

6월 11일(일)

아침을 차려주고 아영이는 외출했다. 아란이를 깨워서(남편이) 식사하고 11시가 못 되어 에어컨 설치 기사가 왔다.

먼지가 날 것 같아서 나는 남편 방에서 인터넷을 하고 있었다. 설치가 끝났다고 해서 나와 보니 아란이는 과외를 갔는지 나갔고, 에어컨은 깔끔하게 설치가 되어있다. 남편이 점심을 차려주어서 먹고 조금 쉬다 보니 아란이가 들어왔다. 아란이 빨래도 챙기고 교복 가져온 것을 정리하려다 보니 옷장이 너무 비좁아서 안 입는 옷들을 밖에 내놓았다. 먼지도 너무 나고 힘도 들어서 제대로 하기엔 어림없어서 적당히 하고 마무리 지었다. 아란이 교복 치마 하나가 안 보여서 학교 가면 꼭 찾아보라고 당부했다. 남편이 다시 저녁을 지어주고, 캐리어 가방을 싸 가지고 학교에 가기 위해 아란이와 집을 나섰다.

나는 8시부터 드라마를 3편이나 보고 나니 11시가 되었다.

아영이는 친구 만나고 도서관에도 갔었다며 9시 넘어 들어오고, 윤명이는 어제도 안 들어왔는데 아무 소식이 없다. 11:30 전화했더니 약학관이라고 조금 있다 들어온다고 한다.

6월 12일(금)

남편이 일어나서 열심히 청소와 소독을 했다. 아영이 밥을 차려줘서 먹고, 남편은 출근하고 윤명이는 아침을 거르고 학교에 갔다.

전화로 해야 할 일들을 하고 나니 11시가 다 되어간다. 동양생명은 저축성 보험이라 질병 보험금은 없다고 했다. 어제 아란이 방 옷장 정리를 좀 해서 그런지 아침에 힘들어서 일어나기 싫었다.

점심때 아영이 들어와서 밥을 차리고 친구 만나기로 했다고 다시 외출했다. 3시쯤 메트라이프 조○○ 씨가 와서 골수검사지 세포유전자검사지를 받아서 갔다. 보험금 접수가 되었다는 메시지가 왔다. 아영이는 민규 고모가 아파트 36평과 원주 유치원을 양도하겠다는 제안 때문에 진로 결정이 애매해졌다. 호주 간호대에 진학하고 영주

권을 취득하러 같이 가려고 1월에 결혼 계획을 세웠는데 그냥 원주에 정착해야 하는 건지 혼란스러워한다. 나도 구체적인 사정은 모르니 뭐라 해야 할지 모르겠다. 우선 1월에 결혼식에 참석할 수 있을지도 모르겠고. 저녁에 남편이 먼저 오고, 아영이도 왔다. 더케이 회관에 예약한 내용과 스드메에 관련된 홍보물을 챙겨왔다.

둘째 새언니가 고깃국을 한 냄비 끓여왔다. 저녁을 고깃국과 남편이 사 온 갈치 조림을 해서 먹었다. 윤명이는 새벽 한두 시에 온다고 연락이 왔다.

6월 13일(화)

묵은 영수증을 정리했다. 금방 끝날 줄 알았는데 인적 사항을 일일이 제거하다 보니 끝이 없었다. 퇴근하는 남편에게 학교에 가서 파쇄해 달라고 부탁했다.

밤에 가습관 소독을 해주었다.

6월 14일(수)

남편이 출근하고 9일 기도를 하고 나서 인터넷을 했다. 사고 싶은 것들을 몇 가지(5가지) 옥션에서 샀다. 오후에 메트라이프에서 보험금이 3,540만 원 입금되었다는 문자가 왔다. 받고도 씁쓸한 돈.

〈메트라이프 보험금 내역〉
입원급여금 11,000,000, 수술급여금 4,400,000, 진단급여금 20,000,000

6월 15일(목)

혈액 내과 외래 진료일이다. 7:30에 아영이 나가자고 해서 준비했다. 남편은 5시에 일어나 빨래 돌려 넣고 청소하고 자동차를 소독해 놓았다. 아침 먹고 준비해서 민규가 운전하는 남편 차를 타고 성모 병원이 갔다. 혈액을 채취해 놓고, 주사실에 가서 가슴관을 소독한 후 BMT 센터 간호사에게 진료 접수했다. 김○○ 교수님 환자 명단은 2명뿐이었다. 좀 기다렸더니 10시 조금 넘어 대기하라고 했다. 원래 진료 시간은 10:23이었다. 오늘은 진료 시간이 매우 희망적이었다. 호중구도 1,000으로 올라가 증가 추세이므로 다음 주 골수검사 예약을 하고, 특별한 일이 없으면 입원하게 되었다. 다행이다. 간 수치가 좀 나빠져서 약국 처방 약을 사러 가야 했다. 민규가 와서 이리저리 도와주는 바람에 순조롭게 집으로 돌아왔다. 아영이 내 밥을 챙기고 민규랑 외출했다.

6월 16일(금)

남편 출근하고 아영이는 부엌을 정리하고 방으로 들어갔다.

오늘은 집 정리를 좀 해야겠다. 내일 민규가 인사를 온다고 했고.

다행히 오전에 인터넷 주문한 물건이 모두 도착했다. 피아노 덮개용, 식탁 러너, 주방 세탁실 창 가리개, 고단백 영양식 그린비아, 생일선물 그리고 나중에 싸서 주문한 여름용 비니까지 모두 분리수거 정리하고 러너랑 가리개 다림질했다. 그리고 다 걸어 놓았다. 가사실 겨울옷 버린 것이 눈에 띄어 세탁소 비닐에 모두 접어 담고, 다른 버릴 옷까지 두 보따리를 만들었다.

그리고 지저분한 식탁 옆 책꽂이가 너무 보기 싫어 손을 대기 시작하니 끝이 없다. 오늘 너무 무리했다. 시작하면 끝을 보는 성질 때문에.

저녁을 먹으려는데 갑자기 속이 쓰렸다. 큰 탈이 났나 하여 한참 누워있었다. 다행히 통증이 지나가고 무사히 밥을 먹었다.

남편이 아란이를 데리고 돌아왔다. 시골에 가져갈 책들(어린이용)이 너무 무거워 보여 아영이랑 아란이를 같이 내려보내 아빠가 차에 싣는 것을 도와드리라고 했다. 아까 모아둔 옷들도 시원하게 버렸다.

윤명이 돌아왔다. 시험은 그냥 보았다고 했다. 아란이 공부한다고 아빠 방에 들어가서 노래만 부른다.

양말을 돌려서 널었다. 옷은 남편이 없으니 내일 아침 일찍 빨래해서 널어야겠다. 10:30 p.m. 시골에 잘 도착했다는 연락이 왔다.

6월 17일(토)

민규가 인사 오기로 한 날이다. 아직 집안이 다 정리되지 않아서 거실 책꽂이에 아무렇게나 꽂혀 있는 물건들을 마저 정리하기로 했다. 빨래도 돌리고 널었다.

아란이 하복 교복은 손빨래했다. 아영이 과일 사러 간 사이에 아란·아영 방을 청소했다. 아란이는 12시까지 자다가 깨워서 간신히 일어나 1:30~3:30까지 하는 수학과외를 하고, 5시까지 논현동 척추 치료를 받으러 갔다. 아침 7:40에 여름 방학 중 수강 신청이 있어 깨웠더니 원하는 수강 신청을 모두 순조롭게 하고 다시 잠이 든 것이다. 소파에서 입 벌리고 자는 모습이 천진하기도 하고….

나는 어제에 이어서 오늘도 종일 집안일을 했더니 오른쪽 팔이 쑤시고 다리는 퉁퉁 부었지만, 누구를 탓하겠는가. 그것도 남편이 시골 가서 없는 틈이라 가능했다.

6시가 되자 민규가 왔다. 내가 고기를 먹는다는 소리를 들어서인지 쇠고기를 잔뜩 사 왔다.

6:30쯤 아란 아빠도 오고 넷이 앉아서 이런저런 얘기를 좀 했다. 민규는 호주에서 타일공을 하다가 회계사 공부를 해서 간호사·회계사 커플로 살아보겠단다.

밤에 사다 놓은 케이크에 불을 켜고 간단한 아빠 생일파티를 했다. 딸들은 넥타이와 손수건을, 나는 지갑을 선물하고 윤명이 선물은 택배가 아직 도착하지 않았다.

밤늦게 잠자리에 들었다.

6월 18일(일)

8시쯤 아침을 먹었다. 아란 윤명이는 자느라 기척이 없다. 남편은 청소와 집안일을 하고 볼 일이 있다고 나갔다. 아란이는 2시 과외 시간에 맞추어 나갔다. 나는 아란이 교복 다려 놓은 것에 이름은 새기다가 결국 바늘에 찔리고 말았다. 감염에 조심해야 하는데 더럭 겁이 났지만 엎질러진 물이라 그냥 나머지 바느질을 다 했다.

'백조 왕자' 동화 속 여동생 이야기인가. 어제부터 땀이 많이 나서 몸이 끈적거려 샤워했다. 때가 무척 많이 나와 다 밀어버리니 속이 시원하고 개운하다. 남편이 히크만 카테터 소독을 해주었다.

윤명이는 저녁 전 학교 가서 밤샌다고 나갔다. 아란이 생활복과

내의 양말 등을 챙겨주고 교복도 쇼핑백에 담아주었다. 캐리어, 책가방, 노트북 가방, 쇼핑백까지 짐이 여러 개라 걱정이 되어 잘 가지고 들어가라고 신신당부를 했다.

아란이 귀교를 하고 나니 허전하고 할 일이 없어진 듯하여 TV를 보았다. 갑자기 공중파 3사 방송국 외에 다른 채널이 하나도 잡히지 않는다. UHD 환경이 되면서 모두 끊어 놓았는지 알 수 없다.

6월 19일(월)

월요일인데 한 거라고는 고작 복지 포털에서 카드 사용액 승인 신청하고, 백○○ 과외 샘께 350,000원 이체.

몸무게가 1kg 늘었다. 늘었을 것 같았다. 가끔 머리가 아프다.

윤명이 저녁에 들어왔다. 점저를 먹었다고 한다. 시험을 못 봤다고 했다.

남편은 마트에 들러 일찍 돌아왔다.

주말 동안 미모 카톡이 분주했다. 오늘까지 놀러 간 곳에 대한 사진을 보내느라고, 나는 사진을 본다. 풍경 사진과 한 장쯤 들어있는 인물사진을. 나는 무엇을 느껴야 온당한가?

6월 20일(화)

오전에 열쇠집을 완성하려 하였으나 거의 4시가 되어서야 끝이 났다.

남편 열쇠집에 때가 많이 탔고, 너무 두툼하여 불편해 보여서다.

오늘 너무 무리한 거 같다. 천을 늘어놓고 접었다 폈다 하는 통에

먼지도 많이 나고 힘도 들었다.

　6:00~7:00 남편 집 안 청소.

　6:30 기상, 7:00 식사, 8:00~8:40 묵주기도.

6월 21일(수)

　남편이 출근하고 나서 외출에 입을 원피스를 검색했다. 아무리 해도 뚱뚱해진 몸에 맞는 옷을 그것도 마음에 드는 옷을 찾을 수 없었다.

　공연히 시간만 허비하고 팔은 또 왜 이리 아픈지 모르겠다.

　오늘 소독을 해야 하는데 내일 병원에 가서 해야 하므로 그냥 두었다.

　아녕이는 진구들 만나러 서울 가서 새벽 두 시가 되어 돌아왔다. 그때까지 버스가 있다는 사실을 처음 알았다.

세 번째 골수검사

● ● ●

6월 22일(목)

　성모병원 내원. 세 번째 골수검사.

　7시도 되기 전에 민규가 왔다. 밥을 먹다 보니 시간이 다 되었다.

　　　　　내가 아파서 다행이야

이른 시간이라 차가 잘 빠지는 듯하더니 도심에 진입하자 여지없이 흐름이 느려졌다. 8시 조금 넘어 도착했다.

혈액을 먼저 뽑았다. 그리고 주사실에 가서 히크만 카테터 명단에 이름을 쓰고 주사실 앞에 병원 카드를 대고 접수했다. 8:30 예약이라 이름이 금세 떠서 병상 D-7로 가서 대기했다. 한참 후 호명하여 검사실 2번에 가서 누웠다. 9시가 넘어서어 골수검사 팀이 들어왔다. 연구용으로 약간의 골수와 뼛조각을 더 채취하려고 하는 데 동의하겠냐고 해서 연구에 도움이 되라는 심정으로 조금 망설였지만 서명했다. 마취하고 세 번째 골수검사가 시작되었다. 검사 의가 잘 나오고 있다고 했다. 아프긴 했지만 순조롭게 진행되어 침상으로 돌아왔다. 아영, 민규를 아침 먹으러 내려보내고 허리에 모래주머니를 댄 채 11시 20분까지 기다리기로 했다. 한 시간쯤 지나니 고통이 점점 심해졌지만 견뎠다. 아이들이 식사를 마치고 왔다. 가슴관 소독을 해주러 와서 관도 채우고 소독했다.

아영이를 시켜 혈액 내과에 접수했다. 두 시간 만에 다행히 지혈되었다. 혈액 내과 김○○ 교수님 진료환자가 명단에 안뜨기에 간호사에게 말하여 예약 시간 보다 일찍 진료를 받았다. 아뿔싸! 호중구기 530으로 내려갔다.

하지만 세 오빠 중 큰오빠의 항원이 1차 맞아서 2차도 진행하기로 했다.

이제부터는 집안일은 그만두고 가만히 있기로 했다.

집으로 돌아와 점심을 먹고 민규가 돌아갔다. 춘천에 간다고 아영이가 버스터미널에 바래다준다고 갔다. 윤명이는 시험 끝나고 동기들과 술 마시고 아직 돌아오지 않았다.

6월 23일(금)

벌써 주말이다.

남편 출근하고 인터넷 쇼핑을 했다. 옥션에서 사각 빨래건조대(소형)와 서랍장 위에 얹어둘 액자를 주문했다. 그리고 율리안에서 여름옷을 구경했다. 어디서 수입하는 의류인지 염가매출까지 해서 비싸야 2만 원대 안에 괜찮은 옷이 꽤 많아서 너무 오래 구경했다. 다음에 하면 세일 마감 시간이 끝난다고 해서 둘러보다가 주문까지 하니 4시가 되었다. 이러면 안 되는데….

아영이 호주 학교에서 연락이 왔다며 10주 400만 원 내고 조건부 입학 허가가 났다고 한다. 그리고 비자 신청 전에 혼인신고를 해야 한다고 해서 머리가 너무 복잡해졌다. 머리가 아파서 자다가 아영이가 저녁 먹으라고 깨웠다.

남편은 아란이 과외로 수업받는 카페에 데려다주고 두 시간 기다렸다가 다시 학교에 들여보내 놓고 오느라 늦는다. 윤명이 어제 시험 끝났는데 친구들이랑 술 먹고, 학교 앞 친구 자취방에서 자다가 저녁 8시가 되어서 돌아왔다.

나는 10시에 자러 방으로 돌아왔다. 잠결에 남편 코 고는 소리가 들렸다.

6월 24일(토)

좀 늦게 일어나 아침 기도를 미루었다.

아영이 아침 후 영어 시험 보러 갔다. 시험 보고 민규를 만났나 보다.

그리고 친구 고○○ 집들이 가서 자고 온다고 한다. 영○, 박○○과 함께.

윤명이는 점심 약속 있다고 외출했다. 그러더니 저녁에 승면이 형네서 저녁 먹는다고 연락이 왔다. 밤 12시 다 되어서 들어왔다.

오늘은 청소와 삼시세끼를 모두 남편이 해주었다. 남편이 해주는 게 맘이 편하다.

아란이를 위한 것은 힘들지 않다

● ● ●

6월 25일(일)

아영이 친구 집들이 가고 없다. 남편이 윤명이에게 청소하는 법을 가르쳐 준다. 둘이 해서 빨리 끝났다고 하는데 윤명이는 '청소가 무척 힘드네요' 한다.

나는 아란이 생활복 바지에 이름을 새겨주고 치마 단을 삥 둘러 풀리지 않도록 감침질을 하고 다림질하고, 속옷이랑 양말과 생활복 바지, 교복을 싸고 보니 벌써 12:40이다. 남편은 싸놓은 쇼핑백을 들고 서둘러 아란이 학교로 갔다. 아란이를 데리고 과외 선생님께 데려다주고 두 시간 대기했다가 다시 학교에 데려다주고 집으로 돌아오는 것이다. 전 같으면 모두 내가 해야 할 일이다. 아침밥과 빨래 챙기기와 아란이 데리고 매니저 역할 하는 것. 그럼 남편은 어떤 모임에 가야 했겠지.

다른 건 몰라도 아란이를 위해서 무언가를 하는 건 하나도 힘들지 않았다. 오히려 뿌듯한 마음이 들기도 했다. 내가 아주 의미 있는 일을 한다는 느낌이랄까. 아무리 해도 다른 엄마들 발뒤꿈치도 못 따라간다는 미안함과 더불어서. 아란이는 나를 보아도 그냥 무심히 차에 타자마자 눈을 감고 좌석을 눕히고 잠이 들었다.

저녁이 되어 남편이 돌아왔을 때 나는 자고 있었다. 오전에 일해서 오후엔 쉬어야 한다는 강박에 누워서 잠을 청했었다. 저녁을 먹고 남편이 걸어 놓은 빨래를 접고 주말 드라마 세계를 보고 11시 잠을 자러 방으로 들어왔다. 아영이 늦게 귀가했다.

6월 26일(월)

윤명이에게 청소 시간을 알려주지 않아서 남편 혼자 아침 청소를 했다.

컴퓨터를 보지 않기로 했는데 또 정신이 팔려서 오전에 웹서핑을 좀 하다가 소매 없는 티셔츠를 두 개 주문했다. 조금 누워있다가 점심을 먹었다. 오후에 주문했던 사각 빨래건조대와 소형 액자들이 도착했다. 서랍장 위에 작은 사진을 하얀 액자에 넣어 올려놓았다. 알록달록한 액자들이 마음에 안 들어 바꾼 것이다. 좀 깔끔해졌다. 내가 집안에서 할 수 있는 거라곤 이런 것들이다.

책꽂이에서 우연히 보험 관련 파일을 하나 발견했다. 97년부터

2012년까지 낸 교직원 연금 보험이다. 전화를 걸어 한화생명에서 암 진단비 천만 원과 입원비 1일 2만 원을 준다는 걸 확인했다. 잊고 있던 보험이 또 있는지 궁금하지만 아직은 모든 보험을 한 번에 확인할 수 있는 시스템이 없는 것 같다.

오늘은 두 아이가 모두 집에 있었다. 남편은 수행평가 때문에 8시쯤 왔다. 윤명이는 케이크를 먹고 저녁은 먹지 않았다.

6월 27일(화)

윤명이와 남편이 아침 청소를 했다.

오전에 아영이 유학 비용을 결제하려고 하는데 여러 번에 걸쳐 브레이크가 걸렸다. 호주어학원에서 결국은 처리를 못 하고 말았다. 마지막 문제는 한도 초과였다.

6월 28일(수)

어제 한도 초과 때문에 결제를 못 하여 오늘 9시 전에 농협에 갔다.

BC 마스터 카드의 비번 세 번 오류로 호주어학원에서 사용 불가를 만들어 놓았기 때문에 새로운 비번을 설정해야 했다. 한도도 천오백만 원으로 상향했다. 창구 직원이 경험이 없어 옆 남자 직원과 상의해 가면서 하느라고 시간이 좀 오래 걸렸다. 나는 퇴원 후 첫 외출이라 마음이 몹시 불안하였지만 피할 수 없는 상황이라 강행했다. 엘리베이터에서 내리는 옆집 할머니도 만나고 다른 이웃 주민도 만났다.

오후에는 윤명이가 내비게이션 업그레이드를 하려는데 자동차 스마트키가 듣지 않는다고 했다. 주차장에 내려와 확인해 보니 차가 작동을 하지 않는다. 방전인가 싶기도 하고 걱정이 되었다.

에듀카 긴급 출동 서비스를 불러 배터리 충전을 했더니 다행히 시동이 걸렸다. 한 달 정도 운행을 하지 않으면(신차 기준) 방전이 된다고 기사가 설명해 주었다.

오늘은 뜻하지 않게 두 번이나 외출해야 했다. 몸에 이상이 생기지 않았기만을 빈다.

오늘은 모든 결과가 좋다

● ● ●

6월 29일(목)

11:13에 성모병원 진료가 있어 집을 나섰다. 혈액 검사를 일찍 받아야 진료도 일찍 받을 수 있으므로 9시경 도착하여 혈액 검사를 했다. 그리고 진료 접수를 하고 기다리다가 환자 명단이 세 명밖에 안 뜨기에 간호사에게 물어봤더니 명단에 올리겠다고 한다. 혈액 검사 결과가 나왔나 보다. 혈압을 쟀는데 오른쪽 팔이 아파서 왼팔로도 재보았다. 혈압이 올라갔다. 다시 오른팔로 쟀더니 조금 내려갔다. 처음에 나온 가장 양호한 결과지를 가지고 진료를 받기로 했다. 드디어 명단이 세 번째로 올라가고, 금방 두 번째가 되었다. 그런데 가슴관 소독을 신청하지 않은 게 갑자기 생각났다. 남편을 보내서

얼른 명단에 적어 놓고 오도록 했다. 올릴 때 환자 번호가 필요한데 가지고 가지 않아 다시 뛰어가 전달하고 잠시 후 함께 진료실로 들어갔다. 궁금했던 호중구는 1,260으로 나왔다. 몸무게는 그대로 64이고 관해가 되었다고 했다. 큰오빠 조직검사 결과는 다음 주에 나온다고 했다. 오늘은 모든 결과가 좋다. 의사 선생님은 일반식을 해도 된다고 했지만, 아직도 무리라고 생각했다.

남편은 집으로 돌아오자 곧바로 출근했다. 2시까지 가야 수업을 한다고. 오늘은 학교급식 조리원들이 복지 확대 정규직 전환 요구로 파업한 날이어서 급식을 빵으로 준다고 한다. 오는 길에 교육청 앞에 분홍색 조끼를 입은 아주머니들이 길은 점거하고 있기에 무슨 일인가 했더니 그것 때문이었다. 파업은 내일까지 한다고 한다.

오후에 머리가 아파 잠을 청했지만 못 잤다. 그래서인지 피곤하여 10시쯤 잠자리에 들었다. 거실에 있던 십자가상을 안방으로 옮기고 병원 성물 보급소에서 사들인 부드러운 모양의 십자가로 바꾸었다. 에어컨에 가려져 있던 시계는 왼쪽으로 십자가는 중앙으로 위치도 바꾸고.

쓰기 성경 노트도 샀다.

6월 30일(금)

금요일이지만 아란이 시험 준비 기간이라 오지 않는다고 한다.

아침 후 인터넷 쇼핑을 했다. 메이블루에서 옷을 사고 옥션에서 팬티를, 롯데 닷컴에서 튼튼하게 생긴 샌들을 샀다. 오전 시간을 허비했다.

점심이 되자 아영이는 내가 저녁에 먹을 카레를 끓여 놓고 부리나케 외출했다. 아마 민규를 만나는 모양이다. 윤명이는 오전에 동아리 모임 있다고 벌써 나갔다.

그 후에는 혼자 남았다. 성경 필사를 하려고 아란이 성경책을 꺼냈더니 접힌 곳과 뜯어진 곳이 보였다. 모두 찾아서 펴주고 본드로 앞·뒤 뜯어지려고 하는 표지 접착 부분을 모두 수선했다. 무거운 것을 올려놓고 책 모양을 바로잡았다. 천으로 된 테이프가 있어야 완벽하게 고칠 수 있을 텐데 베란다 창고에 있는 상자를 꺼내려면 오늘 너무 쉬지 못하고 있었기에 또 몸에 무리가 갈까 염려되어 내일 마저 하기로 했다.

그리고 침대에 누워 잠깐 눈을 붙이려 했으나 잠이 오지 않아서 좀 쉬다가 내려왔다. 6시에 윤명이 와서 새로 밥 하고 카레를 부어 주었다. 돼지고기 김치 볶음과 함께 맛있게 먹었다. 윤명이와 오래간만에 나란히 앉아 먹었지만, 윤명이 핸드폰을 주로 보았다. 뉴스를 보고 어느새 밤 10시가 되었다. 남편은 7:30 아란이 학교에 가서 아이를 데리고 과외 선생님 카페에 데려다주고, 2시간 기다렸다가 다시 학교에 들여보내고 와야 해서 11시도 훌쩍 넘을 것이기 때문에 그냥 잠자리에 들었다. 아영이도 아직 오지 않았다.

내가 아파서 다행이야

백혈병과의
2차전

장모님과 아내

2차 입원

●●●

7월 1일(토)

2차 입원 1일.

아침 먹고 있다가 어제 마무리를 못 한 성경책을 보수하려고 베란다 창고에서 천 테이프를 찾아서 본드로 떨어진 곳은 붙였다. 남편은 내 차를 끌고 블루핸즈 정비센터로 갔다. 이번에는 블루멤버십 포인트를 제대로 사용해서 7만 원 정도 들었다고 한다. 윤명이가 내비게이션을 업데이트 해주려고 왔다 갔다 했다. 남편이 자기 차도 해달라고 해서 윤명이가 다시 인터넷으로 다운받고 있는데, 오후 1시쯤 성모병원에서 입원하라는 연락이 왔다. 깜짝 놀랐다. 마음의 준비도 안 하고 있었다. 우선 아영이 유학비 카드 결제를 위해 아영이에게 카드 내역을 모두 적게 하고 내 지출 통장에 자금을 이체했다. 그런데 거의 끝날 무렵 컴퓨터 네트워크가 끊겼다. 찝찝해서 한시간 후 다시 확인해 보았더니 이제는 제대로 되었지만, 핸드폰에는 1회 이체된 것만 문자가 와 있다. 4:00~4:30 사이에 도착해야 해서 짐은을 싸느라 분주했다. 남편이 거의 다 챙겨주었다.

병원에 도착해서는 휴게실에서 30분 이상 기다렸다. 아직 병실이 정리되지 않았다고 했다.

병실에는 65세 박○○ 씨가 창가 쪽 자리에 있었다. 2인실이다. 환자복으로 갈아입고 저녁 식사 시간까지 할 일이 없어 TV를 보고 있다가 남편을 등 떠밀어 보냈다.

내가 아파서 다행이야

저녁 식사가 나왔는데 메뉴를 보니 정말 메스꺼운 상태에서 억지로 먹던 그 반찬들이다. 젊은 수련의가 와서 채혈해갔다. 무척 덤벙대는 손놀림. 여기서는 카테터[체강(體腔)이나 위, 창자, 방광 등의 장기 속에 넣어 상태를 진단하거나 영양제, 약품 등을 주입할 때 쓰는 관 모양의 기구]도 의사가 소독한다고 한다.

수액을 연결하니 드디어 족쇄를 찬 이 느낌. 소변검사 키트를 받고 심전도 검사를 침대에서 받았다. 주말이라 '아버지가 이상해'와 '비밀의 숲'을 연속으로 보니 11시가 되었다. 옆 침대 있는 언니는 벌써 잠들었다.

오늘은 청원기도 마지막 날이었다. 정말 기적 같은 입원이다.

7월 2일(일)

2차 입원 2일. 항암제 투여 시작.

투약 전 카디오 산(신독성 예방)

1) 자벨 (D1~D3) 7/2~4

2) 시라라번(D1~D5) 7/2~6(오전 12시 후)

아침 7시 간호사가 체중 재라고 깨웠다. 65.4kg이다. 화장실 가기 전이라 더 늘었다. 수액 때문에 화장실에 자주 간다. 8시가 다 되어 아침밥이 나왔다. 모든 반찬이 비슷한 맛이다. 밥 먹고 빈 그릇은 간호사실 건너편에 가져다 놓는다. 대충 정리가 되어 감사기도를 시작하려고 앉아 있는데 남편이 들어왔다. 조금 얘기하다가 옆 침대 영○ 씨가 자는 것 같아서 휴게실로 나왔다. 애들 얘기를 했다. 아란이를 과외 선생님께 데려다주어야 해서 남편은 출발했다.

점심을 닭죽 안에 닭 다리가 들어있는 삼계탕이라 맛있게 먹었다. 1:30에 주황색 항암제를 맞았다. 30분짜리라 금방 기계가 울렸다. 간호사 말이 항암제끼리는 섞이면 안 되는 거라서 그 사이에 액체를 넣어 분리해야 한다며 작은 액체 병을 또 달아 놓았다. 그리고 다시 2:00, 3시간짜리 항암제를 맞았다.

저녁 먹고 8시 '아버지가 이상해'를 보고 '비밀의 숲'을 보려는데 몸이 너무 힘들고 불편해서 볼까 말까 하고 있는데 옆 침대 영○ 씨가 소리를 좀 줄여달라고 해서 끄고 잤다.

7월 3일(월)

2차 입원 3일, 항암제 2일.

아침이 되니 기운이 좀 난다. 2시경 9일 기도를 하려는데 영○ 씨가 자꾸 말을 시켜서 휴게실로 갔다. 휴게실에는 아무도 없다. 성모송을 외우면서 밖을 보니 아파트 앞 나무숲의 물결이 인다. 어떤 나무는 왼쪽으로 갈 때는 흰색, 오른쪽으로 갈 때는 녹색으로, 다른 나무들과 같은 색으로 어울린다. 그 모습이 신비롭다.

병실로 돌아와 항 스테로이드제 진토제를 주입하고, 식사하고. 약 먹고 섭취, 배설량 기록지 쓰고, 휠체어로 2층 X-ray 촬영실로 데려다줘서 머리와 가슴을 찍었다. 매일 X-선을 찍어도 되는 건지 모르겠다. 입맛이 뚝 떨어져 식사량이 1/3로 줄었다. 몸무게는 65kg이다.

TV 위치가 너무 높아서 고개가 아파 볼 수가 없다.

어제와 같은 시간에 항암제가 투여되었다. 다시 잰 몸무게는 66.65kg이 되었다.

　　　　　　　　내가 아파서 다행이야

수액 때문에 손이 부어서 빡빡해졌다. 수액 때문에 이뇨제도 맞았는데…. 싱겁게 먹어야겠다.

기도 봉사 자매님들이 오셔서 치유 기도도 해주시고 모자 선물도 주셨다. 무늬가 잘 어울린다. 마침 어제 못 본 '비밀의 숲' 재방송 클라이막스였는데 갑자기 들어와서 순간 당황했지만, 곧바로 이성을 찾고 기도를 같이했다.

저녁에 남편이 면회 왔다. 어쩐지 기분이 좋지 않아 보인다. 저녁을 안 먹고 와서 배가 너무 고파 그랬나 보다. 나는 엄마 요양원 갔을 때 그런 경험이 있다.

무균실로 이실

●●●

7월 4일(화)

아침에 일찍 깼지만 7시까지 누워있었다. 세수하고 기도하러 갔다. 7:30~8:00 아침 배식·식사 시간이라 빠듯했지만, 그냥 갔다. 다행히 시간이 딱 맞았다.

아침 식사하고 소독하는 날이라고 해서 샤워를 했다. 나와 보니 간호사가 다녀갔다고 한다. 오늘 무균 병동으로 옮긴다고 하는 것이다. 20층에 가서 동의서에 서명하고 내려왔다. 하지만 언제 옮길지는 모른다. 소독하는 분이 테이프를 너무 세게 떼어내서 아주 따가웠다.

11시쯤 한화생명 박○○ FP가 와서 서류를 인계해 주었다.

12:30 심장독성 방지약(하트만용액 500mL, 카디독산주) 주입.

아란이 과외 샘이 다음 주 끝으로 그만둔다고 연락이 왔다.

3:40 3시부터 무균실로 이실 대기하다가 윤명이가 3:30쯤 도착하여 짐을 옮기고 나는 휠체어를 탔다. 캐리어는 미리 내가 싸두고 윤명이에게 음료수를 담아두라고 시켜서 가져왔다.

무균실로 오니 안심이 된다. 5월 1일에 왔던 19층 203호에 다시 왔다. 자리는 화장실 앞 5번 자리, 정신없이 와서인지 낯설다. 그런데 젊은 환자가 인사하기에 보니 그때 같이 있던 동생뻘로 반갑다. 윤명이는 음료수를 휴게실 냉장고에 정리하도록 하고 저녁때가 다되어 배고플 것 같아 돌려보냈다. 방에 돌아와 저녁을 먹고 김연수이 '우리가 보낸 순간'을 좀 보다가 '쌈 마이웨이'를 보고 11시에 잤다.

7월 5일(수)

밥맛이 없어서 적게 먹었더니 변이 적게 나온다. 몸무게는 점심 후 67kg 나와서 더 이상이라도 늘지 않았으면 좋겠다. 오늘과 내일은 3시간 맞는 항암제를 맞는 날이다.

최○○ 샘이 전화와 문자를 해서 답 문자를 보냈다. 민규도 전화를 했다.

목상태는 괜찮은데 눕기만 하면 잠이 온다.

13:41에 AUD 14,550(=₩12,739,070)이 삼성카드에서 이체 문자가 왔다. 아영에게 물어보니 입금되면 정식 허가서가 나온다고 한다.

내가 아파서 다행이야

프린더스 대학이라는 곳.

한화생명에서 문자가 왔다. (교직원연금보험) ₩12,520,000(진단 4만, 입원 2,520,000)이 입금되었다고 한다. (담당자 보험심사팀 최○○)

성모병원에서 큰오빠 생년월일, 몸무게, 혈액형을 알려달라는 문자가 왔다. 아직 추가 검사 결과는 나오지 않았다고 한다. 저녁 면회 시간에 남편이 왔다. 삼성생명에 다니는 동창에게서 윤명이와 아란이 보험 가입 견적을 받았다고 한다. 남편도 실손보험을 알아보고, 그냥 가입하는 것으로 해야겠다.

1차 때보다 밥맛을 빨리 잃어서 남편이 자꾸 뭘 사가야 하느냐고 물어보는데, 먹을 것만 생각해도 목에서 거부 반응이 올라온다.

7월 6일(목)

2차 입원 6일, 항암 5일 마지막, 아란이 기말.

병실이 새벽에 유난히 부산스러워 잠을 잘못 잤다. 5:30에 일찍 일어나 감사기도를 드리고 나니 마음이 개운하다. 그것도 잠시, 누워서 비몽사몽 헤매다가 8시 밥이 들어온다고 하여 일어났다. 하루 중 아침 컨디션이 제일 좋지만 그래도 밥은 먹히지 않아 콩나물국만 잔뜩 먹고 밥뚜껑을 덮었다. 민○○ 교수님이 8:30 일찍 회진을 왔다. 얼굴이 화끈거리는 것, 밥맛이 없는 것을 말씀드렸다. 목요일은 원래 이발 봉사가 오는 날이다. 나는 집에 돌아가기 전에 빠졌던 머리가 아직도 듬성듬성하고 반백이라 볼품이 하나도 없다. 봉사하는 아주머니도 머리가 없다고 하니, 이러다 대머리 되는 거 아닌가 하는 생각도 든다. 항암제 중에는 머리가 빠지지 않는 것도 있다는 것을 오늘 처음 들었다. 머리를 밀고 나니 머리카락이 바지에 온통 떨어져 샤워하고 가슴관 소독도 했다.

밥을 먹고 1시에 3시간 동안 맞는 항암제를 맞았다. 새벽 한 시에 또 맞을 예정이다.

오지 말랬더니 남편이 저녁때 또 왔다. 광명동굴 연수 답사 갔다가 온 것이라 한다. 휴직에 관해 얘기했다. 1년 내는 70%, 2년은 50%의 질병 휴직 보수가 있는 것으로 인터넷 검색에서 확인했다. 남편은 돌아가고, 오늘 성경책과 수첩을 돌려받아서 정리를 좀 하다 보니 허리가 너무 아프다. 아무래도 나의 고질병이 될 거 같다. 힘들어서 일찍 잠을 청했다. 아란이는 시험을 잘 치렀는지….

큰오빠와 유전자 일치

● ● ●

7월 7일(금)

항암 후 1일, 아란 기말 2일 차.

7시가 조금 넘어 감사기도를 3단까지 했는데 밥이 들어왔다. 마음을 집중하기 위해 밥을 먹고 하기로 했다. 오래간만에 누룽지탕을 시켰는데 밥보다는 조금 나은 것 같다.

큰오빠 유전자가 모두 일치하는지 궁금해서 김○○ 교수를 기다렸다. 아침 운동하고, 방 소독하고, 휴게실 의자에 모두 앉아 있는

내가 아파서 다행이야

데 오셨다. 그런데 깜박하고 못 물어보았다. 담당 간호사에게 확인 부탁하고 있는데 둘째 새언니한테서 전화가 왔다. 면회실에 내외분이 먼저 오셨다. 인터폰으로 얘기하다 보니 아영, 민규가 면회실로 들어온다. 아영이는 입실하고 오빠, 언니, 민규랑 통화로 이런저런 얘기를 나누었다. 민규는 이젠 완전히 우리 아이가 되는 것 같은 느낌. 내가 여기서 꼼짝 못 하는 상황이 못내 아쉽지만. 아영이랑 더 얘기하다가 12:20쯤 내보냈다. 같이 점심을 사주겠다는 오빠. 아주버님 내외, 문우가 연이어 왔다. 문자를 드렸는데 전송을 못 받았다고 한다.

점심시간이 되어 들어와 스파게티를 먹었다. 아영이 사 온 백도 통조림과 함께.

간호사가 드디어 알려주었다. 큰오빠와 유전자가 일치한다고! 안도감이 밀려온다. 동종이식 가능!

1, 2번 침대 69세, 63세 언니들이 퇴원한다고 한다. 62세 언니는 잠깐 사이 호중구가 3,000 가까이 되었다! 오늘도 폭염이라고 한다. 여기는 서늘하고 건조한데.

저녁에 책을 많이 읽느라 또 오래 앉아 있었다. '어제보다 오늘 조금 더 잘할 수 있다면, 나를 둘러싼 세계는 아무런 문제가 없다'라는 문장이 마음에 들어 프사에 옮겼다. 그래, 어제보다 나아졌다면 된 거다.

백○○ 샘과 통화했다. 아란이 과외 샘 구할 때까지 더 해줄 수 있다고 한다.

7월 8일(토)

밤새 잠이 안 와서 뒤척였다. 잠이 오지 않으니 온몸이 가렵기까지 하여 새벽을 맞았다.

8시 아침 식사가 왔다. 간만에 빵을 시켰는데 1차 때보다 부드럽게 개선되었다. 딱딱한 햄도 없어지고, 순○이 톡이 왔다. 내일 오겠다고, 잠을 못 잤더니 컨디션이 좋지 않아 누워 있었는데 오후부터는 배가 아파져 오기 시작한다.

3:30 2번 침상 언니가 퇴원했다. 1차 항암을 마쳤는데 무척 개운해 하신다. 이제 내게도 항암 효과가 나타나기 시작하나 보다.

점심은 입맛이 없어 조금만 먹었다. 살이 너무 붙은 것도 걱정이고 드디어 63세 언니가 퇴원했다. 내가 그랬듯이 봉을 떼어내고 정말 좋아하며 나갔다. 귀엽다. 너무 말랐다.

계속 배가 아프다. 온몸이 가려워서 약을 신청했다. 저녁은 함박스테이크가 나왔는데 오랜만에 보는 음식이라 그런지 입맛이 좋았다. 금식하려 했는데 조금만 먹기로 했다. 맛있어서 조금 더 먹고, 벌떡 일어나 화장실에 갔다. 왠지 설사는 아니었고 이후로 배가 좀 괜찮아지는 걸 느꼈다. 8시 30분 남편이 들어왔다. 요즘 날씬해져서 보기 좋다. 죠리퐁과 짱구를 사 왔다. 간식은 좋지 않은데, 배도 아프고, 휴게실에 가서 애들 얘기를 하다가 돌아갔다.

병원에 있으니 가족들 일들이 머리에 계속 떠오른다. 할 수 있는 일은 하나도 없는데 생각만 많아지니 문제다. 다음 주 월·화까지 아란이 시험인데 주말에 열심히 하고 있는지 걱정이다. 아영이는 영어 자격증 학원에 다닌다며 또 믿어달라고 한다. 하는 데까지 해봐야지.

윤명이 노트북도 사줘야 하고, 밤에 가려움증에 듣는 약을 먹었다. 조금 나온 듯하다가 또 시작하곤 한다. 그러다가 새벽이 왔다.

명○랑 통화했다. 1동에 입원해 있다고 한다. 지금도 팔다리가 떨리고 재관해에 들어와 있다고. 걱정되어 기도해 주기로 했다.

기도하고 있으니 마음이 평화롭다

● ● ●

7월 9일(일)

4:30 가려움증 때문에 누워있을 수가 없어 일어나 휴게실로 왔다. 오늘의 감사기도는 '고통의 신비', 주님 고통에 조금쯤 다가갈 수 있으려나. 새벽이지만 자동차들이 꼬리를 물고 한 줄로 지나간다. 그 가느다란 라이트 불빛을 따라 내 기도가 따라가고 있는 걸 아무도 모르겠지. 기도하고 있으니 마음이 평화롭다. 이렇게 좋은 걸 이 병원 어딘가에서 같이 하는 사람이 있을까. 예전엔 이런 마음을 나도 몰랐다. 황량한 밤의 도로를 보며, 온몸을 긁는다는 건 무척 외로운 작업이라는 걸 느끼며, 기도하는 순간이 내 머리에 오랜 기간 남아 있을 것이다.

종일 잘 수 있는 침대와 시간이 놓인 병실에서 한숨도 못 자다니 놀라운 일이다.

배가 살살 아파서 미역을 몇 개 건져 먹고 숟가락을 놓으니 저녁

6:30이다. 문득 핸드폰을 보았더니 순○이가 벌써 왔다는 톡이 뜬다. 유리창 면회실에 가서 순○이와 인터폰으로 통화했다. 여전히 수수한 모습. 30분 정도 발병 과정에 관해 얘기하다 보니 순○이 저녁을 굶은 생각이 나서 지하 1층으로 가서 저녁을 먹으라 하고 방안 들어왔다. 7:30이 되니 순○이 나타났다. 밥은 안 먹고 음료수만 마셨다고 했다. 방을 보여주고 휴게실로 갔다. 언제 보아도 한결같고, 만나지 않아도 만난 것 같은 중학교 동창, 그래도 중학교 시절의 순○이가 잘 살고 있어 고맙다.

7월 10일(월)

항암 후 4일, 아란 기말 3일 차.

가려움증으로 이틀 밤을 새운 뒤에 종일 후유증에 시달렸으나 오늘 아침은 다행히 몸이 많이 나아졌다. 어젯밤 대충 잠을 잘 수 있어서. 3번 침대에 다리에 힘이 없는 환자가 남편을 보호자로 곁에 두고 있는데 휠체어 고정장치 내리는 소리와 소변 통 비우러 다니는 소리, 대화하는 기척 등이 잠이 들 만하면 깨우는 것이다. 하지만 잠을 좀 잔 탓에 기운이 났다.

오늘 분명 설사를 할 것이라 짐작했던 배도 그리 심하게 부글거리지는 않고, 샤워하는 날이다.

김○○ 교수님 회진 날이기도 하고, 아침에 들었던 기분과는 달리 오늘도 컨디션이 회복되진 않았다. 1번 침대 언니는 토요일 퇴원해도 되는데 오늘까지 기다려 퇴원을 한다. 딸네 집에 준비가 덜 되었다고 한다. 오전 일과가 끝날 무렵 사복으로 갈아입고 인사를 하신

내가 아파서 다행이야

다. 어쩐지 얼굴이 어두워 보이는 건 나의 기우인가? 자식들이 뭐든 다 알아서 해서 자신은 숟가락만 들고 있으면 된다고 자랑 아닌 자랑을 하셨는데. 하룻밤을 새우면 이렇게 몇 날 며칠 시차 적응이 어렵다는 걸 다시 느끼는 하루. 앉았다 누웠다 하다가 달력을 만들어 붙였다.

1번 침대에 새로운 환자가 들어왔다. 오자마자 계속 누워만 있고, 연로하신 어머니는 조금 후 돌아가셨다. 열이 나서 힘들어하는 환자. 토했는지 간호사들이 커튼을 치고 시트를 말아 안고 나간다. 아. 다시 만만치 않은 생활이 예감된다.

7월 11일(화)

항암 후 5일, 아란 기말 4일 차.

우만동에서 4살 여자아이가 엄마 아빠 쓰레기 버리고 슈퍼 다녀오러 나간 사이에 7층 아파트 베란다에서 떨어졌다. 그런데 찰과상만 입고 살았다고 한다. 비가 온 후라 땅이 젖어 말랑말랑해졌다고 이유를 찾고 있다. 그렇다고 왜 살았나 원인을 밝힌다고 일을 벌일 수도 없고, 그냥 추측만 할 뿐이다.

옆에 출연한 보조 MC는 친구의 사례를 얘기했다. 15층 옥상에서 떨어져 크게 다쳤지만 살아났는데 낙하 도중 두 번이나 기절했다고 한다고. 아이가 살아난 것만 다행이라 여겼지. 아이가 어떤 고통을 느꼈는지는 생각하지 못했다.

낮에 아영이 면회 왔다. 이제 학원 등록해서 공부한다고 한다. 면회 후 학원으로 갔다. 항상 같은 점퍼스커트에, 면회실에서 가방 꺼낼 때 보니 꼬질꼬질한 운동화를 구겨 신고 나간다. 좀 빨아서 신고 다니지.

오늘은 호중구이고 혈소판 수치도 낮아서 종일 기운이 없었다. 아영이 왔을 때도 누워서 얘기했다. 밤에 혈소판 수혈을 받았다. 머리도 좀 아프다.

7월 12일(수)

항암 후 6일.

폭염이라고 한다. 하지만 여기는 27.5℃, 환자복 한 벌, 홑겹시트 한 장. 딱 좋은 공기로 계절이 없다. 웬일인지 마음이 불편한 날이다. 방과 화장실에서 풍기는 토사물이나 설사 냄새, 이동식 변기에 소변보는 소리, 종일 핸드폰 하는 소리, 보호자와 얘기하는 소리, 특히 이동식 변기의 네발을 고정시키는 '딱', '딱' 소리가 신경에 거슬린다. 점점 예민해진다.

되도록 휴게실에 나가 앉아 있다. 내가 왜 이러는지 모르겠다.

몸 상태는 다 괜찮은데 머리가 조금 지끈거린다.

저녁에 남편이 문병 왔다. 오늘도 호중구 '0'이다. 순조롭게 진행되고 있다.

저녁 9시에 핸드폰을 끄고 잤다.

핏속에서 반짝반짝 별을 만들었으면

● ● ●

7월 13일(목)

촉진제 1일.

어제 9시에 일찍 잔 건 정말 잘한 일이다. 물론 숙면하지는 못했지만, 새벽 5시 넘어 병실이 부산스러워 일어났다. 3번 침대가 다시 시끄러워질 시간이기 때문에 묵주를 들고 휴게실로 나왔다. 머리는 좀 지끈지끈 아프지만 잘 만큼을 잤다. 기도를 마치고 방으로 돌아와 아침 식사가 들어오는 8시까지 다시 누워 있었다. 하지만 머리는 더 개운해지지는 않는다. 아침 먹고 복도로 나왔다. 오늘 이발 봉사가 오는 날이지만 머리가 아직 길지 않고 컨디션이 별로라 건너뛰었다. 윤명이가 온다고 했지만 오지 말라고 했다. 밖은 폭염이라 다니기도 나쁘고, 그냥 누워 있고 싶다.

오후 3시(?) 드디어 촉진제를 맞았다. 촉진제가 너의 핏속에서 반짝반짝 별을 만들었으면 좋겠다. 점심 먹고 눕고, 저녁 먹고 누웠다. 힘도 들지만, 촉진제가 얼른 효과를 발휘했으면 하는 마음에서.

저녁 메뉴는 '추억의 도시락', 인사동에서 먹었던 그 모양이랑 거의 같지만 맛은 다르다. 김칫국물이 밥을 감싸주어야 하는데, 볶은 김치는 요즘 내가 가장 기피하는 반찬이다. 좀 짠 듯하지만, 밥이랑 반찬 먹는 것보다는 항상 선택식을 먹는 게 낫다.

오늘도 일찍 자야겠다. 9시에.

7월 14일(금)

밥 먹기 싫어서 아침은 빵을 신청했다. 점심은 떡라면이다. 이것이 나의 실수였나?

종일 배가 더부룩하고 가스가 차서 부글거린다. 그 불쾌한 느낌이라니, 음료수도 마시고 물 마시고, 운동하고, 모든 것이 소용이 없다.

게다가 열이 37.6℃까지 올라갔다. 38℃도 나왔다. 머리가 지끈거리고 기운도 없고 힘들다. 간호사가 열나는 환자의 움직임을 감지하는 매트를 가져와서 깔았다.

움직임이 있을 때 감지기가 번쩍거리고 간호사에게 전달된다고 한다. 사실 화장실 보조까지도 필요도 없는데, 공연히 신경이 쓰이는 물건.

종일 컨디션은 최악이다. 3번 침대 환자. 통영에서 왔다는 젊은 처자는 눈이 크고 문신을 해서 이쁘다. 말하는 것을 정말 좋아한다. 한시도 입을 쉬지 않는다. 5인의 독수리가 말문을 트고 오늘 방 분위기가 살아났다. 그런데 얘기가 끝나지 않는다. 정말 신기하다. 나는 지쳐서 헤드폰을 끼고 누워 있었다. 기운도 없는 날이라.

저녁에 아란이와 남편이 면회를 왔다. 아란이 유리창 면회실 밖에 교복을 입고 앉았다. 어찌 그리 이쁜지, 교복도 잘 어울리고. 얘기하다 남편이랑 들어왔다. 한 시간은 금방 간다. 가스가 자꾸 나와서 그 때문에 화장실에 들락거렸다. 열이 내리기를 바라며 일찍 잤다.

7월 15일(토)

촉진제 3.

자다가 밥 시간이 되었다. 5시쯤 깨어서 몸무게 재고 기도하고 나면 다시 꿀잠이 찾아온다. 열이 내려서 머리도 깨끗해졌고, 부글거리던 배도 어느 정도 안정되었다.

목 왼쪽에 누르면 아프던 것도 거의 사라졌다. 앞으로는 밀가루를 조금만 먹도록 해야겠다. 3번 침대 처자. 얘기하는 거 진짜 좋아한다. 종일 입이 쉬지 않았다. 2번 침대 환자는 1차로 입원하는 거라서 모르는 게 많다. 1번과 3번이 환상의 궁합을 이루어 얘기가 돌고 돈다.

머리가 어지러워 TV에 집중했다. 움직이면 촉진제 효과가 떨어질까 봐 거의 침대를 중심으로 앉거나 누워있었다.

저녁에 남편이 면회 왔다. 반바지를 입었는데, 요즘 날씬해져서 잘 어울린다.

7월 16일(일)

촉진제를 지킨다. 촉진제를 보존하고자 움직임을 최대한 자제하기로 했다.

4번 침대 김○○가 퇴원하는 날이다. 11시는 금방 다가왔다. 고기는 싫어서 절대 먹지 않고 살았다는, 아침밥 들어오면 먹기 싫다고 일어나지 않는, 팔에 힘이 없어서 아이들을 많이 안아주지 못했다는 ○○ 씨. 1차와 2차에 걸친 입원에서 같은 병실에서 만나다니 이런 인연도 드물 것이다. 말이 없어 보이지만 시키면 술술 나오는 착한 ○○ 씨와 헤어지자니 마음이 허전하다. ○○ 씨를 닮아 동생도 날씬하고 예뻐 보인다. 부디 골수 이식이 잘되어 아이들과 자유롭고 행복하게 살기를 바라는 마음으로 보냈다. 소독하는 시간이 되어 미리 인사하고 복도에 나와 앉았다.

촉진제 보존 작전의 부작용으로 속이 다시 부글거린다. 오늘은 기습적으로 호중구를 아침 일찍 알려주었다. 10이 나왔다. 나의 호중구 보존 작전의 결과를 확인하기 어렵게시리.

저녁에 남편이 면회 왔다. 아란이 베트남 봉사 활동가는 날이라 1:40쯤 집에서 출발하여 아빠랑 공항 리무진 타고 갔다. 3:30 집합이다. GVT 카톡방 어머니들이 사진을 많이 올려주어 이쁜 애기의 모습을 확인할 수 있었다. 일주일 동안 좋은 경험을 많이 하고 왔으면 한다.

7월 17일(월)

새벽 5시 넘어 체중을 재고 복도로 나갔다. 기도 끝나고 속이 부글거리지 않게 하려고 복도 산책을 했다. 촉진제 보존 법칙에 어긋나는 것이라 들어왔더니, 어제 새로 들어온 4번 침대에 불이 들어와 있다. 옆 침대에 방해될까 봐 조심스러운 불 켜기를 하지만 나에게는 다행이라 편하게 끄적일 수 있으니.

윤명이 11:30 오전 면회 시간에 왔다. 기술고시에 관해 물어봤다. 1차 시험만 붙으면 된다고 한다. 기술고시는 5급 공무원 시험인데 3차까지 있다고 한다. 오늘은 월요일이라 도서관이 쉰다고. 그러고 보니 오늘은 월급날이자 제헌절.

오후에 호중구 결과지가 '20'으로 나왔다. 다시 떨어질까 봐 은근히 걱정했는데 그래도 다행이다. 점심을 먹고 갑자기 너무 졸렸다. 밥 먹자마자 자연 속이 좋지 않은데 그래도 꿀잠을 두어 시간 자고 나니 기분이 개운하다. 내일 호중구가 많이 올라갈 것 같은 느낌. 가지고 있는 책을 다 읽어서 너무 허전하다.

나는 크게 두렵지 않다

7월 18일(화)

어제 오후에 1번 침대 환우가 준 빵을 먹었다. 제법 양이 되는 카스테라와 두유를 다 먹었더니, 저녁에 나온 햄버그스테이크가 맛이 없었다. 그랬더니 그 전부터 배에 가스가 차는 듯했었는데 뱃속이 가스로 요동친다. 화장실에 가면 소리가 밖에까지 다 들릴 정도로 요란하게 가스가 배출되곤 했다. 가스는 다음 날 아침까지 이어졌다.

상견례 날이다. 하지만 나는 여기 있다. 남편이 윤명이와 아영이를 데리고 참석했다. 민규네 형이 일하는 호텔에서 점심을 한다. 궁금했지만 전화상으로 다 하기 어려워 만나면 경과를 물어보기로 했다. 남편은 인상이 좋은 사람들이라고 했다.

저녁엔 아버지 기일로 미사가 있는 날이다. 저녁을 먼저 먹고 미사를 보기로 했단다. 큰오빠가 나의 쾌유도 함께 청원했나 보다. 남편이 조퇴하고 바쁜 하루를 보냈다. 4번 침대 환우와도 말문을 텄다. 1, 5번은 골수성, 2~4번은 림프구성 환자다. 복도를 돌다가 남자 환자로부터 조혈모세포 이식과정에 대해 들었다. 인터넷 검색으로는 자세히 나오지 않는다. 3차 가정 요양 후 입원하면 곧바로 20층에 입원한다. 그리고 2일간 4차례에 걸쳐 방사선 치료를 받는다. 이게 좀 힘든가 보다. 그리고 3일간 항암 치료를 받은 후 수혈로 이식을 받는다. 하루 300cc씩 3일간, 생착이 잘 되면 총 2~3주 만에 퇴원한다고 한다. 잘 안될 때는 다양한 예후가 있는 거고, 어쩌면 무척 간단하다.

나는 지금까지 아주 수월하게 항암 치료를 넘겼다. 조혈모세포 이식과정도 자세히 알고 나니 크게 두렵지 않다. 오늘 호중구는 다시 '0'이 되었다.

7월 19일(수)

체중 재고 기도했다. 오늘은 채혈이 늦어진다.

아영이와 민규가 오전에 온다고 하더니 아무래도 늦어질 것 같은지, 엄마 점심 식사 후 1시 넘어오겠다고 한다. 1시 10분쯤 식사가 끝나 아영이에게 톡 했더니 면회실에 와 있다고 한다. 둘이 관악구청에 가서 혼인신고를 하고 왔다고 한다. 그 소식을 들으니 왠지 섭섭하고 마음이 휑하니 비어버린 느낌이다.

관면혼배하고, 결혼식하고 신혼여행 다녀오고 혼인신고 하기를 바랐으나 모든 것이 뜻대로 되지 않았다. 더구나 10월에는 같이 호주에 가서 입학 전 10주 과정을 마치고 와야 하니. 이럴 때 뒤죽박죽

내가 아파서 다행이야

이라는 표현을 쓰는 게 맞는 건가? 어쨌든 내 마음은 뒤죽박죽이
딱이다.

저녁에 남편이 면회 왔다. 비스킷이 소포장으로 이것저것 들어있
는 봉지를 가져왔다. 심심할 때 먹어야겠다. 9시에 잠을 청했다.

7월 20일(목)

5시에 일어났다. 체중 재고 복도를 20분간 돌았다. 운동을 해야
배에 가스도 안 차고 더 나은 것 같다. 아무리 쉬어도 호중구는 계
속 0이 나오니 굳이 누워 있을 필요도 없는 것이고, 기분도 꿀꿀하
니 아무 생각 없이 복도를 걷는 것도 괜찮다.

목요일은 이발 봉사 오는 날이라 기다렸다가 머리를 밀었다. 지난
주 건너뛰었지만 별로 많이 자라지는 않았다. 진짜 대머리가 되는
건 아닌지 걱정스럽다.

며칠 전 조셉 샴푸도 샀는데 오늘 보니까 한국에서 만든 유사품
이다.

이발 후 샤워하고 가슴관 소독을 했다.

윤명이 오늘 노트북 받았다고 연락했다. 비싼 만큼 스마트하게 생
겼다. 나도 기분이 좋다. 1번 침대 장○○ 씨가 호중구 '130'이 나왔
다고 좋아했다. 골수성인데 관해가 안되어 재관해 들어와서 항암
후 촉진제도 안 맞고 계속 기다리다가 드디어 소식이 온 것이다. 내
일처럼 기뻐해 주었다. 하지만 나의 호중구는 꿋꿋하게 제로다. 헛
헛한 마음을 달래려 복도로 나와 다시 돌았다.

7월 21일(금)

어젯밤에는 꽤 요란하게 잤나 보다. 자다가 가위눌려서 억지로 소리 지른 것은 생각나는데 거기다 코까지 골았다니 최악이다.

오전에 둘째 오빠 내외가 면회를 왔다. 한 사십 분가량 이런저런 얘기를 했다. 그리고 들어오려는 데 말이가 전화했다. 12:50이다. 점심 식사가 나올 시간. 하지만 말이가 면회실에 와 있다고 해서 다시 나갔다. 제천에서 여기까지 두 시간도 넘게 걸려서 왔다는 거다. 점심시간이라 배고플 텐데 병원도 식사 시간이라 20분 정도 얘기하고 보내야 했다. 몸이 성치 않은데 미안하기도 하고 고맙기도 하고….

호중구는 오늘도 0이다. 이번에도 장기전이 되려나. 이번 2차 항암은 입맛도 그대로 살아있고 모든 것이 순조로운데. 저녁에 남편이 면회 왔다.

2차 입원 22일

●●●

7월 22일(토)

2차 입원 22일, 촉진제 10번.

아란이 새벽 6시 무사히 인천 공항에 도착했다. 집에서 한잠 자고 11시에 일어나 준비하고 서울 비데스에 갔다가 5시 척주 교정 치료 받고 집으로 가고, 아빠는 병원으로 면회 왔다.

내가 아파서 다행이야

오늘도 호중구는 0이다. 식욕이 돌아서 식사 시간이 기다려진다. 하루에 음료수 1개, 소포장 과자 1개를 먹었더니 몸무게가 64.5를 기록하고 있다.

자칫 화장실에 못 가고 체중을 재면 65가 나온다. 체중은 거짓말을 하지 않는다.

이번에도 나의 호중구는 참 소식이 늦어진다. 모든 것이 그 녀석을 기다리느라 기울이는 노력이건만. 오늘은 샤워하는 날이지만 지난 목요일 이발과 샤워를 했기에 내일 하기로 했다.

1번 침대 장○○은 골수성 환자인데 재관해로 들어와 촉진제도 안 맞고 있는데 호중구가 160까지 올랐다. 2번 침대 박○○은 머리 모근이 마치 아가씨처럼 빽빽하고 까맣다. 식욕이 좋아서 간식도 꼭 꼭 챙겨 먹는다. 쓸개도 떼어내고 과거에 수술한 곳이 많은데도 무척 건강하다. 3번 침대 김○○은 척수 항암 주사를 맞다가 신경을 잘못 건드려 휠체어 없이는 움직이지 못한다. 재활 치료하면 나아질 줄 알았는데 갈수록 다리에 힘이 없고 감각도 없다고 한다. 대소변도 모두 받아내고, 남편이 24시간 간병을 하고 있다. 원래는 명랑하며 한시도 쉬지 않고 얘기를 하는 성격인데 요즈음 너무 조용하다. 호중구는 올라서 조만간 병실을 옮겨야 한다는 데 다리 재활 때문에 걱정이다. 4번 침대 김○○ 초딩교사, 남편 치과의사. 오늘 남편과 통화하다가 소리를 빽빽 질러 깜짝 놀랐다. 남편 버릇 고치려 그랬다는데 그 기세가 가히 부럽다. 참, 1번 침대 장○○ 씨. 어느 날갑자기 남편과의 모든 것이 끊겨 아이들 둘 데리고 살아왔다는데참 힘들었겠다. 3번 김○○ 셋째 막내로 아들을 두었는데 출산하는 날까지 아기를 가진 줄 몰랐다니 이건 또 무슨 일인가? 세상에 그런 일이 있다니 놀랍다. 더구나 아기랑 산모가 모두 건강하게 출산을 마쳤다는 사실.

7월 23일(일)

아침 먹고 샤워를 하는데 갑자기 허리가 너무 아프고 어지러웠다. 바닥에 주저앉아 있었더니 좀 괜찮아졌다. 얼른 마무리하고 침대에 누워 있었다. 이렇게 힘이 없고 어지러웠던 적은 없었는데, 역시 정상인의 체력은 아니다. 점심을 먹고 1번 침대 장○○이 병실을 옮겼다. 18층으로 간다고 한다. 호중구는 10으로 올랐는데 감염내과 치료 때문에 비닐 옷을 겹쳐 입고, 원래 힘이 없는 사람이라 짐은 청소 담당하는 분이 모두 꾸려 주었다. 퇴원하는 게 아니라서 좀 측은해 보였다. 처음 들어올 때는 마스크를 쓰고 계속 누워 있었는데 점차 기력을 되찾고 나갔다. 골수성 환자로서 1차 항암 치료받고 관해가 되지 않아 재관해 하러 들어온 것이다. 항암 치료를 하고 촉진제 주사를 맞지 않고 호중구가 오르기만을 기다렸었다. 나는 촉진제도 맞아도 오르지 않는 수치인지라 막막해 보였는데 거짓말처럼 호중구가 올라갔다. 감염만 없었어도 퇴원할 수 있었는데 아깝다.

5:30 p.m. 아영이랑 민규가 면회 왔다. 입실 시간이 아니라서 유리창 면회실에서 만났다. 면회 시간을 착각했다고 한다. 말린 꽃을 꾸며서 액자로 만들어 왔다. 1번 침대에 새로운 환자가 들어왔다. 일흔이 넘은 분이다. 남편분이 상주 간병을 하느라 옆에 앉아 있다. 두 분 다 힘들 것 같다.

7월 24일(월)

12번째 촉진제를 맞았다. 어제 10이었던 호중구가 다시 0이 되었다. 청○가 오전 면회 시간에 왔다. 손녀를 봐서 자랑하고 싶은데 나의 처지를 생각해서 맘껏 자랑도 못 하고, '괜히 오라고 했나?'라는 생각이….

오후에 호중구를 확인하고 나자 예상은 했으나 몸에 기운이 쭉 빠져서 일어나기 싫어 계속 누워 있었다. 누워 있다가 보니 기운이 하나도 없는데 잠이 들 만하면 간호사가 와서 체온을 재자고 깨우는 것이다.

어느새 저녁 식사가 들어왔다. 추억의 도시락이다. 김치 대신 볶은 김치를 넣으니 제맛이 나지 않는다. 호중구에 기분이 좌우되지 않으려고 생각했는데 맘대로 되지는 않는다. 주변에 호중구 올랐다고 좋아하는 사람들이 있어 그런가 보다.

7월 25일(화)

심상치 않던 배가 본격적으로 아프기 시작하면서 열이 났다. 39.2도.

저녁은 미역국 국물만 떠먹고 추이를 지켜보기로 했다. 밤새 열이 나고 배가 아팠다. 이제 호중구만 올라가면 퇴원이 눈앞인데 이게 무슨 일인지 모르겠다. 내일 윤명이가 오기로 했다. 계속 누워있기만 했다. 오늘 향○, 인○이도 못 만나고 내일 가브리엘라도 오지 말라고 해야겠다.

7월 26일(수)

촉진제 교체.

아침에 일어나니 모든 것이 그대로였다. 열이 내리기를 바랐건만.

아침은 누룽지 밥, 국물을 조금 떠먹었고 점심과 저녁은 흰죽을 시켰다.

아침 면회 시간에 윤명이 들어와서 CT 촬영하러 같이 갔다. 올 때는 윤명이가 데리고 왔다. 윤명이 있을 때 토했다. 다행히 비닐봉지에.

진토제를 맞았는데도 소용이 없다. 흰죽도 별로 못 먹고 저녁 흰죽도 비위가 상해서 못 먹었다. 2차에선 이런 일이 없었는데 종일 비몽사몽 잠만 자고 있다.

오늘부터 촉진제를 바꾸었다. 촉진제가 하두 듣지 않아서 ..

7월 27일(목)

어제 시골 가 있던 남편이 오전 면회에 왔다. 열도 그대로, 머리 아픈 것은 그대로, 배 아픈 것도 그대로다. 설사가 끝날 때까지 금식하기로 했다. 갑자기 쏟아지는 바람에 화장실에 갈 여유를 주지 않는다. 속옷도 버리고 환의도 버리고. 언제 설사가 나올지 몰라 금식을 하기로 했다.

아프지 않은 곳이 없다

● ● ●

7월 28일(금)

오늘도 하루 세끼 금식을 했다. 39℃ 고열과 복통과 두통.

움직임도 둔해지고 한번 일어나기 위해서 10분 정도 생각한다.

어느 쪽으로 어떻게 일어나야 하나?

호중구는 0에 멈춘 듯하고, 허리, 배, 머리, 오른쪽 어깨 어느 한 곳 아프지 않은 곳이 없다. 울렁거림도 가끔 있고.

7월 29일(토)

오늘은 열이 좀 내리기를 기대했건만 계속 이어지는 열로 힘든 하루.

장염, 위염 등으로 금식하기로 함.

7월 30일(일)

오늘도 열이 나서 계속 금식함.

'비밀의 숲'이 끝나다.

흰죽을 조금 먹었음.

살고 싶다

• • •

7월 31일(월)

오늘도 열이 나서 계속 금식함.

원래 계획은 영양제를 끊고 흰죽을 먹으려는 것이었으나, 막상 먹은 것이 대장에 도착하면서 설사와 통증이 똑같이 찾아오자 계획이고 뭐고 살고 싶다. 몸은 띵띵 부어서 69kg. 삼 주 만에 샤워했다.

오래된 만큼 씻어도 나오는 피부 껍질과 사투를 벌이고 있는데 9:40 X-ray 검진한다고 나오란다. 젠장! 대충 씻고 부랴부랴 면회실에 가서 X-ray를 찍었다. 그리고 돌아와 소독을 받았다. 너무 힘들어 침대에 쓰러졌다. 10:30 방 청소한다고 내쫓기고 있을 때 김○○ 교수님의 회진이 있었다. 호중구가 안 오르는 것만 체크해 보고 모두 내 탓이라고 한다. 점심은 금식으로 돌리고 4:30 CT 찍으러 갔다. 휠체어 타고 가는 재미가 있지만, 2층은 세균이 득실거리는 곳이라 내게는 공포의 공간. 폐렴 증세가 있다며 폐 CT를 찍으러 간 것이다. 이제 아무 생각 없이 산다. 열이 나면 나는 대로, 호중구가 0이면 그런대로….

8월 1일(화)

열과 복통과 금식과 가래를 뱉어내는 밤과 낮이 구분 없는 나날.

9시쯤 불 끄고 누워있다가 화장실에 가면 겨우 11:30이다.

그다음 화장실은 2시, 4시, 5시에는 체중을 재러 오길 기다린다.

누워있다가 다시 일어나긴 힘드니까.

그렇다고 금방 아침이 오진 않는다. 7시가 넘어야 식사 왔다는 담당자의 씩씩한 목소리가 울려 퍼지고, 나는 흰죽을 몇 숟가락 먹는다. 그래도 아침은 오지 않는다. 아침인지 밤인지 알 수 있으려면 열에 들뜬 내 머리가 또 하루가 시작되었다는 걸 받아들여야 한다.

8월 2일(수)

금식이다. 백혈구 공여자를 모집하는 공고를 냈다. 모든 건 남편이 알아서 하는 것이지만 나도 몇몇 카톡방에 붙여넣기를 하다가 정신이 없어서 그만두었다.

망망대해에 돌 하나 던지는 기분으로 확실한 것이 아니면 영 자신이 서지 않는다. 그래도 남편이 열심히 홍보하고 있다. 성당에도 하고, 만나는 사람에게도 하고, 보이는 것을 바라는 것은 희망이 아니라고 내 프사에 써 놓고, 실제의 나는 이 모양이다. 과감하게 던지고 그물을 당기는 멋진 어부와도 같이 자신감 있고 빛나는 팔뚝을 가지고 싶다.

8월 3일(목) ~8월 7일(월)

'고열과 통증' 외에는 쓸 수가 없었다.

세상엔 고마운 사람이 많다

● ● ●

드디어 호중구가 70 나왔다. 책임간호사님이 와서 알려주셨다. 나를 위해 항상 기도한다는 이쁜 간호사가 일찌감치 눈치를 주긴 했지만, 너무 기대했다가 속상해질까 봐 안 믿으려 했는데.

하지만 내일은 또 어찌 될지 알 수 없는 일이다. 남편은 백혈구 공여자들 안내하고 돕느라고 연일 정신이 없다. 오전 면회 시간에 들어왔다가 다시 나갔다. 오기로 한 사람이랑 만나야 하고, 민규 형수는 혈관이 좁아서 안 된다고 했단다. 조건이 너무 까다로워서 헛걸음질 치는 사람들도 있고, 세상엔 착한 사람이 참 많다. 나는 지금껏 그런 생각들을 한 번도 못 했다. 남을 위해 헌혈하고, 쉽지 않은 걸음을 계속하고, 시간과 비용을 들이고, 나는 그저 아이들이 잘 자라기만 바라며 곁을 지켜주면 최선인 줄 알았는데 부끄럽다.

오늘을 기념하기 위해 오후에 복도를 세 번 돌았다. 배가 아프지만, 허리를 쭉 펴고 걸어보았다. 다시 열이 오르려는지 오한이 일어 환자복 상의를 하나 더 입었다.

여기에 내일의 희망을 적는 게 허락된다면 내일은 호중구가 140 나오는 거다.

2차 입원 40일째, 고통은 계속

● ● ●

8월 9일(수)

금식. 배가 찌르듯이 아파 물도 못 먹고 고통을 간신히 참고 있었다. 그래서 장 CT를 찍기로 했다. 혈장, 붉은 피 수혈을 받고, 윤명이 선배가 수혈해준 백혈구 성분 혈이 올라와 그것도 맞았다.

장 CT는 사람이 적은 5시 10분에 찍기로 해서, 환자복 상의를 덧입고 양말 신고 두건 쓰고 기다렸다. 휠체어를 타고 2층 CT실에 갔는데 대기자가 없어 금방 끝났다. 그런데 데려다주는 아저씨가 오지 않아 좀 기다렸다.

오늘도 호중구 수치는 0이 나왔지만, 배도 좀 나아지고, CT 찍느라 손등에 꽂은 바늘을 제거하고 나니 무언가를 한 듯한 안도감이 밀려왔다. 저녁에 윤명 선배가 헌혈한 백혈구가 올라와 수혈받았다.

새벽부터 식은땀이 나고 화장실에 가서 소변보고 세수하기를 몇 번…. 수혈 부작용인가 하여 겁이 났다.

아침에 간호사에게 말하니 항진균제 때문인 거 같다고 했다. 그나마 열이 내려서 다행이다.

젬마 아들이 수혈한다고 하며 안젤라에게 전화해 보았다. 역시 안젤라가 노력해서 얻은 결과였다.

8월 10일(목)

오늘도 금식. 배가 아파서 진통제 맞았다. 장 CT 결과 장이 퉁퉁 부어 있다고 한다. 어제 맞은 백혈구 덕분에 수치가 올라서 열도 내리고 배도 덜 아파졌으니 장염은 두고 보자고 감염내과 교수팀이 올라와 얘기했다. 교수님이 가자마자 다시 배가 아팠다.

이발 봉사 오는 날, 오늘도 이발하지 않았다. 머리카락도 별로 없고. 백혈구가 올라와 한 명만 수혈받고, 나머지는 보류한다고 간호사가 알려주었다. 오전 촉진제 맞으러 오는 사람은 아영 친구의 친구의 동생이라고 한다. 군대에서 해봐서 잘 알고 있다고. 고마울 따름이다.

오전 면회 시간에 남편이 와서 얘기해 주었다.

제발 백혈구가 탄력을 받아야 할 텐데. 오직 신의 가호가 있기만을….

밤에 자려는데 점점 가래가 생기더니 기침이 나왔다. 잠이 올 만하면 기침이 나왔다. 간호사 호출기를 눌렀다. 거담제를 신청하겠다고 했다.

8월 11일(금)

밤에 자려고 화장실에 갔다가 누웠는데 가래가 점점 생겨 큰기침을 뱉었다. 한 시간쯤 또 큰 기침을 해야 했다. 간호사에게 얘기했더니 주사액을 신청한다고 한다.

새벽에 배가 다시 찌르듯이 아프기 시작했다. 호출기로 진통제를 신청해서 맞았다. 하늘이 노래졌다. 한 시간쯤 지나고 다시 배가 아

내가 아파서 다행이야

프기 시작하여 다시 진통제를 투여했다. 너무 힘들어 남편에게 카톡했다.

아침 식사가 나오는 시간, 누워서 통증에 지친 몸을 달랬다. 며칠 전부터 시력이 현저히 나빠지는 걸 느꼈다. 우리 방은 블라인드가 종일 쳐져 있어서 시야 확보가 안 된다. 오늘부터는 TV를 보지 않고 복도를 좀 돌아다녀야겠다. 밖의 경치도 보고, 이제 시력마저 어두워지면 내게 남는 건 정말 없다. 책도 원 없이 읽고 싶었는데, 최선을 다해 눈을 지켜야 한다.

아침에 감염내과 샘이 오셨다. 배의 통증은 당연한 거라 한다. 현재 너무 심하게 부어 있어서 찢어지면 큰일이라고 한다. 2~3주의 치료 기간이 필요하다고 한다. 오늘 2차 공여자의 백혈구 수혈을 받는다.

갑자기 말이가 왔다. 딸과 함께. 이때 백혈구가 올라와 침대로 왔다. 백혈구를 (350cc)다 맞고, 신청한 24시 진통제도 올라와 매달았다. 혈소판 수혈을 받았다. 폴대에 수액 조절기가 3층이다. 남편은 오전 면회 시간에 들어왔다가 아영이 친구의 친구 남동생 수혈하는 거 살펴주고 아란이 데리러 간다고 했다. 혈액 공여자들의 선행과 훌륭한 마음씨를 칭찬했다.

아영이 보고 방 정리를 하랬더니 벌써 가방을 풀어 놓아 방이 꽉 차 있다고 못 하겠단다. 그냥 알아서 좀 치우면 될 것을….

시력 때문에 복도에 나왔다. 멋진 노을이 하늘에 펼쳐져 있다. 복도에 나가지 않았으면 못 보았을 구름과 노을이다.

8월 12일(토)

어젯밤에 식은땀이 났다. 진통제 팩을 매달고 난 이후부터 복통도 사라져 평안히 잠을 잤다. 우리 층 담당 의사 선생님이 휴가를 가서 내일까지 근무하는 남자 샘이 밖에 상담을 들어왔었다. 백혈구 공여를 한 번 더 받아야 할 것 같다는 것과 김○○ 교수님이 골수검사를 하라고 했다는 것이었다. 드디어 올 것이 왔나 보다. 호중구가 너무 올라가지 않아 원인을 알고자 하는 것이다. 관해 판정을 받고 2차 입원했지만, 다시 골수에 암세포가 차 있을 수도 있는데 그때는 입원에 의미가 없으므로 퇴원했다가 재관해를 해야 한다고 한다. 그런 일이 없어야 하지만 마음에 걸려 잠자리가 뒤숭숭했다. 하지만 통증 없는 새 아침이 밝아왔다.

밤에 자고 있는데 간호사 샘이 와서 열이 너무 높다며 X-선 기사를 불러 누워서 X-ray를 찍었다. 산소포화도도 떨어졌다고 산소발생기를 달아 놓았다. 난 그렇게 힘들지 않은데, 병원의 조치를 따르는 수밖에. 무사히 넘어가지 않은 밤이다.

8월 13일(일)

금식 중이다. 장이 통통 부어서 아직 물도 못 먹는다. 어제는 아영, 아영 남친, 남편이 시골에 인사 다녀왔다. 윤명이가 아침 면회 시간에 왔다. 배는 점점 나아지는 것 같은데 얼른 먹을 수 있으면 좋겠다. 낮에 휴가 갔던 층 담당 의사 선생님이 드디어 왔다. 내 배를 보고 물은 먹어도 된다고 했다. 속이 시원했다. 물도 실컷 먹고 사과주스도 먹었는데 배에 이상은 없었다. 물론 24시간 진통제를 매달고 있기는 하지만. 카타리나랑 수산나 언니가 오고 싶다고 한다.

부르기도 민망하다. 좋은 모습도 아니고. 남편이 아침부터 공여자들을 데리고 온다고 한다. 요즘은 하루가 어떻게 가는지, 무슨 일이 있었는지 잘 기억도 나지 않는다.

어젯밤에도 열이 나서 머리와 목덜미를 얼음주머니로 계속 식히고 있다.

내일도 감사한 하루를 마련해주소서

● ● ●

8월 14일(월)

아침에 샤워했다. 오늘부터 흰죽을 먹기로 하고 아침 죽을 먹었다. 더 먹을까 하다가 갑자기 먹으면 탈이 날 것 같다. 조금만 먹었다. 아침 청소 시간(10:30~)에 김○○ 교수님이 회진하셨다. 힘을 내라고 하고 오늘 골수검사를 하라고 한다. 그 소리를 듣고부터 공포감이 점점 몰려왔다.

아침 면회 시간에 남편이 와서 공여자들 5명 중 4명이 검사를 받았다고 한다. 고마운 일이다. 이게 좋은 일만 생각하고 긍정적으로 뇌를 재교육해야겠다. 점심은 흰죽을 조금 더 먹었는데 배가 불러오는 것 같아 4분의 1 정도만 먹고 골수검사를 기다렸다. 그토록 많은 사람이 병실에 출입하고 있다는 사실을 새삼 느끼며 계속 기다렸다. 3시가 되자 드디어 골수검사하는 샘이 들어왔다. 우리 층 담당을 휴가 간 샘 대신 일주일 맡았던, 안경 끼고 눈이 작은 그 샘이다. 조금 불안했지만, 주님께 기도하고 엎드렸다. 다행히 오래 걸리지는 않았는데 뼛조각이 부서졌다는 소리가 들렸다. 한참 지나서 드디어 끝이 났다. 아무리 어려운 일도 끝이 있는 법. 이제 돌아누워서 지혈만 하면 된다. 5시까지 지혈하면 되는 줄 알고 참았는데, 골수검사 끝난 시간이 3:30이라서 30분을 더해야 한단다. 화장실이 급하여 일단 다녀와서 다시 모래주머니 위에 누웠다. 1번 침대 조○○ 씨도 그 시간 척수 항암을 받았다. 그런데 층 담당 의사 선생님이 계속 시도했지만 결국 주사액을 넣는 데 실패했다. 조○○ 씨가 아프다고 소리 지르며 그만하겠다고 했다.

3번 침대에 있던 김○○ 씨 생각이 났다. 멀쩡하게 걸어들어와 척수 항암을 잘못 받고 계속 휠체어에 의지해야 했던 기막힌 경우다. 그러나 아무도 책임지는 사람은 없다. 그런 끔찍한 일이 벌어졌으면 병원에서는 대책을 세워서 똑같은 불상사가 반복되지 않도록 해야 하는 것 아닌가. 김○○ 씨는 6개월에서 1년 정도 신경 재활치료를 받아야 한다는 말을 듣고 하염없이 울다가 병실을 옮겨갔다. 모든 환자가 스쳐 지나간다. 모두 주님 사랑으로 완쾌되기만을 바랄 뿐이다. 조○○ 씨 척수 항암 주사는 다른 분이 와서 무사히 놓고 갔다.

남편은 아이들이랑 봉덕이 삼겹살집에서 저녁을 먹은 모양이다. 또 내일을 기약하자.

내일도 감사한 하루를 마련해주소서.

8월 15일(화)

오늘 새벽에 보니 열이 나지 않았다. 천만다행이다. 5시에 체중을 재고 뒤척이고 있는데 유난히 힘이 없다. 열이 있을 때는 오히려 기운이 있었는데. 감사한 마음으로 아침을 먹었다. 흰죽을 한 그릇 먹었다. 반찬은 거칠어서 조금만 넣고. 정○○ 교수가 회진했다.

어제 골수검사 결과는 나쁘지 않다고 한다. 그러나 한 곳을 채집한 결과니까 완전히 암세포가 없어진 거라고는 말할 수 없다고. 그러니 공여자 수혈받으며 기다려 보자고 했다. 오전에 남편이 병실에 들어왔다. 주스를 사 와서 마시고 공여자 현황에 관해 얘기했다. 조○○ 씨는 남편과 함께 퇴원했다. 호중구가 시원하게 올라 퇴원하는 모습이 보기 좋다. 오후에 새 환자가 왔는데 바로 그 자리에 입원했던 70대분이다. 호중구가 잘 올라가시더니 벌써 입원하셨다. 나를 측은한 눈으로 보았다. 3번 침대 안산댁이 하도 목소리가 크고 말도 많아서 잠을 잘 수도, 쉴 수도 없어서 전화 통화하는 소리를 듣다가 너무 힘들어 휴게실로 나와 앉아 있는데 공여자 백혈구가 올라왔다고 간호사가 데리러 왔다. 감사한 마음으로 침대에 돌아와 수혈을 받았다. 수혈이 끝날 무렵 화장실에 갔다가 드디어 기다리던 정상변을 보았다. 가브리엘라가 걱정해주는 전화를 했다. 권선동 신부님께서 미사 때마다 내 얘기를 해주셨다고 하니 너무 감사하다. 선뜻 주보에 실어준 것도 그렇고. 간호사가 교체되었는데 말을 너무 작게 해서 잘 들리지 않는다. 내가 방 소음을 막아보려고 헤드폰 볼륨을 너무 올려놓았나 보다. 저녁을 먹고 이제 오늘의 할 일도 마감된다. 혈장과 혈소판을 맞았다.

모두들 얼마나 짧게 입원했나 비교하면서 얘기하는 소리가 한참 들렸다. 아무리 마음을 비우려 해도 들려오는 소리를 어쩔 수가 없다.

부풀어 오르는 배

● ● ●

8월 16일(수)

오늘은 아란이와 남편 학교 개학 날이다. 휴직을 생각하고 있는 남편이 무슨 결정을 할지 모르겠지만 나로서는 조금 의외였다. 그렇게 교직을 사랑하던 사람이었는데 남편에게 남긴 것은 과연 무엇인지….

어젯밤 자려는데 슬슬 열이 오르기 시작했다. 설마 했지만 결국 몸이 뜨거워졌고, 간호사가 체온을 측정했을 때 37.7도였다. 안 되겠다 싶어 얼음찜질을 계속했다. 새벽이 되면서 서서히 열이 내렸다. 이제 얼음주머니는 나의 필수품이 되었다.

아침에도 식욕이 웬만하여 식사를 적당히 했다. 오전 면회 시간에 윤명이 왔다. 젬마 아들이 촉진제 맞으러 1시에 온다고 했다 한다. 그리고 2시에 검사하러 또 한 사람 약속이 되어있다고 윤명이랑 얘기하다가 시간이 금방 흘러 서둘러 보냈다. 공여자들과 만나야 하기에.

윤명이 공여자들과 원만히 일을 마치고 집으로 간다고 한다. 내일

내가 아파서 다행이야

은 '이○○' 씨가 촉진제를 맞고, 19일(토)은 장○○ 씨가 촉진제를 맞는다. 나는 내일 17일(목), 18일(금) 20일(일) 수혈을 받는다. 목욕탕 거울을 보았더니 배와 허리가 어마어마하게 부풀어 있다. 정상적인 건 아닌 것 같다. 3번 침대에 새로운 환자가 들어왔다. 전에 있던 환자가 너무 말이 많아 힘들었는데 이번에는 적당하게 하는 분인 것으로 보인다. 다른 사람에게 자기 생각을 강요하는 사람은 너무 피곤하다. 그것도 자기 경험과 지식 세계가 손바닥만 한 사람일수록, 내가 좀 예민한 면도 있지만, 그런 것도 일종의 폭력이라는 걸 깨닫지 못하는 것이다. 점심에 짜장을 많이 먹었더니 배가 너무 빵빵하여 아무래도 절식을 해야겠다 생각했다. 별로 먹을 것도 없는데 몸무게는 계속 늘어만 간다. 3번 침대 언니는 림프구성 환자인데 나이가 많아 이식을 못 하고, 이번에 3차로 들어와 다시 입원하지 않겠다고 한다.

만성 환자가 먹는 글리벡도 계속 투약하는데 독성이 강해 힘들다고. 림프구성은 호중구가 빨리 올라가 부럽긴 한데 나름대로 어려운 것이 많다. 젬마와 통화했다. 그 아들이 오늘 촉진제를 맞고 갔기에 내 전화를 기다리고 있을 것 같았다. 내 병이 빨리 낫기를 바란다고 했다.

오늘의 감사한 일: 소화 잘되는 것, 아침에 열 내린 것, 식사 잘하는 것, 공여자, 진통제 제거한 것.

빨간 두드러기 천국

● ● ●

8월 17일(목)

2차 입원한 지 48일째, 어젯밤에는 열이 나지 않았다. 1시 화장실 갈 때까지 잠은 잘 잤다. 다시, 다시 일어났는데 다행히 열 없는 밤을 보냈다. 5시 몸무게를 재러 왔다. 66.5kg, 역시 몸무게는 줄지 않는다. 6시 혈액 채취하러 와서 누워 기다렸다. 아침 식사 전까지는 방 환자들이 자는 시간이므로 샤워를 했다. 상체에 빨간 두드러기가 덮여있다. 살살 비누칠만 하고 씻어 내는 것으로 간단히 마치고 나와 보리 음료를 마셨다. 개운하다. 7:10. 층 담당 의사 선생님이 왔다. 불편한 곳이 없다고 말했다. 오늘은 입원한 지 48일째. 마음이 몹시 불안하고 초조하지만, 우리병원에서는 몸, 그것도 현재의 몸만 관리해 준다. 오직 백혈병과 싸워 이기는 것만이 목표이다. 이 한 가지가 환자 몫이라는 포장지에 싸여 모든 환자와 의료진을 묶어버렸다. 현재의 내 몸은 정상으로 느껴진다. 하지만 나의 마음은 3월 31일 이전과 이후 완전히 다른 삶을 살고 있다.

9:00 정○○ 교수팀이 회진을 왔다. 나를 보더니 '남의 백혈구인데 뭘' 하면서 지나쳐갔다. 대단한 말씀이다. 10:30. 방 소독 때문에 복도에 나와 앉아서 1번 환자와 어떤 조혈모 이식 환자의 참혹한 모습에 관한 얘기를 들었다. 11:30 남편이 들어왔다. 근처 정신병원에서 진찰기록 만들고 병 휴직을 내보러 왔다가 들렀다. 내 병간호 때문에? 오늘은 아영, 민규가 병원에 와 있다고 한다. 12:00 점심 식사가

내가 아파서 다행이야

나왔다. 역시 싫증 난 밥과 반찬들, 대충 먹고 어제 시킨 엔커버(커피 맛)를 처음 먹었다. 먹을 만하다. 하지만 배가 불룩하고 헛배가 차서 조금만 먹어도 가슴까지 차오르는 듯하다. 점심 식사 후 복도를 15분 돌고 힘들어 누웠다. 저녁밥이 나왔다. 참고 먹으려면 더 먹을 수 있겠으나 뱃살 때문에 조금만 먹고 엔커버를 먹었다. 그래도 배가 너무 불룩하여 내일부터 하나만 시키기로 했다. 다행히 입맛이 남아 있어 밥을 좀 더 먹기로 하고, 저녁 운동도 돌았다. 10시쯤 불을 끄고 누워 있는데 잠이 오지 않는다. 남편과 아영 생각에 허망한 마음이 계속 든다. 일어나 편지를 한 바닥 쓰고 다시 누웠지만 잠은 영영 물러갔다. 한 시간마다 화장실을 가다가 새벽에 잠깐 잠들어 있는데 5시 몸무게를 재러 와서 깜짝 놀라 일어났다.

8월 18일(금)

5시 어김없이 나를 벌떡 일으켜 세우는 체중계가 들어왔다. 조금 후 채혈하러 간호사가 들어와 침대 한쪽 구석으로 누웠다. 달그락거리는 금속성 소리가 한참 들려온다. 그리고 화장실을 몇 번 다녀오니 아침이 밝았다. 그래도 열이 나지 않은 밤을 보낸 것에 안도. 충담당 의사 선생님이 들어왔었다.

비몽사몽간에 새벽마다 나오는 기침 가래에 관해 애기해버렸다. 조금의 후회가 남는다. 또 알 수 없는 약제들을 내게 쏟아부을지 모르므로 감출 건 감추는 것도 요령이다.

아침을 먹었다. 입맛에 맞지 않아도 성의껏 먹고 약을 먹고, 복도를 돌다. 10:30 실 청소팀이 모두 내보내서 복도에 앉아 김○○ 교수 회진을 맞았다. 힘을 내보라고 한다. 오늘 아침 책임간호사가 오늘 520 정도라고 호중구 수치를 귀띔해주었다. 이젠 누가 뭐라 해도 내 몸이 반응하는 것밖에 남지 않았다.

11:40쯤 윤명이 와서 휴게실에서 음료수 하나 먹고 서둘러 나갔다. 오늘 헌혈하는 사람과 12시에 만나기로 했기 때문이다. 병실로 돌아와 점심으로 떡볶이를 먹었다. 그래도 싫증 난 밥보다는 선택식이 낫다. 아침에 감염내과 여의사도 만났었다. 상체에 집중된 빨간 두드러기 때문에 각종 항바이러스제, 진균제 등을 모두 중단한다고 했다. 인간 마루타에서 좀 해방되는 느낌이 들어 오히려 홀가분하다. 1차에도 집에 갈 때 같은 증상을 가지고 귀가했었으나 며칠 후 사라졌던 기억이 있다. 오늘은 금요일 아란이 집으로 돌아오는 날이다.

병실에서 쉬고 있는데 오늘까지만 수혈받고, 그만 받으라고 남편에게 연락해달라고 하여 반가운 마음에 얼른 연락했더니 다시 내일 아침 9시에 연락하는 것으로 해달라고 하여 좀 혼란스러웠다. 5시 p.m.쯤 앞 공여자가 수혈한 혈액이 올라왔다. 졸리거나 어지러울 수 있고 밤에 식은땀이 날 수 있다고 하며 연결해 주었다. 지금까지 흘려들었는데 밤에 갑자기 식은땀을 흘린 것이 그 때문이었구나 하였다. 윤명이 임무를 마치고 귀가한다고 톡을 주었다. 오늘 오후 수녀님이 오셔서 기도해 주고 가셨다.

7:50 p.m. 남편이 애기 데리고 집에 잘 도착했다고 한다. 저녁 먹고 양치 후 복도를 15분 정도 돌았다.

대변만 한번 보면 좋을 텐데 어제부터 무소식이다. 밤새 열이 안나기를 기도하며 10시 불 끄고 잠자리에 든다.

8월 19일

5시 간호사가 채혈하러 들어왔다. 어제 공여자 수혈받은 몫이다. 촉진제도 계속 맞고 있다.

제발 호중구가 올라가 있기를 기도하며 달그락거리는 채혈 과정이 끝나고, 잠시 후 몸무게를 재러 왔다. 66.5kg. 다시 누웠다. 밤새 식은땀을 흘려 등이 젖어있었지만 자꾸 잠이 왔다. 8시 식사 왔다는 소리에 일어나 식탁을 꺼내놓고 앉았다. 기운이 하나도 없다. 식사 중 약을 돌리러 온 간호사에게 오늘 백혈구 공여자에게 어떻게 연락할지 물었더니, 오지 않는 걸로 한다고 했다. 어제 일도 있고 하여 재차 확인했더니 의사 선생님 확인을 했다고 하여 남편에게 연락했다. 오늘은 휴일이라 출근 걱정이 없어 나도 마음이 편하다.

샤워했다. 어젯밤 식은땀을 많이 흘려 개운하긴 한데 너무 힘들다. 간호사가 가슴관 소독을 해주었다. 쾌변을 봐서 컨디션은 좋다. 장운동을 위해 복도를 15분간 돌았다.

11시쯤 큰오빠가 19층에 왔다는 전화가 와서, 모자를 챙겨 쓰고 면회실로 갔다. 서울에 볼일이 있어 들렀다고 했다. 내 애기를 듣고 안타까워하며 '성수'를 한 병 전달해 주었다. 이 성수가 꼭 내게 효험을 발휘해 주었으면 좋겠다. 길게 얘기하면 숨이 찬다. 오빠를 보내드리고 들어와 TV를 좀 보았다. 오늘은 병실에 면회객이 많이 왔다.

점심으로 돼지 뼈 감자탕을 먹었다. 고무 같은 고기 빼고 맛이 좋아 거의 다 비웠다. 밥 먹고 이 닦는데 몸무게를 또 재러 왔다. 점심 얼마나 먹었는지 재는 거 같은 느낌, 약을 또 먹어야지. 약 먹고 복도를 20분 돌았다. 배변에 확실히 도움이 된다. 와서 쉬다가 저녁을

먹었다. 몸무게 쟀다

그리고 7:10~7:30 p.m.에 다시 복도를 도는데 남편의 모습이 보인다. 한 시간 정도 주로 공여자와 나의 호중구에 관해 애기했다. TV를 보는데 10시 층 담당 의사 선생님이 들어와 안부를 물었다. 이제 잘 시간이다.

8월 20일(일)

5시 몸무게를 재고 한 시간이나 지나 채혈을 했다. 새벽인데 잠이 오지 않는다. 이제는 정말 백혈구 수혈 없이 스스로 조형을 해야 하는데 그런 걱정 때문인가보다. 아침 식사 시간이 오지 않기를 바라며 누워있었지만, 어김없이 아침밥이 들어온다. 식욕 촉진제 맞기 싫어 그냥 식사하는데, 다행히 어느 정도는 먹을 수 있다. 30분 기다려 '세 번 이혼한 이상아' 회 다큐를 보다가 약을 먹고 복도로 나왔다. 20분 동안 제법 빠르게 복도를 돌았다. 기운을 뺄까 봐 걱정되기도 하지만 소화를 돕는 건 확실하다. 아침부터 비가 와서 창밖이 뿌옇다. 오늘 강○○, 김○○, 김○○ 샘이 오기로 한 날인데….

10:50 청소 때문에 나와 있는데 강○○, 김○○, 김○○ 님이 면회실로 왔다. 너무 반가운데 눈물 나고 입술이 바싹 말라오기 시작한다. 명○ 샘이 편지를 주었다. 돈이 들어 있으면 안 되는데, 서둘러 돌려보냈다. 한 명씩밖에 안 되는 전화를 붙들고 애기하기도 힘들고, 고마운 선생님들….

오후에는 미모 마르타 언니, 안젤라, 아네스, 수산나가 와서 기도해 주고 애기하다가 갔다. 모두 건강하게 생활하고 있다. 멀리서 와

내가 아파서 다행이야

주니 고맙다. 나의 모습을 보여주긴 싫지만 어쩔 수 없는 현실이다. 저녁 면회 시간에는 남편이 아란이를 학교에 데려다주고 왔다. 이제 공여자 수혈을 마치고 내 골수의 힘으로 올라오기만을 바라야 한다. 전처럼 방에서 삼십 분, 면회실에서 30분 앉아 있었다. 별 얘기도 없이 백○○ 샘한테 이제 과외를 그만한다고 문자를 보냈다.

아란이도 이제 자신의 힘으로 실력을 쌓고 보여줘야 하는데.

남편도 가고 혼자 남았다. 몸 상태는 모든 것이 순조롭다. 오직 백혈구가 올라가기를….

하염없이 눈물이 났다

● ● ●

8월 21일(월)

6월 2일: 1차 퇴원, 8월 22일: 2차 퇴원(예정).

월요일이다. 새벽 몸무게를 재고, 채혈도 했다. 자다가 아침상을 받으면 식욕이 너무 없어 좀 앉아 있었다. 막막한 날들을 생각하며 기도하려니 하염없이 눈물이 났다. 망망대해에 혼자 떠 있는 배, 주님이 조금만 밀어주시면 좋겠습니다.

오늘 샤워하는 날이라 샤워를 하는데 X-ray 기사의 호출이 있었다. 부리나케 하고 나와 면회실에 가서 X-ray를 찍고 들어와 소독을 받았다. 월요일이라 병실 청소 시간 10:30이 되자 김○○ 교수님이 회진을 돌았다. 그런데 호중구가 400대로 올라서 내일도 유지되면 퇴원할 수 있다고 했다. 가슴을 쓸어내렸다. 남편에게 연락하니 2시까지는 올 수 있다고 한다. 물론 수치가 떨어지지 않는다는 가정하에, 어쩐지 마음이 놓여서 점심 닭죽을 많이 먹었다. 그리고 오후에 메트라이프와 동부화재에 전화를 걸어 필요서류 입·퇴원 확인서 3통을 확인하고 간호사에게 부탁했다. 한화생명은 그냥 남겨두었다. 다음 입·퇴원 때 확인하려고….

그런데 갑자기 간호사가 자기가 수치를 잘못 얘기했다는 거다. 490이라던 호중구가 360이 되어버렸다. 장난하나? 내게는 하늘과 땅 차이인데 11일 퇴원하려는 희망이 좀 흐려졌다. '이제까지 참았는데….' 하는 마음과 함께.

남편에게 퇴원 준비물을 이것저것 부탁했다. 2시까지 올 수 있다고 했다.

제발 퇴원하는 화요일이 되기를 바라며 잠자리에 들었다.

눈물로 기도하던 집으로

● ● ●

8월 22일(화)

입원 기간 (2017. 7/1~8/22) 2차 퇴원.

새벽에 간호사가 체온, 맥박 재고 채혈을 했는데 혈압이 좀 높다

내가 아파서 다행이야

며 침대 머리를 올려주고 갔다. 이후부터 오늘 퇴원하는 4번 침대 정○○ 씨가 집안 소독, 정리 문제를 계속 통화를 하는 바람에 잠을 잘 수가 없어 뒤척이다가 7시에 일어났다.

아침밥이 안 넘어가서 조금 먹고 물렸다. 오늘 퇴원할 수 있을지 생각이 많아서 더 그런가 보다. 방 청소 시간이 되자 기다리던 김○○ 교수가 회진을 오고, 19층 담당 의사 선생님이 호중구가 올랐다고 보고를 했다. 교수님이 그것 보라며 이제 오를 때가 되었다며 힘을 주었다. 나는 다 믿어지지도 않고, 겨우 500이 넘은 호중구라 불안 불안하지만 결국 퇴원 결정이 난 거니까 다음 할 일들을 하나씩 했다.

폴더를 분리하고, 보험회사 서류를 신청하고, 비닐을 달라고 해서 짐도 미리 쌌다. 그리고 남편이 가서 병원비를 낼 시간만 기다렸다.

점심밥이 나왔는데 콩나물밥이다. 너무 말라서 불고기라고는 없어 간장을 넣고 비볐는데 내가 왜 점심을 먹는다고 했는지 후회막급이다. 그런데 4번 침대 옥○ 씨는 그걸 다 먹는다고 한다. 내가 입맛이 없는 걸까? 드디어 남편이 도착했다는 톡을 보내왔다. 간호사한테 통지서를 받아야 입 퇴원 확인서를 발급받을 수 있다기에 일단 병동에 들어와 203호 간호사한테 통지서를 받아서 입원비를 내러 남편은 1층으로 내려갔다. 그런데 아무리 기다려도 소식이 없어 핸드폰으로 연락하니 증명서 발급에 사람이 많이 밀려 있단다. 그동안 내 일처럼 걱정해준 간호사 샘 둘에게 인사하고 남편과 엘리베이터를 탔다. 온몸이 공중에 뜬 거 같고 속이 부들부들 떨렸지만, 지하 주차장에서 차에 몸을 실으며 이게 꿈이 아닌지 지난 시간이 아득하다.

8월 23일(수)

드디어 집에 돌아왔다. 어쩌면 못 올 것만 같았던 집이다. 밤마다 눈물로 기도하며 기원하던 집이다. 아이들과 남편이 있는 곳, 나의 몸 상태는 정말 퇴원해도 되는지 아직도 혼란스럽다. 병원에서는 복도를 열심히 돌 정도는 되었는데, 지금은 힘이 하나도 없고, 눈도 귀도 정상이 아닌 거 같다.

씻고 침대에 누우니 천국이 따로 없다. 먹고 싶었던 김치찌개, 갈치 조림, 생 오이 등으로 밥을 먹었다. 병원에서 대장 때문에 고생을 많이 했는데 약 처방을 하나도 해오지 않아 은근 걱정이 되었지만 별다른 문제는 없는 것 같다.

오후에 아무래도 인터넷 뱅킹을 정리해야 할 거 같아서 농협 사이트에 가서 국민카드 생활비 이체하고 미바 회비, 강○○ 샘 계 등을 이체했다. 너무 컴퓨터 앞에 오래 앉아 있었던 거 같아서 대충 마무리하고 끝냈다.

8월 24일(목)

휘적휘적 흔들리던 머리가 조금씩 나아지는 거 같다. 아니 나아지기를 바란다.

아침 일찍 윤명이와 남편이 집 안 청소하고 아영이 밥을 한다. 나는 남편 서재에 앉아 있다가 아침을 먹었다.

오늘 아영이 드레스 고르는 날이라고 오래 외출 준비를 하고 점심은 윤명이가 준비하기로 했다. 짜장밥을 했는데 성공이다. 아영이 여러 가지 드레스 사진을 보내왔다. 튜브톱 드레스가 어울렸다. 잘 골랐다고 톡이 왔다. 스튜디오 촬영 때 입을 드레스 3벌을 골랐다고 한다. 인터넷으로 주문한 빨간 마 원피스를 입고 갔던 아영이 돌아왔다. 저녁은 청국장찌개를 주문했는데 아영이 그냥 된장찌개를 만들어 주었다. 먹을 만해서 뚝딱 다 먹어 치웠다. 공중에 뜬 것 같은 몸이 걱정되어 무조건 잘 먹기로 했다. 저녁을 너무 많이 먹어 소파에 앉아 있다가 남편이 사다 놓은 파인애플이 생각나서 그것도 한 마리 잡아먹었다. 모두 면역력 향상에 좋은 식품이라며 인터넷에 나와 있는 식품이다. 나도 모르게 소변을 참았는지 방광염 증세가 있다. 남편은 자꾸 병원에 가보자고 하지만 좀 두고 보기로 했다.

밤에 드디어 샤워했다. 진짜 개운하다. 가슴관도 소독하고 나니, 인제야 병원 냄새가 모두 가신 느낌이다. TV 드라마 때문에 11시까지 앉아 있다가 너무 늦게 잠자리에 들었다. 8~9시간은 자야 하는데, 스트레칭도 하고 산책도 할 수 있는 날이 빨리 왔으면 좋겠다. 강○○ 샘이 내가 당첨되었다고 알려왔다. 오늘 계모임이 아직 시작되기도 전인데, 아마 남은 사람이 나와 다른 일인인가 보다. 어쨌든 성당 교무금이 마련되었다.

8월 25일(금)

주말이다. 날짜는 잘도 간다. 이렇게 세월을 보내도 되나? 나는 투병 중이니까….

많이 먹는데 장에서 흡수가 되지 않는 것 같다. 변으로 모두 배설이 된다. 몸무게가 입원 전과 같아졌다. 62kg 정상적인 상태라면 좋아할 수도 있었겠지만, 은근히 걱정이다.

기운은 없지만 조금씩 좋아진다고 믿고 싶다. 아침 먹고 윤명이는 내려받은 영화를 보고 아영이는 경락받으러 갔다. 메트라이프 조〇〇 씨한테 연락했더니 오전에 들른다고 했다. 이번에는 앉지도 않고 입원확인서만 가지고 가더니 계좌번호 알려달라는 문자가 왔다. 핸드폰을 방에 두고 거실에 앉아 있었더니 둘째 오빠의 부재중 전화가 있어 전화를 드렸다. 걱정이 돼 한 것이다. 순조롭게 살아나야 한다. 모든 사람에게 큰 걱정을 안겼다. 인터넷에서 스트레칭에 관한 자료를 수집했다. 매일 조금씩 스트레칭도 하고 괜찮으면 운동이나 산책도 해야 하는데, 조금씩만 해야지. 오후에 복숭아를 하나 깎아 먹었는데 속이 별로 안 좋았다.

아영이 장을 본다고 하여 고등어랑 청국장찌개 재료를 사 오라고 했다. 저녁에 반찬을 모두 먹어 치우려고 밥을 너무 많이 먹었는지 속이 거북하다. 아직 입맛이 안 돌아와서 무슨 맛인지도 잘 모르겠는데 백혈구 수치가 내려갈까 봐 그냥 항암에 좋다는 음식을 찾아 꾸역꾸역 먹고 있다.

아영이는 내일과 모레 곤지암 리조트로 친구들과 놀러 간다고 한다. 밥이야 남편도 있고 하니 그럭저럭 걱정은 없는데 오늘 주방을 보니 냉장고, 전자레인지, 정리장 등이 엉망이다. 내가 살림할 때도 정신없이 살았지만, 항상 스트레스였다. 그런데 보고 나니 정리하고 싶은 생각이 굴뚝 같은데 그럴 기운은 아직 나지 않는다.

저녁 먹고 속이 좋지 않아 거실에 누워있다가 방으로 들어와 누워

있다가 다시 앉았다. 간신히 속을 달래며 잠을 청했다. 남편은 모처럼 탁구 치러 가서 10시가 넘었는데도 들어오지 않는다.

8월 26일(토)

아란이 치과 진료도 다음 주로 미루고 학교에 남았다. 오늘과 내일 아영이 곤지암으로 놀러 간다고 한다. 아침은 고등어 조림과 달걀부침으로 먹고, 설거지해놓고 여행 준비를 한다고 아영이 방에 들어갔다. 남편은 소파에서 계속 잠을 잤다. 11시 a.m.까지. 그리고 이 ○○ 교수님과 발굴하는 꿈을 꾸었다고 한다. 나는 누웠다 일어났다 하며 쉬었다. 점심에 호박죽을 만들어 주었다. 남편이 처음 해보는 요리다. 내가 입맛이 안 돌아와 그렇지 맛있게 되었다. 아침부터 가볍게 먹었더니 속은 편하다. 그러나 몸무게가 계속 줄어 걱정스럽다. 이제 61.5kg이다.

아영이는 영○이 남친이 운전하는 차를 타고 간다고 한다. 결혼 전 여자들끼리 파자마 파티라도 하나 했는데 그건 아닌 거 같다. 유학 때문에 부부 비자 내려고 혼인신고까지 했으니 내가 무얼 간섭하랴.

항암에 좋다는 마늘과 가지를 먹고, 원하는 반찬을 해달라고 하여 먹어봐도 아무것도 당기는 것이 없다. 처음 집에 도착했을 때보다도 점점 입맛이 이상해진다.

저녁에 TV를 보다가 기운이 없어 바닥에 누워 보다가 10시쯤 너무 졸려서 방으로 들어왔다.

피눈물 삼키며 하루하루

● ● ●

8월 27일(일)

직장 다닐 땐 황금 같던 주말, 날씨도 참 좋다. 그래봤자 난 그냥 힘들어서 집에서 쉬다가 밤중에 미사에 다녀오곤 했다. 캄캄한 밤길을 혼자 오가자면, 사건이 났다는 편의점 앞을 지날 때나, 사람이 하나도 없는 곳을 걸을 때 무섭고 외롭기도 했지만, 무슨 큰일이라도 한 양, 집에 오면 또 쉬다가 부랴부랴 아침을 서둘러 무엇인가를 해 먹고 출근을 했었지. 출근길이 너무 싫어서, 아직 운전하고 가는 길 40분이 남아 있다고 위안을 하며 학교에 도착하곤 했었다. 학교에 가면 메신저로 그날 할 일들이 도착해 있나 확인하고, 그리다가 내가 이제 정말 쓰러지는 게 아닌가 싶던 그 날부터 나는 이 험한 길로 들어서고 말았다. 모든 사람에게 뜻밖의 어두운 기운을 선사하고, 그들의 기도를 양식 삼아 대책 없는 투병 생활의 늪으로 빠져들었다. 용기백배하였지만, 이번 퇴원 전에는 피눈물을 삼키며 하루하루를 보냈었다.

오늘도 몸무게가 빠져 60.8kg이 되었다. 간호사실에 전화하였더니 화요일 검진 때 말씀드려 보라고 한다. 성당에서 전화가 와서 남편이 내 7~9월 교무금과 감사헌금을 가지고 성당에 가서 미사를 보고 온다고 했다. 그런데 감사헌금을 익명으로 해야 하는데, 내일 다시 전화하라고 해야겠다.

아란이 학교에 전화해서 비데스 모임 외출 확인을 하였다. 아란이

내가 아파서 다행이야

어두운 목소리로 전화를 하여 깜짝 놀랐다. 아란이 비데스 회비랑 차비로 하라고 ₩20,000을 부쳐주었다. 학교에 잘 들어갔다는 메시지가 떴다. 5:30 p.m.에 아영이 돌아왔다. 생각보다 일찍 왔다.

점심때 남편이 내가 하는 방법대로 닭볶음탕을 해주었는데 맛있었다. 저녁에 아영이 고등어 조림을 한다고 하여 가르쳐주려고 주방에 있었더니 알아서 한다며 싫어하였다. 무를 많이 익혀야 한다고 했는데 건성이다. 그러더니 갑자기 된장을 한 숟가락 넣었다. 인터넷 레시피라면서, 내가 넣지 말라고 알렸는데도 막무가내다. 입맛이 갑자기 뚝 떨어졌다. 지난번 갈치 조림도 그렇게 했나? 나는 설익은 무와 된장으로 텁텁해져서 고등어 풍미가 사라진 고등어 조림을 저녁으로 먹었다. 내가 병에 걸렸다고 입맛에 맞는 반찬도 먹을 수 없다니. 내일은 일찍 일어나 불고기를 재어 놓아야겠다. 입에 맞지 않는 불고기를 먹고 싶지 않다. 탁구 치러갔던 남편이 10시에 돌아와 물을 떠주었다. 고마웠다.

8월 28일(월)

월요일이다. 일찍 일어나 쇠고기 불고깃감을 버무려 두었다. 남편과 콩나물국을 끓였는데 불고기에 물을 너무 적게 했고, 콩나물국은 맛있었다.

오늘부터 스트레칭을 해볼까 하였으나 몸이 무거워 그만두었다. 남편 출근 후 내일 지하 주차장 공사가 있다고 차를 빼야 한다고 해서 미리 지상으로 빼러 내려갔다. 처음 밖으로 나왔는데 역시 힘이 없어 후들거리고, 운전석에 앉았더니 운전이 무척이나 어색했다. 내 차가 너무 보고 싶었는데, 안부를 확인하니 좋았다.

인터넷 쇼핑을 했다. 코코제인에서 원피스 2벌, T 하나, 모자 하나를 샀는데 ₩124,000 좀 비싸다. 그래도 비싼 값을 하려니 하고 그냥 긁었다. 아영이 아침 먹고 자동차 주행 교육받으러 다녀왔다. 무서웠고 마음먹은 대로 되지 않았다고 한다. 첫날이라 그렇지. 윤명이 빨래를 해 널었다.

같은 병실에 있던 박○○ 씨가 문자를 보내왔다. 내가 한 달하고도 22일이나 있다가 퇴원한 것을 알고 놀란다. 내일 만날 수 있을 거다. 그런데 씩씩했던 모습은 기억나는데 얼굴이 생각나지 않는다. 이 얼굴 치매.

8월 29일(화)

2차 첫 외래.

아침 7시에 출발해서 8시 넘어서 도착했다. 아란 아빠가 병원 앞 길에서 내려주었다. 윤명이와 나는 병원으로 들어가 3층 무인 수납기 후 채혈실에서 채혈하고 2층 방사선과에서 X-ray 촬영하고, 3층 주사실에 가서 히코만 카테터 관 소독이랑 가슴관 소독 명부에 이름 쓰고, 채혈과 혈압을 쟀다. 그리고 혈액 내과 순서지를 뽑고 간호사에게 접수하고 앉았다. 주사실 관 소독은 9시부터라서 기다려야 하고 혈액 내과 예약은 11시 39분이다. 채혈을 일찍 했는데 혈액 내과에는 환자 이름이 거의 안 떠서 간호사에게 일찍 해줄 수 없냐고 물어봤더니 아직 혈액 분석 결과가 안 나왔다고 한다. 주사실 관 소독 순서가 되어 기다렸다가 소독을 받고 나서 아무리 기다려도

내가 아파서 다행이야

혈액 내과에 이름이 안 뜨기에 원래 예약 시간을 기다렸더니 조금 지나서 드디어 차례가 되었다. 진료실에 갔더니 김○○ 교수가 호중구가 330으로 내려갔다고 했다.

팔다리 반점은 혈소판 부족으로 오늘 혈소판 수혈과 촉진제 주사를 맞고 가라고 했다. 주사실에 가서 수혈과 촉진제 신청을 하니 30분~1시간 후에 혈소판이 올라온다고 하여 점심을 먹으러 지하 1층에 갔다. 나는 백혈구 상태 때문에 식당 밥을 먹을 수 없어 편의점에서 빵을 샀다. 윤명이는 식당에서 먹이라 했으나 그냥 빵을 먹겠단다.

연락이 와서 수혈과 촉진제를 맞고 나니 감염내과 2:52 p.m. 예약 시간이 되어 이○○ 샘 환자 순서를 확인했더니 아직 안 떠 있다. 좀 기다려 진료실에 갔다. 입원 중 장이 많이 상해서 아직 시간이 필요하다고 한다. 나의 변 모양이 정상 변과 달리 가장자리가 울퉁불퉁한 것도 아직 회복이 안 되어 그렇단다. 혈액 내과에서 처방받은 내용을 보여드렸다. 자기는 처방하지 않고, 한 번 더 진료를 보겠다고 해서 목요일 오후로 다시 예약을 잡았다.

아침 금식하고 빵 하나 먹어서 그런지 저녁을 잔뜩 먹었다. 힘든 하루.

박○○ 씨는 못 만났다. 오늘 입원했다고 한다.

8월 30일(수)

이제 완연한 가을 날씨. 속옷을 하나 껴입고 어젯밤 잠자리에 들었다. 가을옷을 준비해야 하나 보다. 비록 갈 데라곤 병원밖에 없지만, 옷 욕심 많은 나는 가을을 좋아한다. 가을옷이 제일 예쁘니까.

김○○ 카타리나가 전화했다. 보고 싶다고. 어제 결과가 좋게 나왔으면 미모, 카타리나, 미바를 만나려고 했는데 좀 더 기다려 보자. 오늘은 몸무게도 안 줄고 약 때문인지 배도 한결 좋아진 느낌이다.

오늘 아영이가 주행시험 있는 날이라 나가고, 점심을 윤명이가 카레밥을 만들어 줘서 먹었다. 어제저녁 먹었던 청국장도 데워 먹었는데 윤명이는 싫단다. 아영이 주행시험도 합격했다고 연락이 왔다. 머리가 뽀송하게 자랐다. 흰머리가 정수리 부분에 많아서 머리가 없는 줄 알았다. 뒤에는 검은 머리가 많은데.

저녁에 아영이 보고 잔치국수를 해 달라고 해서 먹었다. 국물이 시원해서 잔뜩 먹었다. 맛있게….

저녁에 민규가 왔다고 아영이를 불러내어 나갔다. 오늘 수원 왔다고 집에 오고 싶어 한 거 같았는데 좀 미안한 생각이 든다.

오늘 윤명이 2학기 등록금 이체해야 하는데 깜박하고 은행 영업시간이 지나버렸다. 내일까지가 마감일이라 잊으면 큰일이다. 남편 출근하면 꼭 이체해야겠다.

8월 31일(목)

윤명이 등록금 560만 원을 납부했다. 가을 잠옷을 검색해 봤다. 면은 비싸다. 자동차를 지하 주차장에 내려놓아야 하는데 깜박 잊고 그대로 두었다. 먼지가 많이 쌓였겠다. 내 통장에 50만 원이 '수원정보 쾌유모임'이라는 이름으로 입금되었길래 강○○ 샘에게 톡을 띄웠더니 깜박 잊고 연락을 못 했다며 강○○ 샘의 계 모임에서 보냈

내가 아파서 다행이야

다고 하였다. 동부화재에서 접수되었다는 알림 톡이 왔다. 코코레인에서 주문한 옷이 왔다. 모자만 빼고. 어제 아영이 민규 만나러 가서 프로포즈를 받고 150만 원 다이아몬드 목걸이를 받았다고 보여주었다. 예쁘다.

아영이에게 점심 반찬으로 가지, 방울토마토, 견과류 볶음을 해달라고 해서 먹었는데 맛있었다. 화요일 병원 가서 혈액 내과 대기실 TV에 나온 메뉴인데 성공적이다. 몸에 좋은 재료만 모든 것이다.

오후에는 쉬려고 침대에 누워있다가 잠이 들었다. 저녁에 입맛이 없어 겨우 먹었다. 그래도 몸무게가 그대로 있어 다행인데 변의 모양이 불규칙하니 아직 장이 매끄럽게 치유되지 않은 상태 그대로다.

안젤라가 그룹 톡에 문명부동산을 인수했다고 한다. 재주가 정말 뛰어나다. 부동산이 적성에 맞는 건 아니라고 하면서도 일을 척척 잘 해낸다. 고충도 많고, 남편은 인색하고… 돈을 많이 벌어도 너무 힘들 것 같아 안쓰럽다. 만나서 얘기라도 들어줘야 하는데.

남편은 저녁 먹고 좀 늦게 귀가했다. 아영이 내일 점심 약속이 있다고 한다. 윤명이 개학 날이라 학교 가야 하는데 모처럼 점심은 혼자 해결해야 하나?

다 모이니 기분 좋다

● ● ●

9월 1일(금)

5:30 분쯤 눈이 떠졌다. 주말이다. 아란이 집으로 오는 날 아영이 친구 만난다고 했다. 윤명이는 개학 날. 윤명이 학교 가기 전에 식빵을 버터에 구워주었다. 1시까지 가면 된다면서 잔뜩 늑장을 부렸다. 자전거를 타고 간다며 반바지로 갈아입고 나갔다.

볕이 제법 따가운 날이다. 아영이도 일찌감치 나갔고, 전에 덮던 포근한 차렵이불을 찾아서 세탁기에 돌려 볕에 널었다. 쩽쩽하여 잘도 마른다. 먼지 쌓인 겨울 코트는 빨래 걸이에 널었다. 어깨의 먼지를 털어주어야 하는데 엄두가 나지 않아 그냥 두었다. 마른 이불은 걷고, 다시 세탁기도 돌리고 제법 일거리가 만만찮다.

점심은 윤명이 구워준 식빵을 덥히고, 커피와 우유로 가볍게 했다. 오래간만에 먹는 것들이라 기분이 그만이다. 오후에는 인터넷 쇼핑을 했다. 가을 잠옷이랑 운동화를 구매했다.

아영이 돌아와서 떡볶이와 피자 중 저녁 메뉴를 고르라고 했다. 피자를 고른 것이 문제였다. 먹을 때는 맛있었는데 듬뿍 넣은 모짜렐라 치즈를 소화 시키기에는 버거웠나 보다. 계속 속이 좋지 않았다. 피자라는 말에 이성을 잃으면 장이 싫어할 것을 미처 몰랐다.

남편은 아란이를 8시에 만나 데리고 왔다. 캐리어를 끌고 들어오는 소리. 우리 이쁜 애기가 여름 교복을 입고 들어왔다♡ 손을 대충 씻고 배고프다며 남은 피자를 먹는다. 머리를 좀 잘라서 깔끔해 보

내가 아파서 다행이야

인다. 윤명이 어째 별로 좋지 않은 얼굴로 아까 돌아왔다. 아이들이 다 모이니 기분이 좋다.

점점 기운이 빠지는 게 느껴져 자러 방으로 왔다. 오늘 부실하게 먹고 많이 움직인 탓이다. 목욕하고 싶지만, 그냥 자야겠다.

9월 2일(토)

마침 먹고 남편이 아란이 치과 데리고 갔다. 9:30 예약. 아영이는 종일 집에 있으면서 부지런히 밥을 차렸다. 아란이 치과 다녀와서 계속 잠을 잤다.

점심엔 아영이가 떡볶이를 해서, 고구마튀김과 함께 온 식구가 다 먹었다. 국물이 있었으면 더 좋았을 텐데. 요즈음 국물이 자꾸 당긴다. 늙어서 그런지. 4시가 다 되자 남편이 아란이 데리고 척추치료하러 서울로 향했다. 5시 예약인데 치료하고 저녁 먹고 오느라 늦게 들어왔다. 아란이 허리를 숙여 보라고 했더니 치료 전과 달라진 게 별로 없다.

아란이 방을 보니 아란이가 바닥에 비스듬히 앉아서 노트북을 침대 위에 놓고 무언가를 보고 있다. 책상 위에 앉아서 하라고 했으나 건성으로 듣고 넘긴다.

소파에 앉아서 빨래를 갰다. 아란이 빨래도 있어 오늘은 빨래가 많다. 윤명이 고교 동창들과 놀다가 찜질방에서 자고 온다며 나갔다.

남편은 탁구 치러가서 9:50 p.m. 현재 오지 않았다. 아영이는 TV를 보며 홀라후프를 돌리다가 계속 TV를 보고 있다. 피곤하여 일찍 자야겠다. 오늘은 오전에 한 번 오후에 한 번 침대에서 잤는데도 몸이 이리 노곤하다. 아란이 옷 몇 벌 손빨래하고 운동화 빨고, 리본 뒤에 이름 새기고 그런 것 때문인가?

낮잠 후에 샤워도 했다. 개운하게 때밀이 수건으로 밀었다. 가슴 관 소독은 남편이 했다. 새로 피하 출혈이 생겼다. 혈소판이 다시 부족한 건가?

9월 3일(일)

주일이다. 성당에서 어떤 분이 헌혈증을 주신다고 하여 남편이 윤명이 자전거를 타고 10:40 성당으로 갔다. 어떤 할머니께서 헌혈증 여러 장과 5만 원을 극구 사양했지만 주셨다고 한다. 주보에는 계속 나에 대한, 백혈구 헌혈이 급하다는 기사가 올라왔다. 남편이 전화를 (성당에) 하여 내리도록 해야겠다고 했다. 남편은 1시 미사를 보고 왔다. 나는 주일을 주일답게 지내지 못하였다.

2시가 되어 점심을 차리다 동생들에게 인계하고 아영이는 예물 반지 찾는 날이라고 부리나케 나갔다. 아란이 귀교하는 날이라 4시에 안 간다고 하더니 할 일이 있었는지 30분 더 있다가 간다고 한다. 아란이 캐리어에 춘추 동복을 싸 놓은 것을 보니 세탁이 안 된 것이 있다. 아뿔싸! 아란이 말만 믿고 세탁되어 있는 줄 알고 그대로 보관한 것이다. 세심하게 검사하고 보관할 것을, 때가 탄 옷을 그대로 입으면 옷감도 상하는데…. 내 속도 상했다.

덜렁이 아란이는 괜찮다며 짐을 꾸렸다. 블라우스랑 리본도 잘 챙겼는지 모르겠다. 동복 상의만 수건으로 닦아서 다시 싸주었다. 5시가 다 되어 남편이 아란이를 데리고 나갔다. 아란이는 척추교정 효과도 거의 없는 것 같고. 나중에 무슨 방도가 있으려나.

남편은 아란이를 학교에 들여보내고 돌아왔는데 표정이 이상하다. 아무 말도 없고, 나한테 무슨 기분이 상했는데, 내가 환자라 티를 안 내고 있나 보다. 8시가 되었는데 일찍 잔다며 서재로 들어가 버렸다. 9시쯤 아영이 예쁜 예물 반지를 가지고 들어 왔다. 아영이 취향대로 아기자기하다. 오늘 계속 이것저것, 아란이 교복에 수도 놓고 하느라 누워있지 않은데다, 저녁은 김치부침개로 때워서 좀 걱정이다. 이놈의 몸뚱아리. 드라마를 보다가 너무 늘어져서, 그리고 남편이 거실 불을 켜놓아 못 자는 것 같아서 불 끄고 들어와 잤다. 윤명이는 오늘 종일 집에 있었지만, 밥 먹을 때만 나왔다. 쉬고 있었다고 한다.

퇴원 후 13일째

● ● ●

9월 4일(월)

퇴원 후 13일째, 거의 보름이 되어 가는데 한 일은 없고, 몸은 회복이 되었는지 목요일 다시 병원에 가보아야 안다. 아영이 장 보러 갔다가 만두 속 재료를 사 왔다. 만두를 빚어 점심에 내놓았는데 간도 맞고 맛있었다. 나머지도 열심히 빚어 냉장고에 넣어 놓았다.

어제 남편이 컨디션이 좋지 않아 걱정했는데 요양원 들렀다 온다고 했다. 요양원 갔더니 오빠들 두 분도 오셨단다. 엄마가 기분이 좋으셔서 말씀을 많이 하셨다고…. 몸이 나아지면 가발을 사서 쓰고 한번 가봐야 하는데….

저녁 9시쯤 남편이 서재에 이불을 펴고 잘 준비하러 들어갔다. 아영이는 다리미를 꺼내 열심히 내일 입을 옷을 다림질했다. 다림질은 오래오래 계속되고 나는 TV를 켜 놓으면 모처럼 일찍 자러 들어간 사람 깨울까 봐 안방으로 들어왔다. 어쩐지 밖이 환한 느낌이지만 그냥 자기로 했다.

9월 5일(화)

아침 식사는 남편과 윤명이는 아영이가 만든 떡만둣국을 먹고 나는 밥을 먹었다. 윤명이 9시 등교한다고 남편 출근 후 자전거 타고 갔다. 스튜디오 사진 찍는 날이라 민규가 왔다.

아영이가 아침 겸 점심으로 수제 떡만둣국을 주었다. 간식을 싸오라고 했다며 아영이 간식이랑 옷이랑 싸서 들고 둘이 나섰다. 나는 점심에 3분 카레를 먹기로 했다. 혼자 남아 카레를 데워 먹었는데 3분 카레는 만들어 먹던 카레와 맛이 달라 금방 물렸다. 저녁은 남편이 닭백숙을 해준다고 하여 하림 토종닭을 사 오라고 했다. 윤명이 일찍 들어와 있어 남편이 요리한 닭백숙을 먹었다. 기름이 너무 많이 떠 있어 숟가락으로 많이 건져 내었다. 닭 다리를 먹고 나서 국물을 먹으려는데 갑자기 혈압이 오르는 것 같고, 느낌이 이상해서 도저히 먹을 수가 없어 수저를 놓고 손에 묻은 기름을 씻었다. 백숙에 들어간 황기, 녹용 등등의 한약재 때문인가 알 수 없다.

내가 아파서 다행이야

남편은 10시쯤 잔다고 서재로 갔는데 나는 11시까지 TV를 보았다. 아영이도 들어오지 않고 잠이 안 와서 뒤척이다가 무슨 소리가 나는 듯하기에 현관으로 갔지만 아무 기척이 없다가 엘리베이터가 서는 소리가 나더니 아영이가 들어왔다. 스튜디오 촬영 때문에 무척 피곤해 보이기에 얼른 자라고 하고 들어왔다. 스튜디오 촬영은 3시~8시까지 하고 영○이와 남친이 와서 도와주었다고 한다. 사진은 이쁘게 나왔다. 오늘 마더 테레사 축일이라 명○ 샘에 축하 카톡을 보냈다.

9월 6일(수)

6:30부터 남편은 청소하고 윤명이 뒤늦게 합류했다. 속이 괜찮으냐고 남편이 물어보니 엊저녁엔 그랬는데 지금은 괜찮다고 한다. 다행이다. 아무래도 너무 많은 닭기름 때문으로 추정된다. 아영이 경락받으러 간다고 외출하고 들어 왔다. 윤명이는 11:30쯤 과자를 들고 들어가기에 점심은 그걸로 해결하냐고 했더니 그렇다고 한다.

1:25 p.m.인데 윤명이 안 나오기에(2시까지 등교한다고 했음) 길에 지나가는 사람들을 보았더니 거의 다 우산을 쓰고 간다. 윤명이 자전거를 타고 갈 시간, 30분밖에 남지 않아 후드티와 우산을 챙겨가라고 재촉하여 내보냈다. 좀 여유 있게 다니면 내가 마음이 놓일 텐데…. 자전거 타다 사고 나서 아직도 완전하지 않은 팔을 떠올리면 이만저만 속상한 게 아니다.

오늘 아침 변을 보았는데 좀 좋아지려던 변 모양이 예전으로 돌아갔다. 내일 외래 진료하는 날인데 어떻게 될지 잘 모르겠다.

9월 7일(목)

6시에 일어나 7시에 집을 나섰다. 병원에 가서 채혈하고 감염내과 랑 혈액 내과에 접수했다. 남편이 카드를 계속 찍어도 안 된다. 간호 사가 병원 카드를 달라고 하여 건넸더니 두 군데 이상 예약되어 있 으면 카드 인식이 안 된다고 했다. 남편은 혈액 내과 대기실에 좀 앉 아 있다가 다니던 정신병원으로 갔다. 얼마 지나지 않아 혈압이랑 체중을 재고 있는데 간호사가 호출했다. 가보니 적혈구랑 혈소판 수 치가 너무 낮아서 힘들까 봐 수혈 접수를 먼저 하라고 불렀다며 쪽 지를 주어서 주사실에 가서 접수했다. 9:20 혈액 내과 진료를 보았 다. 호중구는 좀 올랐지만, 골수가 역할을 아직 못하는 것 같다며 수혈받고, 골수검사는 다음 진료 이후로 미루어야겠다고 한다. 수혈 받으러 가서 마침 침상이 나왔기에 누워 있었다. 아영이 민규가 12 시에 오기로 했다며 만나러 가고 나도 잠을 청했다.

12시 30분쯤 싸 가지고 온 빵과 우유를 먹고 누워 있다가 감염 내과 진찰 시간(1:20)이 가까워져 폴대를 몰고 아영, 민규와 대기실 로 갔다. 감염내과에서는 염증 반응이 없다며 입원하고 보자고 한 다. 다시 주사실 침대에 누웠다가 아영이에게 처방전 뽑아서 약 사 오라고 이르고 또 누웠다. 세 번째 팩, 두 번째 적혈구는 매우 빠르 게 떨어지더니 시간이 금방 지나갔다.

애들을 만나서 주차장으로 갔다. 집에 오는데 몸이 매우 좋지 않 다. 집에 와서 계속 잤다. 아영이 5시에 저녁을 차려주어 간신히 일 어났다가 또 7시까지 잤다. 남편이 온 소리가 나서 나왔더니 남편은 밥을 먹고, 윤명이는 때마침 들어와 저녁을 먹었다고 한다. 나는 얼

내가 아파서 다행이야

른 저녁을 먹었지만 계속 누워 있었더니 소화가 안 되었다. TV를 보다 방으로 들어왔다. 아영이는 아직 귀가 전이다. 아영이 민규한테도 저녁을 차려주고 6시쯤 집을 나갔던 터이다.

9월 8일(금)

어제 9시에 잤더니 오늘 5시에 눈이 떠졌다. 좀 더 누워있다가 6시에 일어났다. 다 같이 아침을 먹고 윤명이는 1시까지 학교에 간다며 12:35분에 나갔다. 아영이는 저녁 약속이 있다고 내가 저녁에 먹을 돼지고기 주물럭을 김치 냉장고에 넣고 나갔다.

민규 친척들이 모이는 자리에 가는 것이라고 한다. 빨간 원피스를 입고 갔다. 나는 오전에는 좀 쉬었다가 오후에 쉬지 못했다. 시간이 금방 갔다. 윤명이가 집에 와서 저녁을 먹었다. 남편은 임○○ 샘을 만나 저녁을 먹고 왔다. 임 선생님은 자식들을 모두 잘 키우고 돈도 많다고 한다.

남편은 다시 탁구를 치러갔다가 땀을 흘리고 10시 넘어 돌아왔다. 그사이 나는 늦게 귀가한 아영이랑 얘기하고 있다가 시간이 너무 늦은 바람에 자러 들어왔다. 오늘부터 규칙적인 생활을 하려고 했는데, 내일부터 해야지. 주말이지만 아란이 집에 오지 않았다. 학교에서 공부할 모양이다. 집에 오면 부족한 잠을 자야 한다며 교복이나 외출복을 입은 채로 잠을 자는 아란이. 학교에서는 잘하고 있겠지.

내가 왜 이러고 있는지…

● ● ●

9월 9일(토)

아영이, 친구 결혼식 있다고 오후에 나갔다가 밤늦게 들어왔다.

토마토를 먹으면 어떨까 하고 남편한테 사 오라고 해서 아영이 끓였다.

무엇 때문인지 속도 안 좋고 입맛도 떨어져 무얼 먹어도 맛이 없다. 호중구를 올려야 하는데 집안 공기는 무겁고, 나 때문에 다들 힘들어하니 내가 왜 이러고 있는지 모르겠다.

잠자리가 불편했던 남편이 침대에서 자기로 했다. 내가 신경 쓰여 자꾸 깬 모양이다. 내일이 휴일이라 조금 다행이다.

9월 10일(일)

아영이 등산 간다고 일찍 일어나 밥을 했다. 볶음밥을 하는 모양이라 케첩 들어간 것은 싫다고 말하는 순간 내 몫으로 벌써 케첩이 든 볶음밥이 완성되어 있다. 그냥 먹는다고 했는데, 아영이 다시 하느라, 도시락 싸느라 열받고 있다. 윤명이는 아침 점심도 안 먹고 늦은 오후 친구 만나러 나갔다. 아영이 해주는 밥에 익숙해 있다가 갑자기 남편이 점심과 저녁을 준비하려니 난감해졌다. 남편은 오전엔 아란이 노트북 가지러 아란이 학교에 다녀왔다. 아란 친구가 떨어뜨려 액정이 깨졌단다. 수리 맡기려고 가지러 간 것이다. 오다가 농수산물 시장에서 장을 봐왔다. 점심에 임연수 생선을 지졌는데 얇은 부분이 눌어붙고 간은 골고루 안 배고 이상했다. 저녁은 3분 짜장과 남은 임연수를 다시 요리하기로 하고 호일에 싸서 한다고 했다. 나는 참견하기 싫어서 상관하지 않았다. 역시 요리는 좀 이상하게 되었다.

주말이면 아영이 외출하고, 남편은 주말에도 쉴 새가 없다. 9 p.m. 미사를 간다고 했는데 표정이 좋지 않다. 주말에도 쉬지 못하여 다시 스트레스 지수가 올라갈 것이 뻔하다. 나는 사지가 멀쩡한데 배 속은 여기저기 쑤시고, 백혈구 때문에 걱정은 되고, 빨리 입원하고 싶지만 맘대로 될 리도 없고.

저녁상도 남편이 했다. 3분 짜장을 덥혀서 나누어 먹었다. 이상한 맛이라 억지로 조금 먹고 남겼다. 입맛이 왜 이런지 모르겠다. 우울해서 그런가?

백혈병 투병일기를 인터넷에서 좀 찾아보았다. 별로 눈에 띄는 내용은 없다. 기분만 더 착잡해졌다.

9월 11일(월)

아침에 남편 출근하고 나서 아란이 생일선물 검색하다가 슬림 백을 보고 아란이에게 보여줄까 하고 사진을 찍어 놓았다. 11시가 되어서 비가 부슬부슬 오는 가운데 아영이랑 차를 몰고 국민은행 곡선동 지점에 갔다. 집으로 와서 점심 먹고 잠깐 쉬었는데 할 일이 생각나면 도무지 누워있을 수가 없다. 오후에는 나의 별도 통장에서 보험금 모은 것 삼천만 원을 아영이에게 보냈다. 결혼·독립자금 오천만 원을 주고 나니 숙제를 한 것처럼 시원하다.

아란이에게도 엄마 생일선물 이십만 원과 용돈 오만 원을 이체해 주었다. 저녁에는 아영이가 특별요리로 고등어 추어탕을 해주었다. 먹을 때는 맛있었는데 마지막에 속이 울렁거리고 몸이 이상하다. 남편이 "기름기 많은 음식을 먹으면 안 되나 보다" 했다. 맞는 말인 거 같다.

어제 내가 코를 골아서 잠을 못 잤다며 남편이 다시 서재에서 잔다고 갔다. 배가 계속 아프고 부글거린다. 윤명이 1시까지 학교에 간다며 나가서 12시 못 되어 들어왔다. 윤명이 안 와서 잠을 못 자 나도 12시에 잤다.

9월 12일(화)

'장'이 점점 나빠지는 듯하다. 아프고, 소화 흡수도 안 되고, 다만 배설은 잘된다.

그럼 호중구가 오르지 않아 회복이 안 되는 건가?

아침은 야채죽, 점심 저녁은 호박죽을 조금 먹고 말았더니 잘 때 속이 좀 편해졌다. 윤명이는 9시까지 학교에 가고, 아영이는 그 후에 친구 만난다며 나가서 밤 12시에 들어왔다. 부천이라 오는 데 2시간 걸렸다고 한다.

윤명이는 저녁에 일찍 들어왔다. 어제는 빨래를 돌려서 널고, 오늘은 접어서 분배했다. 웹서핑도 하고. 어제는 서산 토지세 고지서가 오고 오늘은 자동차 환경개선 부담금 고지서가 왔다. 아란이 시험 기간이 학교 달력과 달라 학교 학부모 홈에서 찾아보아야겠다.

9월 13일(수)

오전에 그동안 미루어 두었던 것들을 인터넷 쇼핑으로 샀다. 가발을 사야 하나 망설이고 있는데 아영이가 오더니 그냥 사라면서 자기가 사드린다고 현금을 가지고 와서 내게 주었다. 당일 배송이라더니 가발은 오지 않았다.

아영이 스튜디오 촬영 사진 고르는 날이라고 외출했다.

혼자 한 외래

● ● ●

9월 14일(목)

병원 가는 날이다. 7시에 집을 나섰다. 남편이 병원 앞까지 태워주어서 오늘은 혼자 내렸다. 다른 때처럼 무인 수납기에서 번호를 뽑고 수납창구에 가서 결재하고 혈액 검사하는 곳에서 채혈했다.

BMT 센터에 가서 접수하고 좀 있었더니 예약 시간 9:27이 되었다.

혈액 검사 결과가 나오지 않아 10시가 되어서야 진료를 받을 수 있었다. 호중구는 그대로이고 혈소판, 적혈구는 약간 올랐다. 내가 아팠다고 했더니 약을 하나 추가해 주셨다. 수치는 낮지만, 너무 늦어지고 있으니 28일 골수검사하고 입원 신청을 해놓으라고 했다.

나와서 혈액검사실과 주사실에 접수했다. 영양제를 먼저 맞으라며 의자에 앉아서 히크만 헤파린을 채우고 한 개는 영양제와 폴대에 연결했다. 김○○ 교수님 진료받을 때 혈액은 3시에 올라온다고 했었다. 폴대를 끌고 19층에 올라가서 좀 앉아 있었다. 남편의 조언대로 지하 1층에 가서 야채죽을 사 먹었는데 쌀에서 이상한 냄새가 나고, 동치미 국물은 못 먹는 것이라 죽만 간신히 먹다가 말았다.

다시 19층에 갔는데 주사실에서 침대가 나왔다고 연락이 왔다. 침대에서 편안히 졸다가 2시에 혈소판이 왔다. 혈액원에 피가 모자란다고 한다.

가슴관 소독도 하고 1층으로 내려와 입·퇴원 창구에 접수도 했다. 처방전 뽑은 것으로 약을 사러 가려고 밖으로 나와 좀 걸었더니 몸이 너무 힘들어 돌아오고 말았다. 4시다. 남편이 올 때까지 19층에 있다가 연락이 와서 내려가 처방전을 건네주고 커피 냄새를 맡으며 기다리다가 택시 승강장으로 나갔다.

외국인 부부가 승강장에서 택시를 기다리다 예약 택시를 모두 타고 가버리는 바람에 짜증이 난 모양인데 안내하는 아저씨는 영어가 안 되는지 모른 척한다. 나도 오늘 택시로 집에 가려고 했었는데 그랬다간 애를 좀 먹을 뻔했다.

9월 15일(금)

아침 먹고 좀 있다가 아영이 외출한다고 했다. 윤명이 1시까지 학교 간다고 해서 그런지 설거지고 뭐고 주방이 난리가 난 채로 나갔다. 수상한 냄비가 있어 열어보니 곰팡이가 위에 덮이고 냄새가 나서 개수대에 넣어 두었다. 김치냉장고 앞 채소들도 냉장고 채소 칸에 옮겼다. 액자 택배가 와서 아영이 결혼사진을 끼우려 했더니 너무 작다. 할 수 없이 아란 어렸을 때 사진을 인쇄해서 끼웠다. 다시 또 사야 한다니. 전에 사두었던 액자가 가사실에서 행방불명된 것도 간신히 참고 있는데….

인터넷 뱅킹을 열어 스마트뱅킹을 깔았다. 하하. 편하다.

점심은 윤명이가 준비했다. 그런데 학교 갈 시간이 촉박하여 내 마음이 급했다. 윤명이는 5분 만에 밥을 먹고 자전거 타고 등교했다.

저녁 준비에 맞추어 아영이 돌아왔다. 이번 주말엔 시험 앞 주라서 아란이 오지 않고 내일과 모레 외출만 한다.

막내 생일

● ● ●

9월 16일(토)

아란이 치과 진료가 9:30이다. 치과 진료 마치고 오늘 길에 남편이 오늘 생일 케이크를 잘라야겠다고 톡을 보냈다.

아란이 생일날이 시험 시작일이라 그 전주에는 못 나오기 때문이다. 케이크에 촛불을 붙이고 생일 노래를 불렀다. 윤명이 화장실 간 사이에 초에 붙이는 바람에 윤명이는 생일 노래도 못 불러주었다.

아란이 10:10 a.m.에 나가야 한다기에 생일파티는 눈 깜짝할 사이에 끝나 버렸다. 남편이 아란이를 학교에 데려다주었다.

아란이 가지고 온 양말을 삶았다. 생각처럼 하얗게 되지는 않았다.

내일 주어야 하기에 얼른 말려야 해서 햇볕이 잘 드는 곳에 널었다. 너무 허술한 생일파티라 마음이 섭섭하다.

작아서 맞교환하기로 한 에어컨 실외기 커버가 도착해서 남편이 씌웠다. 마음이 놓인다. 에어컨에도 커버를 다 씌웠으니 이제 입원해도 될 것 같다.

9월 17일(일)

아란 아빠는 아란이 척추치료 11:00에 맞추어 나갔다. 아란이 양말과 속옷을 싸주었다. 아영이는 아침 식사 이후 외출했다가 저녁 때 들어왔다.

윤명이는 늦잠 자다가 일어났다. 나는 허송세월했다. 밥을 잘 먹었다. 내일은 토마토 주스를 해 먹어야겠다. 오전에 아영이 결혼사진 넣을 액자, 녹두, 백태(메주콩)를 신청했다. 인터넷 쇼핑으로. 아란 아빠 9시 미사를 잊지 않고 갔다.

가발 커트하러 가야 하는데 어디로 가야 할지 모르겠다. 내일은 어디든 가봐야겠다. 앞머리가 너무 부자연스럽다.

9월 18일(월)

아침 먹고 10:30에 예약한 '오다헤어'에 갔다 롯데마트 3층에 있는 미용실이다. 실내는 넓고 괜찮은데 원장님 혼자 머리를 하는지, 아침 일찍이라 그런지 일하는 사람이 카운터에 한 사람밖에 없다.

가발을 쓰고 가서 커트하고 드라이를 했다. 조심스럽게 잘라주는 마음씨가 마음에 들었다. 커트는 ₩18,000인데 가발이라 ₩23,000을 지급했다. 이제 미용실 갈 일이 없으니 흔쾌히 긁고 나왔다. 롯데마트에 아영이 보내서 멜론을 사고 나는 차에서 기다리다 태우고 왔다.

숙원사업은 해결되었고, 요양원 갈 일만 남았다. 내 차를 소독해야 하는데. 그리고 워셔액도 보충해야 하고.

아영이 점심을 차려주고 외출했다가 저녁 준비 시간에 맞추어 왔다. TV 보다가 저녁 산책을 또 미루고 말았다. 윤명이는 아침에 나가서 학교에서 공부하다가 늦게 온다고 했다.

9월 19일(화)

그럭저럭 하루가 갔다. 책을 좀 읽었다.

연금공단에 들어가 보았다.

9월 20일(수)

윤명이 감기 기운이 있다며 아침상에서 맥을 못 춘다. 벌써 수요일이다.

일주일이 이렇게 지나간다.

9월 21일(목)

병원에 가는 날이다.

6:50에 집을 나서자고 했는데 7시가 다 되었다. 차가 많아서 8시 넘어 병원 앞에 내렸다. 남편은 10분은 여유 있게 출근해야 한다며 조금 일찍 나오려는 것이었는데 아영이 집에 있었지만, 그냥 혼자 할 수 있다고 하고 병원에 왔다. 혈액 검사용 채혈을 하고 9:54까지 기다

렸다. 시간이 지났는데도 이름이 안 떠서 간호사에게 물어보려고 하는데 드디어 이름이 떴다. 호중구가 떨어져 360이다, 흑흑. 또 수혈을 받아야 한다. 3:30에 수혈이 끝나고 3층 의자에서 졸고 있었다. 힘들었다. 처방전을 뽑아 약을 사 왔다. 조달 약국은 생각보다 작았다.

5:30 남편이 연락해서 1층으로 내려왔다. 택시 승강장으로 갈 생각만 하고 걸어가는데 다가온 사람이 남편이다. 집에 와서 좀 누워 있었다. 강○○ 샘 택배 돌려주러 가려는데 힘이 없어서 그만두었다.

9월 22일(금)

그럭저럭 하루가 갔다.

9월 23일(토)

아란이 방 창문이 떨어져서 바람이 들어오고 있었다. 아란이 아빠보고 끼우라고 했더니 혼자 들기 힘들 정도로 무거웠다. 그 무거운 유리창이 어떻게 바닥으로 떨어졌는지 아무리 생각해도 이해가 가지 않는다.

아영이는 외출 후 밤늦게 왔고, 윤명이도 학교에서 공부한다며 12시 다 되어 왔나 보다.

아란 아빠는 아란이 학교에 가서 빨래를 가져왔다.

9월 24일(일)

부엌에 있는 설거지 그릇 물받이 쟁반이 바뀌었다. 원래 딱 맞는 쟁반으로 내가 받쳐 놓았는데, 온데간데없고 작은 쟁반으로 바뀌어

내가 아파서 다행이야

싱크대에 누런 때가 끼어있다. 건드릴 필요 없는 물받이인데 왜 바뀌어 있는지 이해가 안 간다.

새벽에 아란 아빠는 시골 가고 아영이는 친구 결혼식이랑 친구들 만난다고 아침 이후 나가고 윤명이는 12시에 깨웠더니 일어났다.

아란 아빠는 3시쯤 왔다가 아란이 빨래 가져다주러 갔다. 윤명이는 오후 5시가 되어 학교에 공부하러 간다며 나갔다.

9월 25일(월)

그럭저럭 보냈다.

9월 26일(화)

아영이 점심 약속 있다고 나갔다가 다시 들어와서 3시경 2박 3일 시댁 광주, 나주로 갔다. 아영이 아침 내내 음식을 만들었다.

윤명이는 9시 수업이라고 학교에 갔다.

나는 아영이 간 다음에 오후 내내 오이, 양파, 부추장아찌(설탕+식초+간장+물)를 만들다가 너무 힘들어서 쉬었다가 완성했다.

오늘 5:30 미모 모임이 있었다. 세븐데이즈에서 나는 싸 가지고 간 물과 우유를 먹고, 안젤라가 배고프다고….

9월 27일(수)

그럭저럭.

힘겹게 다녀온 골수검사

● ● ●

9월 28일(목)

골수검사.

병원에 갔다. 골수검사가 30분 이상 늦어졌다. 아팠다. 2시간 지혈하고 혈액 내과 진료가 너무 늦어져 진료받고 와서 다시 30분 더 지혈했다.

수치들이 약간씩 올라갔다. 혼자 병원에서 왔다 갔다 하려니 힘들었다. 혈액 내과 진료받으러 가려고 일어났는데 다리가 저려서 걸음이 안 걸렸다. 다리 마비됐는 줄 알고 깜짝 놀랐다. 그래도 다른 날보다는 일찍 끝났다.

온몸이 쑤신다.

9월 29일(금)

오전에 몸이 아파서 아침밥 먹고 좀 있다가 다시 잠들었다.

아란이 한 시 지나서 집에 왔다. 아영이는 은행 간다고 나가더니 3시간도 더 지나서 들어왔다. 아란이 지갑이 없다고 한참 찾다가 모교 방문한 남수원중에 놓고 왔나보다 하며 나가더니 찾았다는 연락이 왔다. 노래방 다녀온다고 한다. 윤명이는 아침 먹고 점심 굶고 1시까지 간다며 12:30 자전거 타고 등교했다.

내가 아파서 다행이야

9월 30일(토)

아영이 점심 먹고 도서관 간다며 나갔다가 저녁 8시 들어왔다. 아란이 거의 온종일 잠만 잔다. 윤명이는 학교에 갔다.

저녁은 남편이 준비했다. 배에서 계속 물 내려가는 소리가 나면서 소화가 안 된다. 남편이 밤에 안방 침대에서 잤다. 오전에 커피 한잔을 먹어서인지, 남편이 옆에 있어서인지 잠이 안 와서 거실에 나와서 자다가 불편해서 다시 들어와 3시 넘어 잠들었다.

윤명이는 한 시(새벽)에 왔다. 핸드폰에 삼성 notes 기능을 사용해 보았다. 단순하지만 재미있다. 노트8을 사고 싶다.

4장

힘겨운
마지막 싸움

엄마 사랑해요

갑자기 3차 입원

●●●

10월 1일(일)

민규가 11시에 한우 세트를 들고 왔다. 오늘 요양원에 인사를 가기로 한 날이다. 아란이 가져갈 옷도 챙겨야 하고 할 일이 이것저것 있는데 오전에 병원에서 입원하라는 연락이 왔다. 할 수 없이 모든 것을 놓고 샤워하고 입원 준비물을 챙겼다. 2시경에 가족이 모두 돌아왔다. 꼼꼼히 챙긴다고 하였는데 병원에 와보니 물휴지, 뽑는 비닐봉지, 체온계를 빠뜨렸다. 가슴관에 수액을 연결하니 죄수가 된 기분이 이런 건가?

그래도 누우면 하늘이 보여 마치 호텔 느낌이다.

그 지겹던 병원 밥으로 저녁을 먹었다. 입맛이 돌아와 있어서 그런지 먹을 만하다. 간호사가 호중구가 860으로 너무 낮으니 마스크를 꼭 쓰라고 한다. 내게는 그나마 퇴원 후 최고의 수치이거늘. 여기는 18층 112호. TV도 없고 책도 없다.

10월 2일(월)

항암제 1일.

병원에 오니 자꾸 깨워서 푹 자기는 어렵다. 새벽에도 낮에도.

김○○ 교수님이 회진 왔다. 항암 잘하라고 하신다. 그런데 호중구가 300이다. 간호사에게 이렇게 낮아도 항암제 투여할 수 있느냐고 물었더니 한번 알아본다고 한다. 점심 먹고 설사가 났다. 속이 부글

내가 아파서 다행이야

거리더니. 그래도 집에서는 설사라고는 한 번도 안 했는데….

아란이 11:00 척추 치료받고 14:00 치과로 갔다. 남편은 인하대팀과 혜화에서 점심 먹고 4:00 p.m. 병원으로 왔다.

항암 치료가 시작되었다. 잉크처럼 파란 항암제를 30분 맞고, 이어서 3시간용 항암제를 맞았다. 소변 색이 푸르게 변했다. 낮에 설사를 좀 해서 저녁은 스테이크를 반만 먹었다.

10월 3일(화)

새벽에 항암제를 놓으러 간호사가 왔다. 5시쯤 혈액 채취하러 남자 간호사(?)가 다녀가고 체중도 쟀다. 그런데 신기하게 아침에 키를 재면 163.1cm가 나와서 오후와 2cm나 차이가 난다. 간호사도 너무 차이 난다고 이상하다고 한다.

똑바로 누워 자다 보면 내가 코를 고는 소리가 나는 듯해서 옆으로 고쳐 눕곤 한다. 그러다 보니 잠자는 것도 좀 힘들다.

11시쯤 남편이 와서 6:30 p.m. 돌아갔다. 『오늘도 휘게』 책을 사와서 읽었다. 오후에 파란 항암제를 맞고, 혈소판 수치가 낮아서 혈소판도 맞았다.

투명한 색 항암제는 다시 새벽에 맞는다고 한다. 설사도, 옆구리 배 아픈 것도 재발하지 않아서 다행이다.

그런데 밥이 점점 먹기 싫어진다.

내일이 추석이건만.

10월 4일(수)

수액을 맞아서 몸이 팅팅 부었다. 이뇨제를 맞아도 새벽 몸무게 64.7kg이다.

7:30 아침을 먹었다. 토란국이 먹을 만하다.

11시쯤 남편이 왔다. 아침 일찍 큰집에 아이들 데리고 갔다가 온 것이다. 민규는 제일 먼저 큰집에 도착했다고 한다. 이번엔 송편도 사고 전만 부쳤다는데 종명이가 일을 제일 많이 했나 보다. 큰집에 전날 가서 자고 일찍 일어나는 것도 힘들었는데 이제는 그런 시간도 그립다. 비록 최근엔 전날 갔다 와서 집에서 자고 명절날 일찍 가기도 했지만.

큰오빠와 승면, 둘째 오빠와 재면이는 산소에 가고, 엄마는 어제 두 오빠가 모시고 광교산 산책으로 끝냈다고 한다. 큰오빠네 하루 모신다고 하는 것도 싫다고 하시고, 내가 있을 자리에 없으니 모두 심란해하신다.

아이들은 병원에서 모두 먼저 보내고 남편만 남았다. 새벽부터 일어나 그런지 계속 잠만 잤다. 배가 안 고프다며 3시 너머 편의점 도시락을 먹고 오더니, 오후에도 좀 잤다. 그리고 저녁에 갔다.

나는 이틀째 변을 못 보아서 더부룩하다. 하늘이 보여서 좋은 자리이기는 한데 낮에는 좀 뜨겁다.

10월 5일(목)

항암 4일.

아직도 18층에서 못 올라갔다. 아침 먹고 샤워를 했다. 소독이 언

내가 아파서 다행이야

제 올지 몰라서 머리 감고, 어깨 아랫부분만 간단히 샤워했다. 오늘부터는 푸른색 항암제는 안 맞는다. 오전에 남편이 왔다. 변도 약간 보았다.

밥 먹는 게 점점 힘들어지더니 저녁에는 구토 증세가 있었다. 괜찮겠지. 추석이라 미모 회원들은 놀러 갔다. 사진도 보내오고….

김○○ 샘은 친정에 갔다고 한다. 나에겐 친정이 없는데.

10월 6일(금)

대변 완화제를 먹어서 오후에 순조롭게 보았다. 오늘은 남편이 오지 않도록 했다. 집에 있으면 할 일들이 있을 텐데, 여기서 같이 시간을 죽이는 게 좀 안되기도 했고. 닳아진 타이어를 72만 원 주고 갈았다고 한다. 그새 잊고 있었는데 안심된다. 아이들은 나름 생활을 하는 것 같은데 청소년인 아란이가 아직 자리를 못 잡았다. 저녁 4시나 되어서 도서관에 갔다가 휴관이라 카페에 갔다고 하니, 공부 계획이 있었던 거 같은데 좀 걱정이 된다.

오늘은 6시에 일어나 복도를 3바퀴 돌고, 아침 먹고 돌고, 점심에는 5바퀴 돌았다. 원래 아팠던 오른쪽 정강이가 계속 아프긴 하다. 그래도 아직 항암 부작용 증세는 크게 나타나지 않고 있다. 몸이 붓는다고 이뇨제를 계속 맞는다. 밥 먹기는 싫지만, 점심에 한 가지 음식을 집중적으로 먹는 방법이 좀 효과를 보았다.

10월 7일(토)

새벽에 6일째 항암제 주사를 맞고 드디어 항암제 투약이 끝났다. 조절기를 철수하고 나니 기분이 개운하다. 허리도 아프고 TV도 없고 책도 다 읽었고 아침이 차질 없이 흘러가고 있는데, 마침 19층으로 이실한다는 소식을 간호사가 알려왔다. 11시쯤이면 갈 거라고 해서 남편에게 득달같이 톡을 날렸다. 남편더러 오늘 오지 말라고 해놓고, 혼자 짐은 꾸릴 생각을 하니 약간 심란하긴 하다. 물론 어려운 일은 아니지만, 10:30 p.m. 되자 남편이 도착했다. 그리고 3시쯤되어 드디어 19층 212호실로 이사 왔다.

전에 입원했던 203호의 반대편이다. 남편은 1층 원무과에 들러서 집에 가기로 했다. 괜히 섭섭하다. 212호로 왔더니 전에 입원했던 앞 침대 언니 부부가 있었다. 이제 촉진제를 맞고 있으며 2주 전 입원했다고 한다. 1번 침대 환우는 골수성으로 재발 환자인데 본인은 운동을 너무 많이 한 것이 원인이 아닌가 한다고… 이번엔 아들 것을 하려다가 보험이 안 된다고 하여 제대혈 이식을 하기로 했다고 한다. 2번 침대 환우는 젊은 엄마라 아이가 8세, 7세인데 초등 4학년 아들 것을 이식받을 예정이라고 한다. 맞는 타인 공여자를 못 찾아서다. 5번 환우는 인사를 못 나누어 아직 모르겠다.

무균실에 들어왔으니 안심이다. 안정감도 들고, 기도도 많이 해야겠다. 2번 환우는 골수이형성증후군에서 골수성 백혈병으로 전이된 경우라서 수치는 '0'인데 입원 치료를 받는다고 하며 백혈구 수혈도 받았으나 그때뿐이라 그만두었다고 했다. 매우 다양한 경우가 많으니 짧은 의학지식으로 재단하지 말고, 전문가 샘께 맡겨야 한다는

내가 아파서 다행이야

결론이다. 저녁 식사는 메슥거렸지만, 적정선(반 먹기)은 지켰다. 오늘은 아란이 늦게나마 도서관 가고 윤명이는 어제 학교 근처 동기 집에서 자고 나서 학교 가고, 아영이는 짐을 쌌다.

10월 8일(일)

어젯밤에는 뜬눈으로 새워 아침이 되니 머리가 어질어질하다. 3번 침대 아기 엄마가 폐렴으로 계속 기침하는 것도 있었지만 잠자리가 바뀐 데다 등이 끈적끈적하고 머리는 가렵고 최악의 상태가 나를 불면으로 몰아갔다. 계속 뒤척이다가 새벽에 일어나자마자 간호사실에 부탁해 환자복을 한 벌 얻어다 놓고 샤워를 했다. 머리를 감고 물을 뒤집어쓰니 그나마 개운한데, 머리가 너무 어지러워서 주저앉고 말았다. 잠 못 잔 것까지는 상관없는데 혈액 상태가 내려갔을까 봐 또 걱정된다. 아침은 육개장을 떠먹고 복도를 좀 돌았다.

혈액 검사 결과표를 받아 보니 드디어 호중구는 '0'이 되었고, 혈색소는 14,000으로 떨어졌다. 이제부터 호중구와의 사투가 시작되나 보다.

일기장과 책이 아직 반입이 안 되어 TV와 복도 돌기밖에는 낙이 없다.

11:30 a.m. 오전 면회 시간에 아영이와 민규가 왔다. 아영이 병실로 들어와서 내일 호주 가는 일에 관해 얘기했다. 민규는 잠깐 인터폰하고 밖에 앉아 있다.

어느새 면회 시간이 훌쩍 흘러가서 아이들을 보냈다. 애들이 멀리 다녀올 생각을 하니 측은하다. 점심은 닭죽을 먹었다.

김○○ 교장이 내일 오겠다고 한다. 윤명이는 오늘도 학교 앞 동기의 원룸에서 외박, 아란이는 경복궁에 가서 신○○과 한복을 입고 놀았다. 사진을 보내왔는데 우리 애가 어찌나 이쁜지….

아영 출국

•••

10월 9일(월)

아영이와 민규가 출국하는 날이라 그런지 아침부터 심란하다. 아침 입맛이 괜찮아서 미역국이랑 먹었다. 그런데 화장실에 다녀왔는

내가 아파서 다행이야

데도 속이 계속 불편하다. 결국 화장실에 다시 가서 설사했다. 그래도 아직 초기라 좀 참아보기로 했다. 남편은 아영이를 공항에 데려다주고 점심을 먹이고, 아란이 캐리어 가방을 학교에 실어다 놓는 코스다. 아이들이 막상 간다고 하니 마음이 허전하다.

남편이 공항의 아이들 사진을 여러 장 보내주어서 마음을 달랬다. 점심은 내가 좋아하는 볶음밥과 짜장 소스, 탕수육이 나왔지만 설사 증세 때문에 먹을 수가 없어서 수저를 드는 둥 마는 둥 했다.

11:30 면회 시간에 김○○ 카타리나 교장 선생님이 들어왔다. 다른 스타일의 옷이다. 마스크를 써서 금방 못 알아보았다. 학교생활도 여유 있고 성당 분과장을 맡아서 활동하고, 이제 퇴직만 바라보고 있으면 된다. 전에 같이 성가대 활동하던 얘기들을 나누었다. 나도 작은 공동체에서 성당을 다녔으면 하는 바람이 있다.

아이들이 광저우에 도착해서 보이스톡을 했는데 품질이 안 좋아서 제대로 못 받았다. 이불 속에서 받은 탓도 있고.

밤이 왔는데 갑자기 온몸이 떨려온다. 시트를 한 장 더 부탁했는데 더욱 떨린다. 다시 한 장을 더 덮었다. 간호사들이 핫팩을 하도 권해서 핫팩도 했다. 머리와 배가 계속 아프고 그냥 넘어갈 것 같지 않아서 큰 걱정을 했다. 이번 3차 치료가 무서워졌다. 결핵환자 기침 소리를 들으며 고통 속에 시트를 머리끝까지 뒤집어썼다.

10월 10일(화)

아침엔 내게 무슨 사달이 나 있을 줄 알았지만, 밤의 어둠을 지나면서 평화를 주셨다. 열이 내리고 진정이 되어있는 것이다. 뱃속이 좀 거북하긴 하지만 어쩔 수 없다.

가족 톡으로 이영이 호주 잘 도착했다고 알려왔다.

종일 설사가 나고 배가 아프다. 변 검사에서 설사 유발 균이 발견되었다고 한다.

물 같은 변이 나와서 점심과 저녁은 거의 굶었다. 그래도 균을 잡으면 나을 희망이 있다. 저녁 면회 시간에 남편이 웃었다. 요즘 식구들이 모두 흩어져 다른 곳에서 잔다는 말에 공감이 갔다. 자식들이 크면 모두 밖으로 나가는 거야 인지상정이지만 나까지 장기 입원하는 병에 걸렸으니 말해 무엇하랴.

남편은 귀마개와 좌욕 대야를 가져왔다. 내일은 요양원에 계신 엄마 면회하기로 했단다.

10월 11일(수)

어젯밤엔 2번 침대 환우가 기침도 많이 하고, 나는 설사와 장 통증 때문에 숙면을 못 했다. 2~3시간에 한 번씩 화장실을 다녀오니 잠을 잔 것 같지 않은데 새벽이 오고 아침이 되었다. 역시 설사는 여전하지만, 아침밥은 먹었다.

212호 샤워하는 날이라 샤워를 하고 히크만 카테터 소득도 했다.

3번 침대 아기 엄마가 울었다. 골수검사 결과 암세포가 5% 이하로 떨어지지 않은 모양이다. 앉아서 울고, 전화하면서 울고…. 정이 많아서 조○○ 환자를 항상 챙기는 착한 사람인데 감성도 풍부하다.

10월 12일(목)

4시쯤 잠이 깼다. 더는 잠이 오지 않고, 머리와 배가 아프다. 설사에 대해서는 먹는 약과 항생제를 같이 쓰고 있다. 그래서 설사가 나오지는 않지만, 언젠가 설사를 할 것 같은 상태가 계속되고 있다.

아침 식사는 미역국만 먹고, 점심은 흰죽을 시켜서 반 이상 먹고, 저녁과 내일, 모레 이틀간은 금식하기로 했다. 오전에 이발 봉사하는 분들이 와서 머리를 밀었다. 그리고 병실로 들어왔더니, 호중구 낮은 사람은 이발 안 하는 것으로 규정이 바뀌었단다. 혹시 상처 날 위험성 때문이다. 나는 머리가 많이 자라서 이제나저제나 목요일만 기다려왔던 터라, 오히려 잘됐다 싶었다. 옆에 조○○ 할머니는 기운이 없어 계속 금식하면서 누워서 소변줄과 기저귀로 대소변을 해결했는데 드디어 오늘은 기운을 차렸다. 그리고 2시에 18층에 이실해서 치료를 마치고 퇴원할 예정이다. 호중구가 높으니까.

그리고 2번 아기 엄마도 18층으로 내려갔다가 퇴원하고 다시 항암을 시작해야 한다고 했다.

금식을 해도 장이 계속 아파서 진통제를 맞고 잤더니 좀 괜찮아졌다. 새로운 환자가 3번 침대로 왔다.

10월 13일(금)

촉진제 시작.

2번 침대 환자가 기침을 심하게 해서 또 잠을 설쳤다. 호중구가 낮아서 폐렴 기침이 낫지 않는가 보다. 아침이 되어 움직였더니 장의 통증이 좀 있었다.

오늘은 흰죽을 먹기로 했다. 흰죽에서는 특유의 냄새가 난다. 입 덧할 때의 역겨운 냄새 비슷한 것이다

4시에 향○이와 인○이가 면회 왔다. 아이들이 무척 생생해 보인다. 인○이는 무슨 좋은 일이 있는 거 같다. 계속 싱글벙글한다.

용변을 못 봤다. 지사제는 이제 안 맞기로 했다.

염○○(27) 씨도 급성골수성 백혈병으로 3차 치료를 위해 입원했단다. 워낙 튼튼하고 젊어서 집에 있는 동안 여행도 많이 다니고, 제주도까지 다녀왔단다. 호중구가 6~7천이니 가능한 일이다. 담당 주치의 민○○ 교수님은 음식도 자유로이 먹고 활동에도 제약을 두지 않는다고 했다.

10월 14일(토)

새벽에 잠을 깼다. 지난밤에도 기침 소리에 잠을 설쳤다. 배는 이제 안정을 찾은 듯하다. 밖으로 나와서 복도를 몇 바퀴 돌았다. 기침 소리를 계속 듣고 있자니 노이로제에 걸릴 것 같다. 세끼를 모두 밥으로 신청했다. 입맛은 없는데 식욕은 있다. 11:30 면회에 남편이 들어왔다. 집에 식구들이 없어 좀 안됐다. 점심에는 멸균 선택식으로 비빔밥이 나왔다. 나는 그냥 멸균 밥을 먹었다.

10월 15일(일)

5시 30분경 잠을 깼다. 어젯밤 임○ 씨가 기침이 훨씬 잦아들어 모처럼 잠을 좀 잔 것이다. 잠을 잤더니 얼굴도 좀 좋아진 듯하다. 복도로 나와서 20분간 돌았다. 장운동 촉진을 위해서. 그랬더니 다

행히 효과가 있어 곧바로 용변을 해결했다. 시작이 좋은 날이다.

② 임○(38)	① 양○○(55)	화장실
③ 염○○(27)	④ 나	⑤ 황○○(41)

유리창 (왼쪽)
복도 (오른쪽)

오한과 힘겨운 겨루기

● ● ●

10월 16일(월)

오후에 이가 딱딱 부딪히면서 오한이 왔다. 이불(시트)을 하나 더 덮고 상의를 겹쳐 입고 핫팩 2개를 이불속에 넣었지만, 소용이 없었다. 간호사가 진통제를 가져왔다. 얼마의 시간이 지나자 떨림이 가라앉았다. 그러나 얼마 지나지 않아 같은 현상이 반복되었다.

저녁 식사가 나왔다가 치워졌다. 아침 식사인지 저녁 식사인지 분간이 가지 않았다. 눈을 떠보니 식판이 있었고, 치워져 있다.

10월 17일(화)

아침이 되어 좀 진정되는가 싶었는데 정상 체온은 아니다. 38.8℃ 그래도 다행이다 싶었는데 다시 이가 덜덜 떨리고 온몸에 힘을 주고 참았다. 하지만 오한은 아무 소용 없이 찾아들었다. 다시 이불과 양말, 목에 두를 손수건, 핫팩, 진통제를 동원해서 열을 내렸다. 하지만 증세는 다시 시작되고 4~5회 반복되었다. 나는 심신 상실 상태로 누워서 아침인지 저녁인지 분간을 못 할 지경이 되었다. 하지만 어떤 일에도 끝은 있는 법인지 이번에는 3시간 넘게 식은땀이 줄줄 흘렀다. 수건으로 닦아도 멈출 줄 모르는 땀.

그래도 식사가 나오면 몇 숟가락씩 먹었다. 신체의 기능이 정상적으로 작동해야 한다는 일념으로.

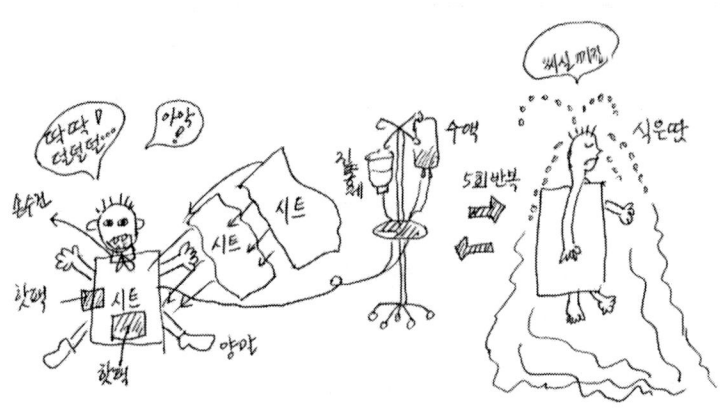

오한으로 고생하는 모습을 직접 그림으로 남김

10월 18일(수)

장과 폐의 CT를 찍었다. 상의 한 겹 더 입고 양말과 모자 쓰고,

내가 아파서 다행이야

마스크 2개 하고 준비를 하고 있다가 그 후에 도와주는 분에 의해 휠체어를 타고 2층으로 내려갔다. 준비는 좀 복잡하지만 찍는 시간은 아주 짧았다.

폐렴에는 걸린 적이 없는데 지난번 폐렴 환자가 종일 기침을 하는 바람에 감염된 것이 분명하다. 그 환자는 가면서 전에도 입원하는 날부터 퇴원하는 날까지 기침을 했다며 떠나갔다. 감염의 두려움과 내내 불면의 밤을 보내느라 심신이 녹초가 된 내게 아무런 미안함의 표시도 없다.

사람은 자기의 아픔 외에 다른 사람의 고통을 둘러볼 여유는 없나 보다. 장이 아파서 진통제를 맞고 견뎠다. 폐렴 환자가 퇴원하여 이제 평화로운 입원 생활을 하려나 싶었는데 그동안 피로가 누적된 데다 CT 촬영 때문에 점심도 굶고, 조영제 맞을 바늘 꽂을 자리를 찾느라 여러 번 찌르고, 19층과 2층은 오가다 보니 없던 병도 생기게 되었다. 아무래도 몸살이 난 것 같은데 온갖 약물과 얼음팩으로 버텼다.

다행히 어제와 같은 무서운 발작은 다시 일어나지 않았지만 꼼짝하기 힘들어졌다.

10월 19일(목)

머리 아픔.

수액과 식사 중 선택을 해야 할 기로에서 식사를 선택했다. 병원에서는 억지로 먹지 말고 수액을 맞으라고 하지만 그럴 순 없었다.

장염과 폐렴균이 모두 검출되어 항생제에 포함했다.

오늘 샤워하는 날인데 무슨 일인지 머리도 아프고 열은 자꾸 오르려 하고 조마조마하다. 샤워도 미루고 누워있었다. 너무 누워만 있으면 그나마 조금 먹은 식사 때문에 속이 거북하여 조금씩이라도 앉아 있으려고 노력했다.

간호사의 권유대로 진통제를 먹고 누웠더니 그래도 개운하다. 대체 약을 얼마나 먹어야 이 모든 증세를 가라앉힐 수 있다는 건지.

휴게실에 나가 잠깐 앉아 있었더니 몸이 까부라지고 비몽사몽이 되었다. 다시 방에 들어와 누웠다. 내일은 정상 상태를 찾을 수 있을는지 모르겠다. 오늘 샤워를 하지 않은 것도 그 노력의 하나였다. 입맛이 너무 없어서 저녁은 아주 조금밖에 못 먹었다.

10월 20일(금)

새벽에 일어나니 오늘은 여러 증세가 수그러들 것 같은 기분이 들었지만, 시간이 지나니 역시나 맥이 풀리고, 머리가 아프고 미열이 났다. 운동은 조금만 하고 밥을 억지로 뜨고 누워 있는데 남편이 면회 왔다. 조퇴 달고 출장 달고 나왔다고 한다. 수석 모임에서 정선에 가는 날이라고 한다. 남편 차로 3명을 태우고 간단다. 단풍 구경도 하고 좋겠다.

오후가 되니 그럭저럭 나아졌다. 입맛은 계속 없어서 억지로 1/4 정도 먹었다. 호중구만 올라가면 퇴원 가능한 3주 정도가 지났지만 요지부동이다. 이번에는 좀 더 빨리 퇴원할 수 있으리라 믿어본다.

10월 21일(토)

어젯밤 잠자리에 들 때는 문제가 없었는데 밤새 잠을 뒤척였다. 화장실 가고…. 갑자기 추워서 콜 벨을 눌러 시트를 한 장 더 덮었지만 그래도 춥다. 덮개는 1겹 깔개는 2겹이라는 것을 처음 알았다. 코도 마르고 입안은 더 말라서 쩍쩍 붙어 버렸다. 간신히 아침까지 참았다. 다행히 열은 높지 않고 37.4℃ 정도.

머리가 무겁고 온몸도 무겁고, 모든 의욕이 상실되는 컨디션이라고 해야 하나?

자꾸 진통제를 맞기도 애매하고 늪에 빠진 기분.

아침에 많은 양의 변을 보았다. 배 아픈 건 분명 설사 배인데 나온 것은 완전히 물 변은 아니다. 섭취한 것보다 더 많은 양의 변…. 도대체 흡수되기는 하는 건지.

식욕과 의욕이 없어 아침은 거의 못 먹었다. 몸무게가 늘었다고 (64kg) 이뇨제를 맞았다. 먹은 것도 별로 없는데. 남편이 오늘 온다. 아란이 집에서 처음으로 하룻밤을 혼자 잤다. 나는 중학교 시절 금호동 이층집에서 혼자 잔 적 있다. 우리 식구 아무도 기억 못 할 것이다. 내가 그때 무슨 마음으로 잤는지. 아란이 혼자 잤다니 가여운 생각이 든다. 윤명이는 시험공부 한다고 정신이 없어 집과 동기의 자취방을 오가는 상태다.

아영이는 잘 지낸다고 톡을 보냈다. 남편이 밤늦게 도착하여 집에 갔나 보다.

아란이는 숙제하고, 빨래는 뒷전일 텐데 챙겨줄 사람이 없어 큰일이다.

10월 22일(일)

어젯밤에도 잠자리에 드니 슬슬 추워서 상의를 하나 더 껴입고 이불을 여몄다. 간신히 잠들었지만, 화장실에 가려고 눈을 뜨니 겨우 밤 11시다.

그제 밤과 다른 건 콧물이 좀 많아져 뒤로 자꾸 넘어간다는 거다.

숨 쉬면 늑골도 아프고 코 풀면 피가 약간씩 묻어나온다. 이건 전형적인 폐렴 증세인 거 같다. 새로운 균이 나왔다고 한다.

폐렴균과 다제내성균

●　●　●

10월 23일(월)

어젯밤에도 열이 나다가 낮에도 다 내려가지 않았다.

또 새로운 균이 발견되었다고 1인실(207호)로 옮기라고 한다. 다제내성균, 인터넷에 찾아보니 어떤 약도 듣지 않는 내성이 생긴 균이라고 한다. 짐을 싸려는데 아무도 도와주지 않아서 그냥 누워 있었다. 남편이 올 시간이 다 되었기 때문이다. 남편이 와서 짐을 마저 싸고 옮겨주었다. 좋은 일로 옮기는 게 아니라서 기운이 나지 않았다.

방은 경치가 좋다. 두 면이 다 창으로 되어있다. 짐 정리를 하다 보니 시간이 다 되어 남편은 돌아갔다. 밤에 입이 마르고 열이 나는 건 여전했다. 갑자기 구토가 나왔다. 별로 토한 건 없지만 몸이 역겹다. 폐와 장 CT를 또 찍었다.

10월 24일(화)

아침에 또 구토했다. 노란 쓴 물이 올라왔다. 진토제를 맞았다.

아침 식사를 빵으로 시켜 수프 한 숟가락과 과일 통조림을 먹었다. 변도 조금 보았다.

오늘 이식 대상 보호자 교육이 있는 날이라 남편이 병원으로 왔다. 예정 시간은 1:30 p.m.인데 빨리 와줄 수 없냐고 해서 10분 일찍 와달라고 연락했었다. 나는 방 밖으로 나갈 수 없게 되었다. 그래서 남편 얼굴도 못 보고, 남편은 중간 정산을 한 모양이다. 그리고 정신병원 들렀다가 용산에서 복○○ 교수 만나기로 했단다.

밤에 열이 많이 오르지 않아서 좀 으슬으슬 하지만 그냥 잤다.

10월 25일(수)

어젯밤 열이 많이 오르지 않아 기대했지만, 낮에도 정상 체온으로 돌아오지 않는다. 감염내과에서 와서 폐렴균(곰팡이균)은 2주 정도 걸리고, 다제내성균은 두고 봐야 한다고 했다. 항암 요법 때문에 내 몸이 온갖 세균의 놀이터가 되었고, 균을 잡기 위해 계속 항생제와 진균제를 바꿔가며 사용하다 보니 이런 결과가 생기는 거다. 하지만 현재로선 이 외의 다른 대안이 없는 거 같다. 긍정적으로 생각하기는 너무 어렵고, 그냥 아무 생각도 안 하는 게 상책이다.

점심때 미음을 먹었다. 다행히 구토는 나지 않았다.

저녁을 신청 안 하고 저녁 약을 막 먹었는데 저녁 미음이 들어왔다. 미음 뚜껑을 막 열었는데 구토가 나서 콜 벨을 눌러 약을 먹고 진정시켰다. 한참 있다가 미음을 조금 먹었다.

　저녁 면회 시간에 남편이 앞치마를 입고 들어왔다. 마침 열이 나고 있어서 힘없이 누워 있었다. 오늘은 일찍부터 열이 나서 잘 잘 수 있을지 모르겠다. 내일은 윤명이 시험이 끝나는 날이라고 온다고 한다.

　몸무게 늘어나서 이뇨제 맞았다.

환영 현상

● ● ●

10월 26일(목)

　미열은 그대로. 새벽에 화장실 가려고 일어났는데 갑자기 방안에 연기가 피어올라 배전판 있는 쪽이 하얗게 덮였다. 깜짝 놀라서 콜 벨을 눌러 불났다고 외쳤더니 간호사 3명이 달려왔다. 그사이에 연기는 사라지고 없었다. 고용량 항바이러스제가 들어가서 그렇다고 한다.

　놀란 가슴을 쓸어내리고, 간호사의 권유에 따라 입구 쪽 불을 켜고 자보려 하였으나 쉽사리 잠이 들지 않았다.

　아침에도 열은 떨어지지 않았지만, 기분은 썩 나쁜 상태는 아니다.

　오전에 민○○ 교수님이 회진했다. 알아들을 수 없는 말을 주고받더니 가셨다.

면역 증강제를 추가하라는 내용인 것 같다. 간호사가 말하기를 그것은 열을 내리는 효과가 있다고 한다.

이발 봉사가 있다고 했지만 나는 나갈 수도 없고, 머리는 계속 빠지고 있다. 눈을 감으면 이상한 그림들이 떠다닌다. 시각에 영향을 주는 항바이러스제 때문이다. 밤에 가래 뱉느라고 쓰레기봉투가 가득 찼다. 간호사에게 폐렴이 피크인 것 같다고 했더니 금방 좋아질 거라고 한다.

10월 27일(금)

종일 열이 떨어지지 않는 날이다. 세끼를 미음으로 시켰다. 나의 위장, 대장 점막을 생각해서. 하지만 너무 맛이 없다.

김○○ 교수님이 회진하면서 매번 열 때문에 고생한다고 했다. 내가 1차 공고 때 그랬나 싶어서 기록을 보니 20일가량 고통을 받았다. 그래서 공여자 수혈도 했고. 갑자기 그때의 공포가 떠오른다. 감염내과 젊은 여의사는 지금이 폐렴 피크라고 말했다. 내가 했던 말과 똑같이…. 폐렴은 많은 환자가 겪는 일이라 시간이 지나면 해결될 것이다. 다제내성균도 보이지 않는다고 했다. 그러나 좀 지켜보아야 할 것 같다. 매일 혈액 검사를 하고 있으니 무소식이 희소식이다.

아무래도 금방 다인실로 옮기지는 못할 것 같다. 이제 이곳의 장점에 익숙해졌다. 화장실도 마음대로 가고 헤드폰 없이도 TV를 볼 수 있다. 넓찍한 공간과 시원한 경관 등 다시 다인실로 가게 되면 또 적응해야 한다.

낮에 체온이 내려 컨디션은 괜찮았다. 피부 건조증 때문에 큰일이다. 집이라야 시원하게 밀고 속 편하게 있을 텐데, 피부가 벗겨져 앞으로 어떻게 될지 모르겠다. 저녁에 화장실 가려고 침대 머리 쪽을 내리는 도중 갑자기 폴대가 걸려 쓰러지고 있었다. 깜짝 놀라 일단 폴대를 잡았는데 다행히 바닥에 닿기 직전이었다. 폴대가 쓰러지는 순간 나의 장기인 '큰 비명' 소리를 듣고 간호사들이 달려왔다.

간호사들은 머리 다칠까 봐 전전긍긍이지만, 나는 폴대가 쓰러져 유리병이 산산조각이 나지 않은 것이 천만다행.

10월 28일(토)

방을 옮긴 지 여섯째 날이다. 어제 맞은 면역 증강제 탓에 밤부터 열이 오르지 않고 정상이라, 몸이 개운하다. 토요일이라 아린이 치과에 데려다주고 남편이 오전 면회 시간에 왔다. 치과 교정 치료가 이제 끝나나 했더니 또 충치가 생겨 28만 원 정도 비용의 금으로 때우게 되었다고 한다. 속상하다.

오늘은 세끼를 흰죽으로 먹고 내일부터 일반 무균식을 먹으려 했는데, 흰죽을 내일까지 더 먹기로 했다. 지난 CT 촬영에서 장염 소견이 나왔다는 것이다. 간호사가 열흘 전 데이터이니 지금 많이 나아졌을 거라고 했다. 지사제 먹고 식욕 촉진제도 먹고 만반의 준비를 해놓았는데 위장에 '밥' 들어올 날이 자꾸 멀어진다.

수액을 많이 맞아서 몸무게는 점점 늘어나고, 이뇨제 맞고, 남편은 11월 3일부터 병가를 냈다.

이것저것 생각해서 좀 당겼나 보다. 아무래도 백혈구 헌혈을 받아야 할 거 같으니 공여자 접대 등을 감안해서⋯. 이상하게 마음이 편해졌다.

10월 29일(일)

열 없이 시작된 하루 무난히 마쳤다. 어제 장염이 있다고 해서 오늘 또 흰죽으로 먹었다. 장도 그렇고 먹을 게 없어 조금만 먹었다. 아직 용변을 못 본 것이 소량 식사 때문이기에 마음엔 좀 걸리지만, 샤워 날이라 샤워하고 가슴관 소독을 받았다. 너무 졸려서 좀 자다가 청소하시는 분들이 와서 휴게실로 나오다 이○○ 씨를 만났다. 림프구성 환자인데 5차 항암 들어온 것이라 한다. 항암제의 독성과 부작용을 그렇게 여러 차례 겪다 보면 내부 장기가 많이 손상될 것이다. 나도 현재 폐렴과 장염이 낫지 않고 있으니. 영주 씨는 머리가 살짝 길어져 제법 자리를 잡았다. 그런데 다시 밀어야 한다니 아쉽다. 서로 접촉 불가 환자라서 얘기를 끊고 들어왔다. 식욕 촉진제 때문인지 흰죽도 별로 역겹지 않다. 매일 또는 하루걸러 수혈을 받고 있다. 혈장, 혈색소, 혈소판 중에서 부족한 것들을. 수혈 부작용은 별로 없다.

아란이는 비데스(서울) 가고, 남편은 아란이 캐리어를 아란이 학교에 실어다 놓고 4시 미사를 보러 갔다. 학교, 요양원, 병원, 성당으로 갈 곳이 많아져 힘들 것이다. 저녁 면회 시간에 남편이 기어이 또 왔다. 요즘은 하루 4번 호흡기 치료를 해야 해서 더 번거롭다. 가래를 묽게 하는 약제를 분사시켜 폐로 삼키는 것이다. 기침이 눈에 띄게 사라지고 있다.

10월 30일(월)

어젯밤부터 아침까지 정상 체온을 유지했다. 장염 때문에 어제까지 못 먹었던 밥을 먹어보는 날이다. 제발 장 기능이 정상으로 유지되었으면 좋겠다. 1인실의 장점이 마음 놓고 조용히 잘 수 있다는 건데, 맞고 있는 이뇨제 때문에 화장실을 자주 가는 것도 있고 깊은 잠을 자지 못한다.

오후에 약간의 변을 보아서 배 속이 개운해졌다.

힘들까 봐 오지 않았으면 했는데 남편이 저녁에 또 왔다. 집에 가야 아무도 없고 혼자 밥을 먹어야 하는 게 무척 싫은가 보다. 월요일인데 어쩐지 김○○ 교수가 회진을 오지 않았다. 백혈구 공여자 준비에 관해 물어봐야 하는데…

10월 31일(화)

모처럼 개운한 아침이다. 스트레칭하고 세수하고 밥을 먹었다. 밥은 1/3 정도 먹었다. 밥을 더 먹어야 변을 볼 수 있을 텐데, 그래도 뱃속에 이상 신호는 없다. 오랜만에 스케줄대로 세수하고 옷 갈아입고 로션을 발랐다. 피부 건조증에는 답이 없다.

민○○ 교수님이 다녀갔다. 백혈구 공여자는 준비해야 하느냐 물었더니, 항생제 다 쓰고(좋아지고 있으니) 나서, 두고 보는데 이번에는 필요 없다고 말씀하신다. 기적처럼 어느 날 호중구가 올라갔으면 좋겠다.

내가 아파서 다행이야

기침 가래에서 종일 피가 나더니 코에서도 났다. 많은 양은 아니지만 조금씩 많아지는 게 문제다. 계속 약을 먹고 호흡기 치료를 하고 있으니 좀 더 두고 보아야겠다. 8시(p.m.)쯤 되니 너무 졸린다. 엔커버도 먹어야 하기에 억지로 잠을 깨고 왔다 갔다 움직였다. 그리고 11시쯤 잠자리에 들었다. 남편은 요양원에 갔다가 모임에 가기로 한 날이다.

11월 1일(수)

이제 열은 잡힌 모양이다. 밤에 식은땀이 좀 났다. 기침 때문인지, 스트레칭 때문인지 허리가 이틀째 아프다. 아직은 큰 문제가 될 것 같진 않다.

가래와 코에서 피가 계속 나온다. 아침밥은 열심히 먹었지만, 맛이 없었다.

면역 증강제는 오늘로 마지막이라고 한다.

10시쯤 너무 졸려서 누워있는데 수간호사 샘이 들어왔다. 비몽사몽, 얼굴은 벌겋게 되어있고, 다시 일어나 정신을 차렸다. 점심은 라면이다. 생각보다 맵지 않아서 처음으로 맛있다고 생각했다. 몸무게가 자꾸 는다고 이뇨제를 또 맞았다. 나의 신장아, 잘 버텨다오.

저녁 먹고, 엔커버도 먹었다. 이제 먹어도 먹는 만큼 배출되지는 않는다. 책도 보고, 인터넷도 하고, TV도 보면서 시간을 보냈다.

11월 2일(목)

요즈음 컨디션이 최상이다. 비록 허리가 아프긴 하지만, 가래 기침도 새벽까지 2번 했는데 거의 잦아든 형국이고, 시원하게 변을 보지를 않지만 그래도 규칙적이다. 이제 호중구 올릴 준비는 거의 다 된 것 같다.

청소 시간에 명○ 씨 만나서 얘기를 좀 했다. 오늘까지 항암제 맞고 그다음은 잘 모르겠다고 한다. 호중구는 2천 대 정도 되나 보다. 림프구성 치료에 대해 아는 바가 없어 추측이 어렵지만 다른 때보다 잘 넘기고 있는 것으로 보인다.

몸무게가 갑자기 3kg 늘어서 그런지 허리가 너무 아프고 움직임도 둔하다. 10시쯤 진통제를 맞고 자기로 했는데, 화장실 가려고 일어나려니 통증이 그대로다. 호중구 올라가려 할 때 간혹 허리가 뻐근한 환자들이 있다고 한다. 나는 원래 허리가 좋지 않으니 그건 아닌 것 같고.

비접촉성 환자이다 보니, 내 방에 들어오는 사람들은 비닐로 된 앞치마와 장갑을 해야 한다. 간호사들이 들어오려면 문밖에서 부스럭거리는 비닐 옷을 입고 나갈 때 버린다. 시간이 좀 걸린다. 그래서 의사 선생님 회진 때는 문만 열고 대화한다. 지금 일인실은 더할 나위 없이 깨끗하고 편하지만, 언제까지 비접촉 환자로 있어야 하는지 난감하다.

11월 3일(금)

허리는 계속 아프다. 아침에 이뇨제를 또 맞았다. 늘어난 몸무게

내가 아파서 다행이야

때문에, 어제저녁부터 식욕 촉진제를 안 먹기로 했다. 그리고 식사량을 좀 줄였다. 밤새 편히 잘 잤다. 너무 졸린 것만 빼면 지낼 만하다. 아니, 너무 좋다. 김○○ 교수님이 와서 이제 호중구만 올리면 된다고 했다.

식욕 촉진제를 안 먹으니 확실히 밥맛이 없다. 아침, 점심, 저녁 메뉴가 모두 신통치 않다. 허리 아픈데 파스를 붙였다. 효과는 별로다.

온종일 항생제와 항진균제를 맞았다. 머리가 계속 빠지더니 이제 위와 옆은 대머리가 되었다. 청소 시간에 밖에 앉아 있는데 영○씨가 안 보인다. 간호사가 203호로 옮겼다고 알려주었다.

저녁 면회 시간에 남편이 왔다. 오늘까지만 출근하고 2개월 병가를 냈다. 갑자기 생활 패턴이 바뀌게 되어 잘 적응할 수 있을지 모르겠다. 적응하겠지. 매인 몸에서 자유의 신분이 되었으니까.

11월 4일(토)

또 하루가 시작된다. 감사하게도, 단조로운 생활을 하다 보니 무기력해진다.

저녁에 남편이 면회 왔다. 아란이는 이 사이가 삭아서 또 충치 치료를 해야 한단다. 아무래도 치과를 바꾸어야 할까 보다.

아란이 이번 주에는 토요 외출만 했다.

몸무게가 늘어서 이뇨제를 또 맞았다. 아란이 출산 후 항생제를 계속 달고 살아서 다시는 항생제를 쓰지 않겠다고 했는데, 이 병은 항생제와 항바이러스제가 주식이다. 식욕 촉진제를 다시 먹기 시작했지만, 식욕은 잘 돌아오지 않는다.

1인실 14일째.

머리를 깎은 후 계속 빠져서 이제 앞에서 보면 반질반질한 대머리가 되었다. 보기 민망하다. 명○ 씨도 203호 다인실로 옮겨서 청소 시간에 말할 사람도 없다. 접촉 불가 환자라 얘기 나누면서도 좀 미안했는데 어쩌면 잘됐는지도 모르겠다. 제자리 걷기와 스트레칭이 운동의 전부다. 그리고 책보다가, 인터넷 좀 훑고, TV 보는 게 하루의 일과이다. 그런데 허리 통증이 심해서 일어날 때와 밥 먹을 때 힘들다. 요즈음은 컴퓨터 책상에서 먹었더니 좀 낫다.

남편은 저녁에 면회 왔다.

혼자서 너무 힘들었다

● ● ●

11월 6일(월)

허리 통증이 점점 심해진다. 허리에 살이 붙으면서 더 그런 것 같다.

일어날 때 마음의 준비를 얼마나 해야 하는지 모른다.

남편이 오전에 면회 왔다. 결혼 후 일정 기간이 지나서부터는 그냥 난 남편이 없다고 생각하고 아무것도 상관하지 않는 자유를 주었는데. 우울증이라니. 우울증은 정말 사치스러운 병이라고 생각했는데 말이다. 내가 잡은 줄은 가늘고 힘없는 줄이다. 하지만 유일한 줄이기도 하다. 모두 나의 탓이다. 아이들을 정서적으로 풍족하게 해주었어야 했는데.

혼자서는 너무 힘들었다. 아이들에게 집에서 들고 나며 인사하는 방법조차 제대로 가르치지 못했다. 내가 중요하게 생각하는 건 무조건 하찮게 여기는 남편이었기에.

오전에 김○○ 교수가 회진했다. 이제 힘을 내라고. 기적같이 호중구가 올라가야만 퇴원한다. 남편이 시골에서 밤중에 올라온다고 했다. 하루만 자고 오는 줄 알았더니, 남편은 고향에 어머니도 계시고, 동창들도 많고 고향 친구도 많아서 혼자서도 노후를 잘 보낼 것이다.

언제부턴가 요양원을 전전하는 엄마를 둔 나는 그나마 찾아뵙지도 못하는데….

11월 7일(화)

또 하루가 주어졌다. 허리가 끊어질 듯 아파야 일어날 수 있기에 4:30에 화장실을 다녀온 다음 침대에 또 눕기가 무섭다.

어제저녁에 커피를 마셨더니 11시가 되어도 졸리지 않았다.

암 환자는 무조건 8시간 이상 자야 한다는 생각에 눈을 붙였다.

어제 조무사가 들어오더니 다른 분들은 1인실에서 음악도 듣고 잘 지내더라고 얘기한다. 음악은 언젠가부터 내 인생에서 사라졌다. 나는 출근하고 퇴근하고 아이를 돌보고 집안일 하는 기계가 되었다.

폐렴 중세도 모두 사라지고, 밥도 그럭저럭 먹고 있다. 다만 호중구가 올라가지 않는다. '60' 나온 백혈구 수치도 소중히 생각된다.

민○○ 교수님은 빨리빨리 골수검사도 해보아야 한단다.

11월 8일(수)

밥맛이 조금씩 돌아오는 거 같다. 아침이 되면 배가 고프다. 남편은 오늘 이태원 미군 부대에 간다고 했다. 나도 이태원의 거리 모습이 궁금하다.

이태원도 가야 하고, 시험문제 출제도 있고 해서 남편은 면회 오지 않도록 했다. 어디 한 군데 다녀오면 온몸이 녹초가 되는 나를 생각하면 피곤할 거 같다.

11월 9일(목)

아침에 일어나니 개운하다. 신부님이 오늘 들르신다고 해서 일찍 머리를 감았다. 머리라고 하기엔 민망하지만 하는 일도 없는데, 배가 고프고 밥때가 기다려진다. 몸무게도 큰 변화가 없어 안정적이다.

김○○ 교수님이 이제 5주째라며 이젠 올려야 한다고 말했다.

힘이 되었다. 신부님 방문으로 성수를 뿌리고 안수도 받았다. 감사하다.

오전 면회 시간에 남편이 왔다. 이태원에 갔던 얘기를 해주었다. 범띠 밴드를 성희 씨가 만들었는데 거기 멤버 중 한 여자의 남편이 미군 군무원이고 부인은 미국 영주권이 있어서 미군 부대에 출입할 수 있다고 했다.

남편은 햄과 스킨·로션을 산 모양이다. 미군 부대는 생각보다 규모가 크고 넓다고 한다. 성희 씨는 정말 마당발인 거 같다. 오전 면회 시간이 끝나지 않았는데 말이가 왔다. 빨리 집에 가서 남편이 끓여주는 부대찌개를 먹고 싶다.

11월 10일(금)

비가 창을 두드리는 소리가 후드득후드득 나고 빗줄기가 주루룩 흘러내린다.

좋다! 혼자 있는 병실에서 비를 바라보는 일. 간호사는 벨을 누르면 나타나 최단 시간에 일을 해결하고 나가겠다는 각오로 손을 놀리다가 사라져 버린다. 마치 다람쥐 같다.

오전에는 회진 의사, 방 청소 등 방문객이 많아서 샤워는 한가한 오후로 미뤘다. 오전 면회 시간에 남편이 왔다. 일인실이라 때맞추어 나가지 않아도 되는 이점이 있어, 점심 식사가 들어와도 앉아 있었다.

아침은 빵을 먹고, 점심까지 밀가루인 스파게티였지만, 그럭저럭 소화에는 이상이 없다. 저녁 메뉴는 옛날 도시락이었는데 식욕 촉진제 덕분에 맛을 조금 느낄 수 있었다. 오후에는 별일이 없으므로 혈소판 수혈을 받고 나서 3:15 p.m. 쯤 샤워를 했다. 그리고 소독을 받았다.

항바이러스제와 항생제를 거의 24시간 갈아 치우며 매달고 있다. 이러고도 사람이 살 수 있는 건지 그것이 알고 싶다.

11월 11일(토)

이번 주는 아란이 학교에 잔류하면서 척추치료 때문에 외출했다. 남편이 오전 면회 시간에 왔다가 결혼식 있어 반포에 간다고 한다.

갈수록 침대에서 일어나기가 힘들다. 허리가 빠개지는 것만 같다. 이렇게까지 아프지는 않았는데 갑자기 왜 이러는지 모르겠다. 누우면 일어나기가 두렵고, 침대 밖에 있으면 눕기가 두렵다.

항생제와 항바이러스제를 계속 갈아 끼우며 하루가 갔다.

언제 봐도 멋진 윤명

● ● ●

11월 12일(일)

주일이다. 아란이는 학교에 있고 남편은 11시 미사에 다녀왔다.

오전에 책임간호사 샘이 와서 백혈구 140, 호중구 60이라고 기쁜 얼굴로 알려주었다. 얼떨떨하다. 매일 '0'이라는 숫자만 멀거니 바라보았는데 오전 면회 시간에 윤명이가 왔다. 언제 봐도 멋진 윤명이 한 시간은 금방 간다. 점심이 들어와 윤명이가 갔다. 음식이 혈액을 만들어 준다고 생각하고 열심히 먹었다. 오후에 촉진제도 맞고 호중구 '60'이라는 숫자를 확인했다. 휴일엔 기계로 측정하기 때문에 호중구 수가 정확하지 않다고들 알고 있어서 간호사에게 확인했더니, 그래도 정확한 거라고 한다.

내일은 또 어떤 일이 기다리고 있을지 불안하긴 하지만 이제 희망을 품고, 기다려 본다.

호중구를 확인하자마자 남편과 윤명이에게 톡을 했다. 남편한테서 금방 전화가 왔다. 그리고 한동안 말을 잇지 못했다. 정말 간절했던 거다.

또 무슨 일이 있더라도 실망하지 말자고 다짐하며 전화를 끊었다.

고난의 행군, 명퇴

● ● ●

11월 13일(월)

이 생각 저 생각으로 일찍 잠이 깼다. 이뇨제를 넣어서 화장실에도 가야 하기에 6시에 간신히 침대에서 내려와서는 올라가기가 싫다. 하지만 채혈을 하려면 한 번 더 누워야 한다.

호중구는 40으로 내려갔다. 하지만 크게 실망하진 않았다. 그동안의 세월에 단련도 되었고 조금씩이나마 올라갈 거라는 확신이 들어서다. 저녁에 최○○ 부장이 전화했다. 명퇴 신청 건 때문에, 그냥 이번에 명단을 올리라고 했다. 그동안 몸담아왔던 교직 이렇게 끝이 난다. 끈 떨어진 연 같은 느낌도 들고.

하루하루가 고난의 행군 같았다. 일상의 소소한 즐거움도 있었으나 아이 셋 키우며 덩치만 크고 말이 안 통하는 30~40명의 아이를 가르쳤다. 내게는 힘겨운 산 오르기와 같았다. 이제 저기까지만 가면 된다. 조금만 더 가면 내리막길이라고 자신을 채찍질하며 기어올랐는데 코앞에서 벼락을 맞고 쓰러졌다.

11월 14일(화)

오늘의 호중구는 110이다. 다른 사람들 눈에는 미미하지만 내겐 기적 같은 일이다. 교수님들이나 협진 의사들이 와서 참 안 올라간다고 이구동성 얘기하지만 난 그래도 기분이 좋다. 희망이란, 믿음이란 이런 것인가 보다.

오전에 남편이 면회 왔었다. 가면서 정신병원에도 들렀나 보다.

11월 15일(수)

어젯밤 일찍 잠자리에 들어서인지 중간에 화장실을 다녀오고 나서부터 잠이 오지 않았다. 그래도 계속 잠을 청하고 누워있었다.

5:30 a.m. 채혈한 간호사가 나간 뒤 복도 걷기 운동을 했다. 몸무게가 64.5로 불어났기 때문이다. 그 시간엔 복도에 아무도 없다. 나는 아무 생각 없이 20분간 돌고 돌았다. 비닐 앞치마 때문에 땀이 좀 났다. 세수하고, 말도 안 되는 아침 드라마 '꽃피라고 달순아'를 본다.

착한 사람이 어서어서 잘 되기를 바라는 마음으로.

조금 있으니 졸음이 밀려와서 침대에서 눈을 조금 붙이고 있는데 청소하는 소리가 들린다. 다시 앞치마를 입고 장갑 끼고 나가서 복도를 돌았다. 또 20분. 운동을 하는 건 체중도 문제지만 허리가 아파서다.

아침에 허리에 좋은 운동을 검색했더니 따라 하기 쉬운 운동이 있었다. 4가지 동작을 즉시 실행에 옮겼다. 기분 탓인가? 허리에 힘이 좀 생기는 느낌이다.

11월 16일(목)

호중구가 다시 60으로 내려갔다. 내 기분도 어쩔 수 없이 내려간다.

호중구가 낮아서 항바이러스제, 항생제, 항진균제를 끊임없이 맞아야 한다니 이 무슨 아이러니인가. 내 몸이 하루하루 만신창이가 되어가는 느낌이다. 간호사는 웃는 얼굴로 내 몸에 한없이 24시간 약물을 주입하고 있다. 약을 그렇게도 싫어하던 내 몸에 쏟아붓는다.

그런데 호중구가 내려간 것이다. 좌절감이 밀려온다.

신부님께서 오셔서 기도와 안수를 해 주셨건만 나의 골수는 응답하지 않는다. 밥 먹는 것밖에 할 수 있는 일이 없어 열심히 먹느라 몸무게만 늘었다. 그래도 식욕이 살아난 것에 감사한다.

내일에 희망을 건다. 하지만 11월도 중순을 넘어가고 있다.

조바심이 나는 건 어쩔 수 없다. 하염없이 기다리는 것밖에는 할 수 있는 일이 없다.

11월 17일(금)

어제의 실망을 딛고 다시 하루가 주어진다. 7시쯤 나가서 복도를 20분간 돌았다. 준비운동 삼아 걷고 들어와서 허리 강화 운동을 했다.

아침 메뉴는 누룽지 밥. 반찬이라고는 호박볶음과 김치 볶음이다.

술술 넘겨 버리기 좋아서 누룽지 밥을 선택했지만 먹을 게 너무 없다. 김○○ 교수님이 회진하러 오셨다. 층 담당 의사가 현재 6주 차인데 이런 상태라고 한다. 교수님은 계속 이런 상태로 갈 수도 있다고 했다.

몸속에 암세포와 백혈구가 싸워서 이겨야 하는 데 힘을 못 쓰고 있는 거라고 일단 골수검사를 하자고 했다. 결과에 따라 모든 치료 스케줄이 바뀔 수 있다고 한다. 지난 1차 공고 때와 같은 패턴으로 가고 있다. 그때는 골수검사 결과가 괜찮았고 그나마 호중구가 올라 퇴원했었는데.

1:30 p.m. 쯤 골수 검사팀이 들어왔다. 전에 검사했던 자리에 손톱으로 표시했다. 왼쪽이다. 먼저 혈액을 3번 정도 뽑고, 마지막으로 뼛조각을 뽑아냈는데 3번 정도 시행해서 성공했다. 아팠지만 안도감이 밀려왔다….

2시부터 4시까지는 모래주머니를 깔고 누워 지혈했다. 그래도 병실에서 하는 검사가 3층에서 하는 것보다 훨씬 낫다.

백혈구 210, 호중구 150이다. 이렇게 쭉 올라가면 아무 걱정 없는 건데.

11월 18일(토)

휴일이라 골수검사 결과는 월요일에 나온다고 한다. 그때까지 면역 촉진제는 안 맞고 있다. 그래도 오늘 호중구가 90 나와서 다행이다. 사실 내겐 촉진제 효과가 미미한 거 같다.

내가 아파서 다행이야

오후에 카톡에다 아영이 모바일 청첩장을 올렸다. 답글이 계속 올라왔다. 나는 참석이 어려울 거 같은데 솔직히 얘기할 수도 없고 난감했다.

시일이 가까워지고 사실로 확정되면 솔직하게 카톡방에 올려야겠다. 오늘은 남편이 융건릉으로 동네 인문학 팀이랑 가는 날이라고 했다. 안 와도 되는데 내일 굳이 온다고 한다.

어제 골수검사 한 것 때문에 오늘 샤워를 못 하고 엉덩이랑 가슴 소독만 했다. 주말이라 회진도 없고 별로 신경 쓸 일이 없는 하루였다. 식욕 촉진제 때문에 그나마 밥은 먹을 수 있어서 하루 세 번의 고역이 그래도 없어졌다. 1차 공고 때는 먹을 것을 괜히 꺼렸다.

11월 19일(일)

낮에는 해가 내리쬐어 병실이 더워진다. 점심 먹고 시간이 좀 지나면 나른해지면서 졸음이 쏟아진다. 한잠 자고 일어나니 실내온도 30.1℃이다. 휴일이라 의사 선생님도 없고 한가한 날이다.

7시에 일어나 복도 20분 돌고 아침을 먹었다. TV 좀 보다가 인터넷 검색 좀 하다 보니 또 점심. 그리고 뜨거운 한낮이다. 면역 촉진제를 안 맞아서인지 오늘 호중구는 80이다. 그래도 백혈구는 조금씩 오르는 추세인 것 같은데, 이래저래 입원 기간만 길어지게 생겼다. 그럴 바에는 목요일쯤 골수검사를 했으면 좋았을 것을.

저녁에 남편이 와서 함께 '황금빛 내 인생'을 보았다.

강○○ 샘이 '하루 5분 엄마 목소리'라는 책을 주고 갔다고 한다. 남편이 그걸 병원으로 가져왔다.

불편한 마음으로 일반 병실로

● ● ●

11월 20일(월)

어제 10시쯤 잠자리에 들었다. 아침 7시까지 누워있다가 복도 걷기 운동하러 나갔다 좀 돌다 보니 밥이 들어왔다. 오늘은 월요일인데 기분이 가라앉고 왜 이리 무기력한지 모르겠다.

10시쯤 간호사가 들어와 모든 균이 사라져 비접촉을 위한 앞치마는 이제 사용하지 않아도 된다고 한다. 좋은 소식이지만 무덤덤하다. 곧바로 X-ray 기사가 들어와 촬영했다. 월요일이니까. 요즘 과자도 먹고, 밥도 많이 먹어 살이 많아졌다. 스트레스를 먹는 것으로 풀어보려 했다. 과자는 인제 그만 먹어야겠다.

월요일이라 김○○ 교수가 회진했다. 골수검사 결과가 나쁜가 보다. 자세한 설명 없다. 내일 보호자 올 수 있냐고 했다. 생각해보니 관해가 안 됐나 보다.

나도 다른 환자들이 겪는 일들은 정말 빠짐없이 거치고 지나간다. 이번 2차 공고로 입원해서는 병원의 잡균(폐렴 곰팡이균, 대제 내성균)에 오염되어 치료는 뒷전이고 균을 잡는데 만 허송세월하다가 이제는 항암도 실패하여 스케줄을 다시 짜야한다니 마음이 몹시 불편하다.

병원에서 병을 얻는다는 말이 틀리지 않았다.

오늘 이실한다고 하더니 3시까지 옮기라고 한다. 2:40쯤 조무사들이 와서 짐을 싸 옮겨주었다. 211호실에는 계속 기침을 하여 폐렴을

퍼뜨린 환우가 퇴원 후 3주 만에 다시 입원했다며 반겼다.

11월 21일(화)

2시간마다 깨어 화장실에 다녀왔다. 211호실은 5인실이라도 사람들이 조용하니 분위기가 괜찮고 나는 창가 쪽에 배정받았다.

7시에 복도에 나가 20분간 돌았다. 누룽지 밥을 먹고 나니 아무것도 하기 싫다. 멍하니 TV를 보고 있는데 청소를 한다고 해서 복도를 또 걸어 다니다가 들어왔다.

민○○ 교수 회진이 있어 관해가 안 됐냐고 물어봤더니, 나쁜 놈과 좋은 놈이 있는데 우리가 판별을 잘해야 하지 않겠느냐고 한다.

어찌 됐든 얼른 속 시원한 결과를 알고 싶다.

11월 22일(수)

남편과 김○○ 교수와의 면담 결과 이번 2차 공고 치료에서 관해가 되지 않았다. 나이가 있어서 재관해 항암 치료는 어렵다. 따라서 퇴원하고 쉬다가 다시 입원해서 조혈모세포 이식을 받아야 한다는 거다.

기분이 썩 좋지 않다. 이 경우 예후가 더 나빠질 수 있기 때문이다. 어쨌든 시키는 대로 할 수밖에 없다. 오늘 호중구는 140인데, 이렇게 낮은 수치를 왔다 갔다 하며 쭉 갈 수 있는 상황이 지금 나의 상태란다. 아세포들이 많이 생겨서 백혈구 생성을 가로막고 있는 것.

그래도 일말의 희망을 품어 본다. 나의 백혈구들이 기적처럼 아세포들을 이겨내서 호중구가 올라가는 거다. 항암 치료 때마다 힘들었지만 이번 경우는 또 다른 충격으로 다가온다. 관해가 안 되었는데 재관해를 할 수도 없다니. 다시 병원을 믿고 따르는 수밖에는 방법이 없다.

남편은 11:30 면회 왔다가 12시 김○○ 교수랑 면담하고 돌아갔다.

3시에 전신 방사선 조사 시뮬레이션하러 지하 1층에 휠체어를 타고 갔다. 앉은 자세에서 몸을 결박하고 다양한 치수를 모두 재서 기록했다. 돌아와서 샤워했다. 간호사가 내일 퇴원 가능하다고 해서 하겠다고 했는데, 김○○ 교수가 주말까지 지켜보고 결정하자고 했다는 말이 생각나서 전했다. 결국 금요일 교수님 회진 후 퇴원하기로 했다. 저녁에 남편이 왔다. 내일은 집 소독이랑 이불 빨래 등을 하고 면회는 하지 않기로 했다. 생각해보니 금요일 퇴원이 합리적이다.

11월 23일(목)

나의 정상 세포들이 아세포들을 무찌르기를 기원하며 복도를 돌았다. 이게 하루만 있으면 병원 밥을 먹지 않아도 된다.

하루 세끼를 꼬박꼬박 먹었더니 배가 많이 나왔다. 그런데 몸무게는 그리 늘지 않았다. 이런 게 복부 비만인가 보다. 집에 갈 생각에 잠이 오지 않는다.

관해 실패한 채 3차 퇴원

● ● ●

11월 24일(금)

오늘 퇴원하기로 한 것은 맞는데 아직도 확정되지 않았다니 무슨 소리인지….

10:30쯤 느지막이 김○○ 교수가 회진했다. 호중구도 잘 오르지 않으니 퇴원하라고 한다. 11:30 남편이 캐리어를 가지고 왔다. 짐을 챙기는 데 시간은 별로 걸리지 않는다.

나는 점심 먹고 시간을 좀 보내다가 옷을 갈아입었다. 내가 거의 입지 않는 예전 옷들을 남편이 챙겨왔다. 하는 수 없이 그냥 입었다. 바지 단추는 채워지지 않는다. 때맞추어 남편이 올라와서 짐을 가지고 인사하고 나왔다. 비록 관해도 안 된 채 퇴원하는 거지만 집으로 가는 마음은 홀가분하다.

집에 와서 남편이 해준 부대찌개를 저녁으로 먹었다. 좀 짜지만 맛이 있다. 그런데 내 입맛이 이상하다. 식욕은 좋은데 입맛은 돌아오지 않는다니, 미각을 잃은 자의 슬픔을 느꼈다.

남편은 점심을 못 먹었다며 밥을 비벼 먹더니, 저녁을 해주고 계속 잠을 잤다. 9시쯤 윤명이가 학교에서 아르바이트하고 돌아왔다. 남편은 둘째 아주버님과 친지 한 분이 허리검사를 위해 이춘택 외과에 입원하러 왔다며 외출했다. 내일 아침엔 윤명이 7시까지 학교에 간다고 한다. 학교 논술 시험장 학생 인솔 알바를 한다고 한다. 시급 7,000원이란다. 윤명이랑 TV를 보다가 잤다.

11월 25일(토)

윤명이는 7시까지 학교로 갔다. 오늘 면접 보는 신입생 인솔 알바를 한다고 하는데 하루 세끼도 준다고 그냥 갔다.

남편은 아침 식사 후 아란이를 데리러 갔다. 치과 10:30 예약이 있어 학교에서 외출 신청해 놓고 데리러 간 것이다. 남편이 먼저 돌아와 점심 준비를 했다. 된장찌개를 끓여 주었다. 잠시 후 아란이 티라미슈 케이크를 사 들고 왔다. 아란이는 아침도 안 먹었다고 했다.

케이크가 너무 먹음직스러워 같이 먹었다. 점심에 남편이 오븐에 고구마를 구워주었다. 그런데 그 후부터 가스레인지에 이상이 생겼다. 점화 스파크가 계속 일어나 '따따따' 소리를 끊임없이 냈다. 아무리 애를 써봐도 해결되지 않았다.

나는 배가 아주 많이 나왔다. 저녁은 토마토 구운 것으로 대신했다.

그래도 배는 쉽사리 가라앉을 기미가 없다. 먹은 만큼 배출하고 있는 나의 대장 상태 때문인지 화장실마저 막혀 버렸다. 남편이 애써 뚫어 주었으나 또 막혔다.

11월 26일(일)

아침 7시에 남편이 시골에 다녀온다고 했다. 그런데 막힌 화장실 때문에 그걸 뚫고 나서, 김치통을 잔뜩 들고 나갔다.

위장에 음식이 있으면 흡수를 방해한다고 하는 폐렴약을 먹었다. 참 끈질기게도 먹는 약이다. 그런데 식전 약이라 제대로 먹기가 매우 어렵다. 사실 어제 먹은 케이크가 조금 걱정되기는 하다. 하지만

내가 아파서 다행이야

이번에는 무턱대고 제한 음식을 피하지는 않기로 했다. 호중구가 낮다고 제대로 먹지 않았더니, 올라가지도 않는 악순환 때문이다.

온종일 윤명이가 식사를 맡아서 해주었다. 아침은 남편이 만들어놓고 갔지만 윤명이가 다시 데워서 식탁을 차렸다. 점심은 삼겹살을 먹었다. 삼겹살이 먹고 싶었지만, 같이 먹을 싱싱한 채소가 무척 아쉬웠다. 저녁은 윤명이 백종원의 닭칼국수를 만들었다. 맛있었다. 입맛이 안 돌아와 감각이 없지만, 칼국수가 술술 잘 넘어가서 많이 먹었다.

남편이 일찍 온 모양인데 점심 식사 후 계속 잠을 잤다. 누우면 잠이 온다. 앉으면 몸이 너무 무거워 움직이기 싫다. 무기력증이다. 윤명이 종일 부엌일에서 벗어나지 못했다. 남편은 시골에서 가져온 김치 등을 정리해 넣는다. 전에는 모두 내가 하던 일이다. 지금은 구경만 한다.

마음이 그리 편하지 않다. 기운도 없고, 의욕도 없다. 이젠 주방에 뭐가 어디 있는지도 잘 모르겠다. 오늘도 종일 가스레인지 스파크가 튀는 소리를 참고 지내야 했다.

11월 27일(월)

밤에 커피를 마셨더니 역시 잠이 잘 오지 않았다. 윤명이 9시까지 학교에 간다고 했는데 아침이 좀 늦어져, 빗속에 자전거를 끌고 나갔다.

아침엔 어머니가 주신 사골국물에 말아 먹었다. 기침이 자꾸 난다.

점심 먹고 남편이 모바일고에 갔다. 명퇴 서류 제출하러. 내일은 9

시~20시 물이 나오지 않는다고 한다. 저녁 먹고 샤워를 해야 하는데 움직이기 싫어서 내일 밤으로 미뤘다. 저녁은 된장찌개와 고등어 튀김으로 먹었다. 고등어가 먹고 싶었었는데 먹어보면 무슨 맛인지 모르겠다. 입맛은 언제 돌아오려나.

점심에는 라면을 먹었는데 신기하게 라면은 맛있다. 병원에서도 라면이 제일 맛있었다. 저녁에 윤명이 돌아오고, 남편은 모바일고에서 온 다음 롯데마트에 갔다가 탁구장에 신김치 줄 사람 있다고 다녀왔다가 다시 생강 사러 나갔다 온 다음 생강을 깠다. 내일 보신탕 먹을 재료 준비다.

오늘은 많이 먹지도 않았는데 나온 배가 들어갈 줄을 모른다. 장이 망가져서 이렇게 늘어나 버렸나 보다. 끔찍하다.

송사장 부부와 새언니

● ● ●

11월 28일(화)

글씨가 이상하게 써져서 왜 그런가 했더니 손이 미세하게 떨린다. 요즘 식욕이 하늘을 찔러 먹어도 허기가 진다. 남편이 어젯밤 내내 시골 형님한테서 가져온 보신탕을 고았다. 인터넷에서 재료와 레시피를 찾아 빠짐없이 넣고 끓였다.

아침에 일어나 먹어보니 그 정성 때문인지 맛있었다. 아침엔 탕을 먹고 점심엔 수육을 먹었다. 윤명이와 같이 저녁에 또 탕을 먹었다. 면역력이 깜짝 놀라게 올라가기를 바라며, 오늘 아파트 배관을 바꾼다고 종일 물이 안 나와서 저녁은 시켜 먹어볼까 했는데, 그냥 있는 것으로 먹었다.

남편은 주민센터 한국사 특강 날이라고 자료 준비해서 7:30 p.m. 나갔다. 강의 마지막 날이라고 하는데 수도가 8시부터 나오는 터라 좀 걱정이 된다.

특강을 마치고 거기 참가한 송사장 부부가 화장품과 샤워용품, 스카프를 선물로 주었다고 가져왔다. 전에 천연염색 모자도 세 개나 주었었는데 너무 받기만 해서 민망했다. 게다가 손편지까지 담아 보냈다. 무엇을 주어야 하나 걱정했더니 남편이 다음 주는 마지막으로 회식을 하기로 했는데 그때 본인이 쓴 책을 주면 된다고 한다.

내일부터는 진짜 절식해야겠다. 몸무게가 2kg 늘어났다.

한화생명에 보낼 서류를 만들어 두었다.

11월 29일(수)

밤에 잠이 잘 오지 않는다. 아침 먹고 가스레인지 수리 기사를 기다렸다.

11시 가까이 되어 고쳤다고 수리비 28,000원을 받고 갔다.

5일 동안 (25일~29일)이나 점화 스파크 튀는 '따따따' 소리를 듣고 살면서 스트레스 많이 받았는데 어쨌든 후련하다.

윤명이 오늘도 9시까지 학교 간다며 8:30에 자전거 가지고 나갔다.

점심때쯤부터 배가 아팠다. 자면 나아지겠지 했는데 잠을 잤는데도 계속 아프다. 남편이 문질러 주니 좀 나아지는 듯하다. 2시쯤 둘째 새언니가 국이랑 전을 싸가지고 왔다. 퇴원하면 번번이 음식을 해 오신다. 마음을 써주니 고맙다.

요즘은 남편도 밥하는 데 적응이 되어 잘해준다. 그런데 피곤한지 아침밥을 먹고 나면 맥을 못 추고 누워서 잠을 잔다. 오늘도 저녁 8시쯤 탁구 치러 나갔다. 나는 배가 아파서 저녁을 언니가 해다 준 국물만 먹었다. 윤명이는 할 일이 많은지, 11시(p.m.)가 넘도록 들어오지 않는다. 요즘이 제일 바쁜 시기인가보다.

조혈모세포 이식을 위한 검사

●●●

11월 30일(목)

이식 전 각종 검사를 하는 날이다. 병원에 도착해서 혈액 검사를 하고, X-ray 실에서 얼굴과 가슴 사진을 찍었다.

9:30 이비인후과에 갔는데 내가 고질적 비염이 있다고 했더니 X-ray보다 더 나쁜 경우일 수 있다며 CT를 찍고 오라고 했다. 이비인후과(김○○ 교수)는 오전 진료밖에 없다고 하여 CT실에 가서 찍고 혈액 내과(김○○ 교수)에 갔다. 영양상태는 좋아졌고 혈액 수치가 낮으니 수혈을 받고 다음 목요일(12월 7일) 공여자와 함께 오라고 했다.

주사실에 가서 등록하고 수혈을 받았다. 혈소판 1팩과 혈색소 2팩

내가 아파서 다행이야

을 수혈 받다 보니 머리 아픈 게 점점 나아지는 듯했다.

다음은 골밀도 검사를 했다. 척추와 허벅지를 검사하는데 기계로 왔다 갔다 하는 거라서 아픈 게 아니었다. 1:40 p.m. 심장 초음파를 받고 2시에 1층 암센터에서 안과 검진을 했다. 시력검사와 굴절검사 등 검사 항목이 많아서 왔다 갔다 방을 오가며 검사를 받다 보니 수혈이 다 되어가서 다시 주사실에 가서 적혈구 팩을 바꾸어 달고 와서 계속 검사와 진료를 받았다. 중간에 4층 치과에 접수하여 치과 검진을 받았는데 평소 치아와 말하는 건 아무 이상이 없었던 만큼 순조롭게 끝났다.

그리고 폐 기능 검사를 하러 오라는 연락이 와서 시키는 대로 숨을 들이마셨다 내쉬었다 하는데 무척 요구사항이 까다롭다. 내가 느끼기에도 폐 기능이 참 미약하다. 2층 초음파실에서 드디어 간 초음파를 했다. 이것 때문에 종일 굶었던 터라 끝나니 무척 후련하다. 가지고 간 과자와 두유를 먹고 감염내과(이ㅇㅇ 교수)에 가서 종일 기침과 가래가 나온다고 했더니 처방을 해주었다. 5시가 되어 처방전을 가지고 남편이 약을 사러 갔다.

돌아와서 남편이 저녁을 해주어 먹고, 남편은 탁구팀 아무개가 청주에서 장례를 치른다고 부리나케 나갔다. 윤명이 돌아와서 얘기 좀 하다가 자려는데 남편이 11시쯤 호두과자를 들고 들어왔다. 유혹을 뿌리칠 수 없어 전자레인지에 돌려서 3개를 먹었다.

그래도 오늘 백혈구 630에 호중구 300으로 올라서 보신탕의 힘을 즐겁게 느꼈다.

12월 1일(금)

어제 늦게 잤는데 잠이 안 와서 6시에 일어났다. 스트레칭을 좀 하려니 몹시 피곤하다. 8:20에 남편을 밥하라고 깨웠다. 어젯밤 상갓집에 다녀와서 피곤한가 보다. 내 손으로 하면 좋으련만….

윤명이 10시까지 학교 간다고 9:30분에 나왔는데 자전거를 학교에 두고 온 사실을 잊은 거다. 아빠가 아란이 자전거를 타면 된다고 해서 복도에 묶어둔 것을 풀고 다행히 출발했다. 내가 태워다 주고 싶은 걸 간신히 참았다.

점심은 된장찌개로 먹고 남편은 아란이 학교에 가서 캐리어를 싣고 서울성모병원 근처 정신병원에 다녀온다고 나갔다. 아란이는 친구랑 떡볶이를 사 먹고 버스 타고 온다고 했다. 4시쯤 아란이가 왔다. 모처럼 아란이 방에서 얘기를 좀 했다.

남편은 4:40쯤 귀가했다. 전에 탁구 모임 때 호프집에서 먹었던 통닭이 맛있었다며 사 온다고 해서 도서관에 가는 아란이와 같이 다시 외출했다. 윤명이한테 전화했더니 오늘 할 일이 많아서 늦게 온다고 한다. 아란이는 10시쯤 들어와서 통닭을 먹더니 느끼하다며 자러 가고, 윤명이는 새벽 한 시에 들어와 얼굴을 보고 잠을 잤다. 남편은 오늘 좀 일찍 잠이 들었다.

내 몸도 돌보았어야

● ● ●

12월 2일(토)

아란이와 윤명이 늦잠을 자고 12시가 넘어 일어났다. 나는 일찍 잠이 깨어 아침 먹고, 점심은 토마토 구운 것과 고구마를 먹었다. 윤명이는 방에 있고 아란이는 기말시험 자료를 뽑는다고 4시가 되도록 프린터 출력을 하고 있다.

아프기 전에는 시간도 없고 기력도 없어서 일기도 쓸 여유가 없었는데 요즈음에는 매일 기록을 하니 좋다. 우연히 10년 전 수첩을 보니 정말 초인적인 생활을 했었다. 어떻게 버텼는지 신기할 정도이다. 내 몸도 좀 돌보았어야 했는데…. 언제까지나 가능한 줄 알았나 보다.

배가 윗배부터 아랫배까지 불룩 나오고 단단한 것이 기이하다. 몸무게는 1kg밖에 안 늘었는데, 위장과 대장이 정상이 아닌가 보다. 조금만 먹어도 거북스러운 것이 이제 소식을 해야만 할 것 같다. 아무리 운동하지 않았다 해도 정상적인 배가 아니다.

아란이와 윤명이는 종일 집에 있었다. 나는 저녁에 샤워하고 히코만 카테터 삽입 부분을 소독했다. 저녁은 가능한 한 조금 먹었다. 호중구 올라가라고 보신탕을 국으로 먹었다. 남편은 8시에 탁구 치러가고 나는 '황금빛 내 인생'을 보았다.

코피로 응급실로

● ● ●

<u>12월 3일(일)</u>

애들 깨워서 9시 넘어 밥을 먹고 남편은 성당에 갔다. 아이들은 각자 방에 들어가 기척이 없다.

어제오늘 종일 기침 가래가 끓고, 오늘은 코에서 코피도 묻어나고 약은 꼭꼭 챙겨 먹었건만 무슨 일인지 모르겠다.

4시쯤 갑자기 코피가 줄줄 흘렀다. 아무리 있어도 멈추지 않아서 가까운 아주대병원으로 가다가 그래도 병력이 고스란히 있는 서울 성모병원이 나은 것 같아서 방향을 바꾸어 서울로 왔다. 병원에 도착하니 코피도 멎었다.

헌혈인 수혈받고, 임진료, X-ray 심사를 했다.

무조건 입원하란다. 호중구 낮다고. 호중구 낮아도 퇴원시켰는데….

자포자기 심정으로 응급실 침대에 누웠다. 저녁에는 남편이 집으로 돌아갔다. 입원 용품도 챙겨야 하고 잠도 자야 하니까.

<u>12월 4일(월)</u>

금식이란다. 아침 일찍 남편이 짐을 싸가지고 왔다. 항생제를 맞고 수액 맞고 무작정 회진을 기다렸다. 시간이 무척 느리게 흐른다. 김○○ 교수가 와서 보고 갔다. 감염내과에서 보고 가야 금식이 풀린다고 하며 오전 내내 기다렸지만, 소식이 없어 오후 2시에 남편이

내가 아파서 다행이야

지하 식당에 가서 짜장면을 포장해 왔다. 안 그래도 한번 먹고 싶었던 짜장면인데 내 입맛이 변해서 어떠려나 했는데 역시 짜장면은 맛있다.

남편이 간호사실에 물어보니 감염내과에서는 이미 다녀갔고 입원은 결정되어 저녁에 18층으로 입원한다고 했다.

또 속절없이 기다렸더니 6시쯤 기별이 왔다. 조금 후 안내 담당하는 분이 와서 캐리어를 끌고 남편은 나머지 짐을 지고 18층 103호로 왔다.

다인실인 줄 알았는데 2인실이다. 흑흑. 저녁 시간이 지나서 사 먹어야 한다고 해서 남편이 식당에서는 죽만 포장이 된다고 하여 빵과 커피를 사 왔다. 웬일인지 죽 먹기가 싫어서다. 8시가 되자 남편이 꾸벅꾸벅 졸고 있다. 남편은 병가 이후 틈만 나면 존다. 정신과 약이 잠 오는 성분이 들어 있는지, 원래 잘 조는 체질인지 모르겠다. 서둘러 집으로 가라고 보냈다.

12월 5일(화)

상체에 두드러기가 많이 났다. 원인은 모르겠고, 가렵지 않으니 좀 두고 보아야겠다. 아침 먹고 복도를 좀 돌았다. 최○○ 부장한테서 전화가 와서 진단서가 필요하다고 한다. 간호사실에 신청했더니 내일 오전 중에 해주겠단다. 원래는 2~3일 전에 신청해야 하는 거라고….

점심은 닭 다리 백숙으로 잘 넘어가서 4/5 정도 먹었더니 위장이 부풀어 오르는 것 같다. 남편은 오후에 왔다. 앉기만 하면 잔다. 자전거와 버스를 타고 등 가방을 메고 오니 피곤한가 보다.

오늘도 다인실 소식은 없고 호중구는 좀 내려갔지만, 백혈구는 올라갔다. 낮에 복도를 좀 돌았다. 저녁에도 30분간 복도를 걸었지만, 속이 시원해지는 느낌은 없다. 오늘은 조금 일찍 자야겠다.

윤명이 학교에서 전화했다. 약대 실험실 하나를 내주어서 거기서 시험공부를 할 모양이다. 내가 집에 있을 때도 집밥을 거의 먹지 않았지만, 식당이나 편의점에서 거의 사 먹으니 안타깝다.

내가 거의 정신 없이 살고, 힘도 없어서 맛있는 것도 못 먹인 거같아 미안한 생각이 든다.

12월 6일(수)

어젯밤엔 잠 좀 잔 것 같아 6시에 일어나 30분간 복도를 돌았다. 땀이 좀 나야 하는데 안 났다. 들어와서 아침을 조금 먹었는데 영양제를 맞고 있어서 기운이 하나도 없다. 간호사가 열을 재보니 38℃가 넘는다. 아침부터 너무 기운을 뺏나 싶어서, 기운도 없고 하여 12시까지 잤다. 그리고 화장실에 갔는데 확실히 소변에서 인가 피가 묻어나온다. 전보다 조금 더. 이제 가래 기침은 확실히 줄었는데 이번에는 다른 문제가 생겼네. 남편이 오후에 왔다. 진단서를 떼어서 학교에 fax로 보냈다. 민규가 한국 왔다는 소식이 왔다. 여기는 저녁 6시부터 10분간만 면회가 된다고 쓰여 있다. 내일은 시간이 안된다고 6시에 왔다. 호주에서는 잘 지냈고 아영이 열심히 공부한다고 했다.

종일 열이 안 떨어진다. 심하진 않지만 미열 수준으로. 요즘 식사

내가 아파서 다행이야

량을 줄였더니 볼일을 못 보고 있다. 가래 검체를 내라고 해서 열심히 모아서 냈다. 한화에서는 금요일에 되겠다고 한다. 열 때문에 기운이 없어서 오늘은 종일 운동을 못 했다.

12월 7일(목)

소독, 이실(18-115).

오늘도 38℃다. 두드러기는 성을 내고 점점 커져서 좀 가렵기도 하다.

잘 때 기침 가래가 덜해져 다행이다.

옆 침대 강○○(45세)은 처음에 재생불량성 빈혈로 부산에 있는 대학병원에서 치료받다가 골수 이형성 증후군으로 전이 되어 이식받고 일상생활을 잘하고 많이 돌아다녔다고 한다. 그런데 2년 만에 재발이 되어 입원했다. 하지만 암이 아니기 때문에 항암도 외래로 다니고 금방 회복이 되나 보다. 오늘 퇴원하고 나도 병실을 옮겼다.

대청소한다고 해서 남편이랑 휴게실에 있다 보니 벌써 퇴원하고 없었다. 오늘은 공여자 신체검사를 하는 날이라 남편이 일찍 큰 오빠네 들러 큰오빠를 모시고 각종 검사를 받도록 했다. 온 김에 큰오빠가 병실에 들렀다. 큰오빠도 좀 불안해하는 것 같았다고 김○○ 교수, 코디네이터랑 함께 면담한 남편이 전했다. 남편은 병실 옮기느라 짐을 빼고 정리해주고 돌아갔다. 윤명이가 전화했다. 내일 할 발표 준비도 하고 다음 주부터 시험이니 무척 힘들겠다.

병실을 5인실로 옮기고 나서 마음이 좀 편해졌다. 2인실은 하루에 250,000원씩 날아가는 곳이라서.

얼른 퇴원하고 싶다

●●●

12월 8일(금)

약물부작용 발진 시작, 열 내림.

자다가 식은땀이 나서 환자복이 흠뻑 젖었다. 화장실 갔다가 다시 잤는데 아침에 또 옷이 다 젖어있어서 갈아입었다. 그리고 열이 내려서 정상 체온이 되었다. 어젯밤 이후로 기침·가래도 아직 없어서 다행이다.

종일 정상 체온이다. 남편이 12시쯤 왔다. 피곤하다고(어젯밤 잠이 안 와서 요리에 쓰다 남은 소주를 마시고 2시에 잤다며) 보호자용 의자를 펴고 잤다. 간호사가 자주 들르는 바람에 푹 자지는 못하고 일어났다.

약을 먹어서인지 복부 팽만감이 덜해져서 밥량을 좀 늘렸더니 몸무게가 64.9로 원상 복귀되었다. 그래도 배가 한결 나아지니 살 만하다.

이제 두드러기만 가라앉으면 된다. 기침가래도 종일 없었다.

오늘 운동이 너무 부족한 듯해서 9시(p.m.)부터 복도를 돌았다. 아녜스가 아파트를 샀는데 몇 억이 올랐다고 한다. 부럽긴 한데 욕심은 나지 않는다. 복도를 돌다 보니 부부가 앉아서 묵주기도를 하고 있다. 9일 기도를 하는 것이겠지. 나도 9일 기도를 54일 했지만, 그 부부를 보니, 주님께서 얼마나 흐뭇해하실까 하는 생각이 들었다. 하지만 남편이 주일 미사를 열심히 참례하고 있으니 그것도 이뻐하실 거다.

검사 결과가 잘 나와서 얼른 퇴원하고 싶다.

오전에 18층으로 한화생명 설계사가 와서 2·3차 입원서류를 인계했다.

1번 침대 엄마도 62세인데 동안이다. 딸도 엄마 닮았다.

4번 침대는 서글서글한 아저씨가 스트레칭과 안마를 매일 해준다. 이식 두 달 만에 디스크가 터져 입원한 거다. 그냥 현상 유지만 하려 입원했다고 한다. 호중구 수치가 낮으니 시술이 어렵기 때문이다.

12월 9일(토)

18층에 온 이후로 계속 마스크를 쓰고 잤는데 어젯밤에는 마스크 안쪽 얼굴이 자꾸 가려워서 손을 넣고 긁게 되었다. 조용히 누워 자려는데 슬슬 상체 부분도 가려워 온다. 옷 때문에 더한가 하여 배와 목을 내놓고 잤다. 두세 시간 후 화장실을 다녀오니 2번 침대 간병인이 침대 불 켜 놓은 채 소곤소곤 얘기하는 소리가 계속 들린다. 이후 잠이 안 와서 투병일지 등등의 폰 검색을 하다가 아침이 되었다. 거울을 보니 역시 턱과 입술 주위까지 발진이 도졌다. 간호사에게 얘기하고 엔케어도 시켰다. 남편이 일찍 (9시?) 와서 커피와 죠리퐁을 맛있게 먹었다. 그리고 의자에 앉더니 여지없이 자고 있다. 그것도 내가 얘기를 하는 도중에 말이다. 간호사가 오는 바람에 깨어서 일어난다. 밥이 나오고 다 먹고 나서 남편도 식당으로 내려갔다. 오늘 모임이 2개나 있는데 사당이랑 부천이라고 한다. 5시쯤 간호사가 몸무게를 측정하라고 해서 체중계에 올라갔더니 65.45kg이나 된다. 남편이 심부름해 주고 과자까지 먹어서 그런가 보다. 깜짝 놀라서 저녁 식사 나올 때까지 복도를 돌았다. 그래 보았자 소모 열량은 극히 미미할 텐데 마음의 위안으로….

그래서 저녁 식사량도 조금 줄였고, 밤에는 물만 좀 먹었다.

저녁 운동을 너무 늦게 시작하여 10시에 끝났다. 내일은 이 붉은 상체를 서서히 회복시켜 주시기를 간절히 바라며….

내 몸이 아닌 것 같다

● ● ●

12월 10일(일)

어젯밤에는 남편이 부천에 성희 씨가 만든 범띠 모임 갔다가 12시가 되어 들어갔다. 나도 어쩌다 보내 12시를 넘겨 잠이 들었다. 5시쯤 간호사가 식전 약을 주고 간 후 잠이 안 와서 FM 라디오를 듣다가 6:30 일어나 스트레칭, 7:10 복도 걷기를 했다.

밥 차가 와서 병실로 들어왔다. 오늘 식사는 모두 밀가루로 선택했다. 아침에 빵 조금 먹고, 점심엔 스파게티, 저녁은 볶음 우동, 모두 포기할 수 없었다.

뱃속이 어떻게 응답하는지 볼 것이다. 체중은 65.5kg, 손은 부어서 뻑뻑하고 소변량은 눈에 띄게 줄었다. 간호사에게 피검사와 소변

검사에 이상소견이 있냐고 물어보니 없다고 한다. 방광염은 아닌가 보다. 온몸의 붉은 점은 여전하다. 더 심해지기도 힘들게 붉은 물이 들어버렸다. 내 몸이 아닌 것 같다. 점심 먹을 때 남편이 왔다. 꼬깔콘을 후식으로 먹었다. 마침 4시 미사가 있어 남편은 미사 보러 갔다. 그 사이에 책을 좀 보려다가 너무 졸려서 잠들었나 보다. 그러다 보니 어느새 또 저녁 먹을 시간이다. 6:30 p.m. 쯤 남편은 집으로 갔다. 미모 카톡방을 보니 지난 마르타 언니 생일 모임에 정 선생님을 초대했는데 권선동 성가대 지휘를 맡고 싶다고 하시나 보다. 일이 잘되었으면 좋겠다. 전처럼 성가대에 봉사하고 싶다. 하지만 언제 회복이 될는지 모르겠다.

12월 11일(월)

어젯밤에 좀 일찍 잠들었다. 화장실 가려고 깨어보니 밤 11시다. 온몸이 가렵다.

그리고 화장실을 또 한 번 갔다 오니 5시 체온 맥박을 재러 왔다. 조금 누워있다가 일어났다. 어제 스트레칭을 너무해서 그런지 허리가 아프다. 몸은 거의 빨간색으로 변했고, 얼굴은 원숭이 얼굴같이 되었다. 아침을 먹고 샤워를 했다. 다행히 그사이 회진은 없었다. 흉부 X-ray를 찍었다(18층에서).

점심 전 남편이 왔다. 점심을 먹고 나니 너무 졸려서 잤다. 남편은 점심 먹고 스트로우랑 비닐장갑을 사다 놓고 자리에 없다. 피부과에서 와서 보고 또 약을 처방해 주었다. 내가 저녁 식사하는 걸 보고 남편도 집으로 돌아갔다. 오늘 김○○ 교수 회진이 없었다. 혹시

나 퇴원할 수 있을까 하는 마음을 접었다. 저녁에 갑자기 간호사가 와서 오늘 화장실을 한 번밖에 안 갔다며 몸무게를 재보자고 한다. 오전에 건네준 기록지에 다 써냈다고 했더니 총 몇 번을 갔느냐며 또 묻는다. (그럴 거면 뭐하러 적어냈나?) 인수인계가 잘 안 되나 보다. 남편이 간 다음에 엔커버랑 라아제를 먹었다. 저녁을 조금 먹었더니 좀 부족한 듯했다. 살이 찌는 이유다. 좀 졸다가 복도를 여러 바퀴 돌았다. 소화를 돕기 위해서.

내일은 남편이 시골에 다녀온다고 한다. 청주에서 한약도 짓고 겸 사겸사. 저녁에는 동네 역사 교실 팀 종강 회식에 간다고 병원에 못 온다고 했다.

마루타도 아니고

● ● ●

12월 12일(화)

윤명이는 시험 기간이라 새벽 세 시에 아빠 차로 등교했다. -9℃의 추운 날씨다.

6시에 일어나 7시 30분쯤 아침 식사를 했다. 어제 먹은 과자와 엔 커버 때문에 배가 더부룩하다. 밤에는 등이 가려워서 잠을 설치다 가 약을 바르고 다시 잠을 청했다. 그런대로 잠이 들었나 보다. 아 침에도 몸이 따끔따끔하고 가렵다. 침대 등받이를 세우고 졸려서 잠을 좀 자다 눈을 떠보니 약 먹을 시간이 지나버려 허겁지겁 먹다가 한 알을 떨어뜨렸다. 민규한테서 내일 오겠다는 전화가 왔다.

점심 먹고 침대 베갯머리를 바꾸었다. 발 쪽 천장에서 시원한 바람이 계속 나와서, 머리를 그쪽으로 두니 너무 시원하다. 점심은 닭다리 볶음밥(들척지근한 소스)을 먹고 너무 졸려서 좀 졸다가 다시 약을 먹었다. 남편한테서 전화가 왔다. 한의원에 갔다가 시골에 들렀다 온다고 한다. 청주의 한의원에서는 밀가루와 당분이 독이 된다고 했단다. 알고는 있었지만, 잔뜩 사다 놓은 과자의 유혹을 물리치기가 어렵다. 간호사가 와서 안 맞아본 항생제가 있다면서 피부 테스트를 하고, 새로운 항생제를 주입했다. 그 수많은 항생제 중에 아직 안 맞아본 게 있다니 헛웃음이 났다. 무슨 마루타도 아니고 무조건 주입하고 가버린다. 8:50~9:20 p.m. 복도를 돌았다.

남편은 청주에서 아영이 혼수품 베개 세트를 돌렸다. 셋째 형네도 들렀는데 무척 반가워했다고 한다.

12월 13일(수)

겨드랑이와 등 엉덩이 부분이 따끔거리고 가려워서 밤새 잠을 설쳤다. 아침에 보니 가슴은 아무는 중인데 새로운 곳으로 번져가고 있다.

얼굴은 그대로 벌겋게 성을 내고 있고. 할 수 없이 가려운 곳에 스테로이드제 로션을 발랐다. 새벽에 발랐는데 아침이 되니 아무 소용 없다. 이런 때 괴롭다는 표현을 써야 하나 보다. 8:00쯤 남편이 전화했다. 윤명이 등교시켜 주는 중이라고. 날씨가 영하 11℃ 라니,

한파가 몰아치고 있다. 12:30 남편이 병실로 들어왔다. 고해성사를 보러 갔는데 세례를 받은 지 8년 되어서 다시 교리를 받고 고해성사를 받아야 한다고 말씀하셨다고 한다. 남편이 있을 때 민규가 전화를 했다. 원래 오늘 오겠다고 했는데 감기 기운이 있다고 하여 남편이 만류했다. 저녁을 먹고 나니 향○이 전화를 해왔다. 18층으로 올라온다는 거였다. 다음 주 월요일 오는 것으로 내가 착각하고 있었던 거다. 민규가 왔으면 무척 곤란한 일이 생길 뻔했다.

향○·인○이랑은 휴게실에 앉아서 편하게 얘기할 수 있었다. 애들이 마스크를 쓰고 있더니 너무 덥다고 하며 벗으라고 하였다. 내가 결혼식에 참석 못 하는 것을 알고 섭섭(?)해했다. 그리고 안젤라랑 통화했다. 힘든 일을 많이 겪었단다.

9시 넘어 방으로 돌아와 잠을 청했다.

12월 14일(목)

새벽 2시에 화장실에 다녀온 후 잠을 잘 수 없었다. 겨드랑이와 팔의 발진이 너무 가렵고 따끔거린다. 스테로이드제 로션을 안 바르고 참아보려고 하였더니 더한가 보다.

빨리 날이 새기만을 기다렸다. 할 수 없이 스테로이드 로션을 발랐더니 한결 나았다. 아침 먹고 감염내과 김○○ 교수님이 오셔서 발진은 잦아들 거니까 내일이나 모레 퇴원하라고 한다. 갑자기 기분이 좋아졌다. 밀가루를 피하려고 먹고 싶은 라면 대신 점심은 밥을 택했다. 열심히 되새김질하여 씹어 먹었다. 간호사가 와서 내일 퇴원이 가능하다고 한다. 남편은 소소한 일 처리하고 집 청소한다고 오늘은 오지 않기로 했다.

　허리가 너무 아파서 걷기가 힘들다. 다리 한쪽이 아팠다가 괜찮은 것 같다가 반복이다. 관리만 잘하면 전처럼 써먹을 수 있을 거 같긴 한데. 한편 이식 후까지 잘 버텨줄 수 있을지 걱정이 되기도 한다. 내일 퇴원(점심 식사 후) 하기로 했다. 집에 가면 장어를 시켜 먹어야겠다.

　저녁 먹고 좀 쉬다가 복도를 도는데 오른쪽 다리가 저려서 20분 정도만 채우고 들어왔다. 가려운 곳에 스테로이드 연고를 바르고 환자복을 갈아입었다. 독한 맛 입가심으로 가글을 하고 자야겠다. 내일은 퇴원이다! 지휘자 샘께 톡 했는데 답이 없다. 기분 나쁘다. 말만 그럴듯하게 하더니. 나도 서서히 정리해야겠다.

무리한 퇴원은 아닌지

● ● ●

12월 15일(금)

　아란아 시험 잘 봐!

　일생일대의 가려움에 시달렸다. 억지로 잠을 청했으나 너무 가려워서 새벽 한시 휴게실에 나가 스마트 폰을 좀 하다가 간호사실에 주사를 부탁하고 들어왔다. 주사액이 들어오고 그래도 조금 나아졌는지 잠을 좀 자려는데 옆 침대에서 불을 켜고 큰 소리로 환자가 보호자에게 아프다고 이것저것 요구했다. 나는 계속 가려운 가운데 잠을 잘 수가 없다. 이 상태로 퇴원해도 될까? 손등과 팔이 미친 듯이 가렵고 따끔거린다.

불 켜놓고 얘기하는 건 간병인이 있는 전○○ 씨네도 마찬가지다.

남편한테서 오전에 전화가 왔는데 청소 중이라고 한다. 너무 무리하는 건 아닌지 모르겠다.

점심 후 퇴원이라 식사를 하고 남편이 와서 짐을 꾸렸다. 간호사가 퇴원 확인이 되었다고 하여 옷을 갈아입고, 남편과 함께 20층에 올라가 계산을 할까 했는데 허리가 아프고 오른쪽 다리도 저리고 아파서 꼼짝할 수가 없다. 하는 수 없이 휴게실에 앉아 기다리기로 하고 남편이 20층에 다녀왔다. 이번 입원 기간은 12.03~12.15인데 2인실에 입원하는 바람에 입원료가 690,000원이나 된다. 온몸에 발진이 나고 코도 헐고 허리가 망가져 서 있기도 버겁지만 일단 집으로 오는 마음은 특별하다.

마치 집에 오면 모든 증세가 나아질 것만 같다. 집이 와서 남편이 사 온 전설의 통닭을 먹고, 저녁까지 먹으니 너무 배가 부르다. 과식의 후회.

12월 16일(토)

윤명이는 아침 일찍 학교에 갔다고 한다. 나는 7시쯤 일어났다. 어젯밤에 손등과 발이 가려워서 남편이 얼음 팩을 가져다주었다. 코와 콧속이 헐어서 꽉 막혔다. 호중구가 낮아서 낫지 않나 보다. 오늘 아영이가 결혼할 더케이 웨딩홀 뷔페에서 시식하는 날이라 아란

내가 아파서 다행이야

이 깨워서 10시쯤 남편이 나갔고, 윤명이는 자전거로 합류했다고 한다. 뷔페는 그런대로 괜찮았다고 한다.

아침 먹고 과자 봉지와 사과를 먹었더니 배가 너무 불렀다. 점심은 밥과 참치 조림을 먹었는데 남편이 맛있게 조렸다. 저녁에 동창들 모임이 있다고 갈치 조림을 해놓고 갔다. 갈치 조림도 맛있었다. 9:30 p.m. 아란이 스타벅스에서 공부하다가 돌아왔다. 내가 현관문을 못 연다고 했더니 여는 요령을 가르쳐 주었다. 두 손으로 가운데 부분을 세게 누르면 된다고 한다. 그래서 그대로 해봤더니 거짓말처럼 열렸다.

10시 넘어 남편도 돌아왔다. 아란이는 배가 고픈지 치킨과 감자튀김 남은 것을 데워 열심히 먹었다. 윤명이는 학교에서 자고 내일 밤 오겠다고 한다.

갈수록 태산

● ● ●

12월 17일(일)

어제 투약 봉투를 정리했는데 하루 7차례, 16알을 복용해야 한다. 남편은 오늘 6시 미사를 가겠다고 했었으나 8시쯤 밥하러 일어났다. 팔과 손의 발진은 정말 지독하다. 아직도 가려움증이 남아 있어 숙면에 방해가 되었다. 역시 아란이는 일어나지 않는다. 10시쯤 아란이 졸린 얼굴로 나와서 어제 배달된 장어를 구워 먹었다. 맛이 괜찮았다. 아란이는 들어가더니 또 자나 보다. 내일이 시험인데… 아란이 공부하다가 10:20 p.m. 아빠랑 캐리어 끌고 학교로 갔다. 윤명이는 5시쯤 들어오더니 편의점 김밥을 먹고 얼른 잔다고 한다. 12시까지 자고 다시 학교로 가겠다는 거다.

밥을 먹으면 콧물이 나오는데 피가 같이 나와서 겁이 덜컥 났다. 가만히 두었더니 더는 나오지는 않는다. 혀에는 빨간 혓바늘이 맺혀 있고, 입천장은 헐고, 코도 헐고, 허리가 아파서 구부리고 다녀야 한다. 정말 갈수록 태산이다. 이제 빨래를 할 수도 널 수도 없게 되었다.

12월 18일(월)

애들이 시험 기간이라 애쓰고 있다. 윤명이는 오늘도 저녁을 먹고 왔다며 자고 밤 12시에 학교에 간다고 방으로 들어갔다. 코와 피가 엉겨서 코로 숨쉬기가 너무 힘들어 조금만 통로를 만들어 보려다가 또 사고를 쳤다. 피가 솔솔 계속 나오는 거다. 고개를 젖히고 있었더니 피딱지에 막혀 나오지는 못한다. 남편이 외래 진료를 내일 10:10 a.m.으로 변경했다. 두 시간 만에 혈액 검사를 해야 하니 집에서 7시에 출발해야 한다.

낮에 기온이 따뜻하게 느껴져 샤워했다. 온몸이 보디페인팅을 한 사람처럼 변해있다. 허리도 아프고 하여 그냥 남편에게 맡겼다. 다행히 가슴, 배 등은 아물어 있다. 스테로이드제 로션을 바르고 싶어서 세타필 로션을 온몸에 발랐다. 유해 성분이 적은 것으로 되어 있어 안심하고 바르는 거다.

샤워 후 가슴관 소독을 하고 나니 생각 외로 개운하다. 살이 쪄서 허리가 더 아픈 것 같다. 저녁은 토마토, 바나나 익힘, 주스와 밥, 안 매운 닭도리탕을 적당히 먹었다. 그런데 과자가 자꾸 당긴다. 암세포는 당분을 좋아한다는데 아무래도 과자의 유혹은 암세포의 명령인지도 모르겠다.

12월 19일(화)

6시에 일어났다. 코가 막혀서 남편이 자다 말고 서재 방으로 옮겨 갔다.

여섯 시간 금식이라 아침은 안 먹고 남편은 차를 보러 주차장에 내려갔다 왔다. 성모병원 채혈실에서 채혈하고 혈액 내과 진료받았는데, 공여자(큰오빠) 검사 결과를 살펴보더니 신장을 정밀 검사해야겠다고 한다. 큰 이상은 아니고 혈압약을 가끔 먹고 흡연했다 하여 자세히 보려나 보다.

큰오빠에게 연락해서 2:50에 오시라고 했다. 3차 진료 기관이라 가정의학과에서 의뢰서 발급받고 내분비과에 남편과 큰오빠가 들어갔다 나왔다.

정밀검사는 또 내원해야 하나 보다. 큰오빠는 연말에 계속 병원에 출근해야 한다며 웃었다. 고맙고 미안했다.

오늘 열도 38℃가 넘어 김○○ 교수님이 감염내과를 봐야 한다고 해서 1:30 p.m.에 첫 번째로 진료받았다. 피떡으로 막혀있는 내 코와 사람 손 같지 않은 내 손을 보더니, 한숨을 쉬었다. 그리고 약 처방을 받았다.

병원에서 아침은 소고기 버섯 죽을 먹고 점심은 명동 칼국수를 먹었다. 칼국수가 아주 맛있었다는 게 오늘의 즐거운 일. 혈소판 수혈을 받으러 주사실에 갔는데 사람이 너무 많아서 한 시간 이상을 꼬박 의자에 앉아서 맞았다. 몸살이 날 것처럼 힘이 들었다. 모두 함께 차를 타고 수지 오빠 댁에 모셔드리고, 홍덕중학교에 서류를 가지러 또 들렀다. 아침 7시에 나가서 저녁 5시에 귀가했는데 너무 너무 힘들어서 침대에 누웠다. 몸살이 나지 않을까 두려웠다. 병원에서는 걷기 힘들어 휠체어를 타고 다녀야 했다. 몸이 천근만근이다. 밤에 윤명이한테서 전화가 왔는데 감기 기운이 있는데 집에 가도 되냐고 해서 오지 말라고 했다. 마음이 아팠다.

12월 20일(수)

밤에 보신탕을 만드느라 남편이 잠을 제대로 못 잤다. 아침에 침대로 와서 눈을 조금 붙였는데 잘 잔다. 아침은 10시쯤 먹었다. 입 천장이 헐어서 고춧가루 안 넣고 남편이 열심히 만든 보신탕을 먹었는데 맛있다. 나보다 요리 실력이 나은 것 같다. 점심은 건너뛰려다가 약 때문에 또 먹었다. 저녁은 청국장을 심심하게 했는데 맛있었다. 남편의 음식 솜씨가 일취월장이다.

오늘 아란이는 기말고사 끝나고 내일 윤명이도 시험이 끝난다. 내가 보는 건 아니지만 애들이 애쓰는 걸 생각하면 안타깝고, 끝나면 개운하다. 자식 일이기도 하지만 나도 예전에 같은 과정을 거쳐 그 심정을 잘 알기 때문이다. 나는 시험 때만 되면 설사가 나서 밥을 안 먹고 등교 직전까지 암기용 메모를 들고 다녔던 기억이 난다. 두어 시간 땀 빼고 샤워를 하니 개운한 것 같다.

두드러기는 조금씩 좋아지는 것 같긴 한데 자세히 보면 그사이에 빨갛게 성을 내고 부어 있는 부분이 있다. 정말 지독하다. 내 피부를 모두 집어삼키고도 아직 봐줄 줄을 모르다니. 다 나은 등과 배 부분은 껍질이 벗겨져 감당하기 힘들다. 그렇지 않아도 건성피부라 겨울이면 관리하기 힘들었는데 이건 완전히 허물을 벗고 있다.

남편이 탁구장 간 사이 과자를 많이 먹었다. 뱃살에 도움 안 되고 백해무익한 건데 나약한 인간. 윤명이는 오늘도 공부하다가 동기네 원룸에서 자고 학교 간다고 한다.

남편의 고해성사

● ● ●

12월 22일(금)

어젯밤 누워 있는데 남편이 12시쯤 들어왔다. 탁구 동호회원들 5명과 소주 5병을 마쳤다는 거다. 술이 느는 것 같다고 했다. 조금 있더니 갑자기 꺼이꺼이 울었다.

윤명이도 자는 한밤중인데 소리가 너무 큰 것 같아 진정을 시키려 애썼으나 한참을 울었다. 자기가 잘못했다며 내게 고해성사를 한다. 나도 눈물이 나서 간신히 뚫어 놓았던 코가 다시 막히게 생겼다. 그러다가 잠이 들었다. 나는 잠이 잘 오지 않았다. 병원 생활 시작한 이후로 깊은 잠을 잘 수가 없게 되었다.

이 생각 저 생각으로 일찍 잠들지 못하는 데다 새벽 5시면 간호사들이 와서 혈압 맥박 체온을 재고 말을 시키기 때문이다.

그럭저럭 아침 8시에 일어났다. 남편은 머리가 아프다고 했다. 오늘은 학교에 가서 수석교사 관련 공문을 보내야 한다고도 했는데, 아침을 먹고 나니 시간이 많이 흘렀다. 윤명이는 오래 잤다. 오늘이 동지라서 본죽에 가서 팥죽을 사다 먹기로 했다. 남편은 청소하고 윤명이가 사러 갔다. 윤명이 빨래를 너느라 죽이 식도록 들어오지 않는다. 윤명이 감기가 다 낫지 않아서 나는 소파에서 먹었다. 그리고 친구들 만나러 밖으로 나가겠다고 했다. 감기 옮길까 봐.

점심 식사 후 남편은 학교로 갔다가 5:30 p.m. 쯤 돌아와서 김치 리조또를 만들어 주었다. 버터와 햄이 들어가서 몸에 썩 좋은 건 아니지만 진짜 맛있게 잘 만든다. 그리고 외고에 가서 아란이를 데려왔다. 8:30 p.m.이나 되었다. 아란이는 오늘 합창제를 하고 여유 있는 하루를 보내고 귀가한 거라 나도 마음이 놓인다. 김치 리조또를 맛있게 먹고는 목이 따끔따끔하다며 제방으로 들어갔다.

11시가 넘었는데 윤명이는 오지 않고. 이제 집에서 지낼 날이 이틀밖에 남지 않았다.

12월 23일(토)

둘째 오빠 내외 방문, 아란 강남으로 쇼핑, 윤명 동기 방에서 돌아옴. 샤워.

내가 아파서 다행이야

피부는 조금씩 나아지는 느낌이다. 방사선 조사전에 다 나았으면 좋으련만.

오늘도 걷기는 힘들지만 더 나빠지지 않아서 다행이다.

아란이는 중학교 친구 서○○과 놀러 강남으로 간다고 했다. 모처럼 시험도 끝났고 신나게 놀고 오라고 했다. 윤명이는 동기네 원룸에서 자기 옷 빨래하고 3시쯤 왔다. 감기가 다 낫지는 않았지만, 그냥 밖에서 떠도는 것보다 집에서 편히 쉬어야지. 요즘 감기는 독해서 사나흘로는 떨어지지 않는다. 내가 또 입원하니까 그때까지만 조심해야겠다.

오후 4시에 둘째 오빠 내외가 오셨다. 들어오지도 않고 현관에서 얘기하고, 나는 서 있기 힘들어 남편이 의자를 가져다주어 앉아서 있었다.

쿠키 2상자와 봉투를 주고 가셨다. 병원비 천만 원과 아영이 축의금 삼백만 원이 들어 있다. 남편이 전화했더니 오빠가 그리 힘들게 번 거 아니고 머리 좀 굴려서 번 거니까 부담 갖지 말라고 했단다.

어제 샤워를 해야 했는데 어쩌다 미루고 오늘 했다. 발진이 나아진 곳에서 허물이 벗겨져 내가 지나온 자리마다 허연 각질이 날린다. 샤워했지만 몸을 건드리면 안 되기에 남편이 손으로 밀어주었다. 손등에서도 허물이 자꾸 벗겨진다.

윤명이 돌아와서 김치 매생이 전을 잘 먹는다. 아란이는 9시쯤 들어왔다. 전은 1/4만 먹었나 보다. 오래간만에 쇼핑을 하고 옷을 입어 보여주었다. 탁구장에 갔던 남편은 지인이 그려준 성모님을 가져왔다.

12월 24일(일)

요즘 코에 피딱지가 엉겨 붙고, 새로운 콧물이 나오면서 나아질 기미가 안 보인다.

5:20쯤 알람 소리가 울려 왜 이리 이른 시간에 맞추었냐고 하니 새벽 미사에 다녀온단다. 지난번 판공에서 신부님이 받아주지 않아 걱정했는데, 정말 고맙다. 아이들을 깨워 9시에 밥을 먹었다. 아이들은 밥을 먹고 다시 방으로 들어갔다. 윤명이와 아란이 모두 감기와 감기 기운이 있어서다.

아란이 비데스 가는 날이라 12시에 아빠가 수원역까지 태워주고 돌아왔다. 윤명이에게 장어를 드디어 먹였다. 시험 기간이고 감기 걸렸다고 밖에서 돌아 지금까지 못 먹었다.

아란이는 저녁까지 먹고 9시쯤 돌아왔다. 비데스가 늦게 끝났나 보다. 저녁 무렵 숨쉬기가 너무 힘들어 견딜 수가 없다. 목욕탕에서 될 때까지 한다는 평소 습관을 살려 물을 계속 들이쉬었다, 내쉬었다 하며 딱딱한 코딱지를 녹였다. 전에도 시도했던 방법이라 금방 되지 않았지만 계속했다. 그리고 상태가 좀 양호한 오른쪽 코부터 약간 말랑해진 앞부분의 핏덩어리를 조금씩 당겼다. 코털과 엉겨서 아팠다. 전처럼 또 피가 터지면 큰일이라 다시 물을 축여가며 녹였다. 그리고 또 조금 당겨 보았다. 그렇게 몇 번 반복하다 보니 거짓말처럼 길이 2~3cm 정도 되는 핏덩어리가 쑥 빠져나왔다. 앞쪽은 돌처럼 딱딱하게 굳어 있었지만, 안쪽은 그 정도는 아니었다. 머리가 뻥 뚫리는 느낌이다.

용기를 얻어 왼쪽 콧구멍에도 도전했다. 그리고 성공했다. 기도가

내가 아파서 다행이야

통했나 보다. 코로 숨을 쉴 수 없는 고통 당해보지 않으면 모른다. 나는 케이크를 먹을 수 없고, 아이들은 감기에 걸려 크리스마스 파티는 안 하기로 했다.

밤이 되자 나의 감기 기운도 사라지는 느낌이다.

조혈모세포 이식을 위한 입원

● ● ●

2017. 12. 25(월)

성탄절, 이식을 위해 입원했다. 아침 먹고 실을 챙겼다. 이식은 새롭게 태어나는 것이나 마찬가지이다. 실은 생명을 상징하는 것이기 때문이다. 이식을 위한 입원은 준비물이 많고 철저하다. 병원 지하 1층 의료기 상점에서 사야 할 것이 많은데 휴일이라 빠진 것은 내일 남편이 가져오기로 했다. 면회는 1시와 8시 한 시간씩뿐이다.

점심은 쇠고기 반찬으로 먹고 2시에 출발했다. 자다 보니 40분 만에 병원에 도착했다. 입·퇴원 수속 하는 곳에서 양식을 작성하느라 시간을 좀 잡아먹었다.

큰시아주버님이 2:30 p.m.부터 기다리고 있었다며 나타나셨다. 신경을 너무 쓰신다. 민규가 3:20 p.m.까지 오기로 했다고 하여, 1층에서 기다리다가 아주버님은 가시고 민규와 함께 20층으로 올라왔다. 113호다. 정○○(45) 씨가 반겨준다. 맞은편에 입원한 분은 완치

후 7년 있다가 다시 발병하여 오셨다고 한다. 자가이식 계획이란다.

짐을 검사받고 카트에 끌고 들어와 남편이 정리했다. 5:30 p.m. 쯤 남편을 보냈다. 아란이 캐리어도 학교에 가져다주어야 하기 때문이다.

이곳 멸균실은 4인실인데 4번 침대는 아직 비어있다. 나는 창가쪽 3번 침대가 배정되었다. 화장실은 2개이고 커튼은 비닐로 되어있다. 다른 입원실과 별반 다르지 않다.

혈색소 수치와 혈소판 수치가 낮아서 수혈을 받기로 했다. 그리고 구충제를 한 알 먹었다.

6:40 p.m. 2층에서 X-ray를 찍고 왔다.

아침 점심 저녁은 선택의 범위가 매우 넓다. 음료수는 3개까지 선택이 가능하다.

밤에 혈색소 2팩과 혈소판 1팩을 맞았다. 자고 있는데 11시쯤 이식에 대한 설명과 동의서를 가지고 왔다. 나가자고 하기에 일어나기도 힘들고 하여 여기서 하자고 했다. 빠른 설명이 끝나고, 내가 한번 읽어보고 싶다고 했더니 30분 있다가 오겠다고 한다.

방사선은 하루 두 번 오전과 오후 20분씩 4일간 맞고 하루 쉬고 항암제 맞고 이식받고 이식 후에도 항암제와 면역 억제제를 일주일 맞는 것 같다. 잘 버텨야 한다.

질 세정제를 넣어야 한다고 가져왔다. 내가 넣겠다고 했더니 설명을 해주었다. 그런데 너무 아파서 콜 벨을 눌렀다. 윤활제도 안 바르고, 잘못 들어가서 간호사가 다시 제대로 해주었다. 그래도 30분 이상 통증이 있다가 점점 사라졌다. 괜한 짓을 해서 후회막급이었다.

내가 아파서 다행이야

2017. 12. 26(화)

방사선 1일.

6시에 일어났다. 식전 약을 7시에 먹고, 아침 식사는 7:30 좀 지나서 들어왔다.

민○○ 교수님이 오셔서 내 다리를 보고 피부과 협진을 받으라고 하였다. 10:30 p.m. 드디어 방사선 치료를 받으러 지하 1층으로 갔다. 방사선은 왼쪽 10분, 오른쪽 10분을 쬐었다. 음악을 들으며 하염없이 앉아 있으려니 졸려서 입이 자주 벌어졌다.

몸이 묶여있어서 오히려 편안했다. 감염내과 이○○ 교수님이 와서 내 피부를 보고 약을 바꾸겠다고 한다. 소변 검체 여러 개를 내고, 가래 검체에다 대변 검체도 내야 한다. 가슴 CT는 저녁에 찍는다고 한다.

방을 소독하러 왔는데 내 침대가 피부 껍질로 덮혀있다. 아침에 로션을 바르고 옷을 갈아입었는데 아무 소용이 없다. 난감하다. 11시에 심전도 검사를 하러 왔다. 손목, 발목에 굵은 집게를 걸고, 가슴에 여러 개의 선을 붙이는가 싶더니 끝났다고 한다.

맞은편 침대 환우는 오늘 19층으로 이실한다고 한다. 몸이 매우 힘들어 보인다. 병실을 옮기는 이유는 잘 모르겠다. 물었더니 이식이 끝났고 수치가 올라가 옮겨야 한다는 거다. 잘되었다. 그런데 열이 안 떨어져 퇴원을 못 하나 보다. 12시 30분 점심이 나왔다. 먹고 식판을 내려놓자 남편이 왔다. 이것저것 사고 약, 두건도 사고 정신병원도 다녀오고, 그리고 점심도 먹고 왔다고 했다. 윤명이가 집 청소, 분리수거 등 많이 하고 있다고 한다.

한 시간이 지나서 남편은 가고, 채변 검체를 내놓았다. 가슴관 소독도 했다. 우유색 간보호제, 항암제, 노란 수액도 맞았다. 재발 위험성이 높은 환자라서 척수 검사를 해야 하므로 동의서를 받아 갔다.

검사는 언제 할지 알 수 없다고 한다. 자다 보니 저녁 5시가 다 되었다. 체온, 혈압, 체중을 재러 와서 깨었다. 65.5kg이 나왔다. 내일 오후에 척수 검사를 한다고 한다. 혈소판이 5만이 넘어야 검사할 수 있어서 혈소판 주사를 또 맞을 것이라 했다. 저녁 식사는 흑임자 죽이 맛있었다. 7:50 p.m.에 CP(흉부)를 찍으러 내려갔다. CT는 몇 분 만에 끝났는데 방사선 여는 시간(8:30)이 안 되어 30분 이상 기다렸다. 허리가 버틸 수 있을지 걱정이 되었다. 인내심으로 버텨서 방사선 치료도 무사히 끝내고 이송 아저씨를 또 기다리다 올라오니 9시가 넘었다. 힘들었다. 10시에 질 세정제를 또 넣어야 한다.

2017. 12. 27.(수)

척수 항암, 방사선 2일.

6:30 a.m. 일어나 샤워했다. 가슴관 있는 어깨는 빼고 머리 감고, 복부 아래쪽만 씻었다. 오늘 척수 항암을 해야 하고 머리 감은지가 오래되어 감아야 했다. 샤워 후 전신에 로션을 바르고 다리와 발에는 새로 받은 '습진·피부염 치료제 락티케어 HC 로션 1%'를 발랐다.

손은 계속 씻어야 하기에 세타필 로션을 발랐다. 7:30 p.m. 방사선 치료를 받으러 휠체어를 타고 지하 1층으로 갔다. 치료 중 베개가 조금씩 내려오고 고개도 조금씩 움직여서 물었더니 괜찮다고 한다. 20분은 무척이나 긴 시간이다. 상대성 원리. 아침은 선택식이 다양하여 맛있게 먹었다. 화장실도 다녀왔건만 체중은 66.5kg으로 불어났다. 이뇨제를 맞았다. 아직 선택식에 적응을 못 했나 보다. 다시 절식 모드로 들어가야겠다.

12:50 점심 식사가 나오고 아영이 1시에 병실로 왔다. 밥을 먹는 중에 척수 항암을 받으러 내려오라고 한다. 짜장밥을 대충 먹고 옷을 갈아입고 아영이랑 2층으로 내려갔다. 아영이는 엘리베이터 근처에서 보냈다. 민규 만난다고 했다. 전에 히크만 카테터 시술받던 곳에서 한참을 대기하다가 들어갔다. 전에 앞에서 아주머니의 고통스러운 소리가 들려 겁이 났지만, 막상 들어가 배 마취도 하고 시간도 많이 안 걸리고 그리 심하게 아프지 않다.

그런데 입원실 올라와서가 문제였다. 6:30까지 장장 4시간을 모래주머니를 받치고 누워있자니 인내심이 거의 바닥이 났다. 하지만 시간은 지나가는 법, 오랜 고통도 끝나고 대기하고 있던 밥상을 받았다. 식어서 별로 맛은 없었다. 척수를 뽑아서인지 머리가 좀 휑하니 아픈 듯하다. 8:30 p.m. 방사선 치료를 위해 마스크, 두건, 양말, 상의를 덧입고 기다리다 8:40쯤 지하 2층으로 내려갔다. 어제와 마찬가지 과정을 거쳐 인내심으로 마쳤다. 이송 요원은 금방 오지 않아 9:30까지 기다려 병실로 올라왔다. 이송 요원도 8시간 근무하면서 계속 돌아다녀 무릎이 모두 좋지 않다고 했다. 올라와서 안약 넣고 약 먹고 휴식을 취했다. 얼굴이 좀 부은 느낌이다.

약국에서 그랑페홀 (1000 unit), 에바치온 캡슐 (50mg)

2017. 12. 28(목)

방사선 3일

5:20 혈압, 체온 측정하러 온 후 잠이 안 온다. 어젯밤에 등이 결리고 추워서 시트를 한 장 더 덮었는데 잠이 안 와 새벽에 조금 잤다. 7:30 a.m. 방사선 치료가 있다고 해서 6:20 세수를 하고 외출 환자복을 덧입고, 두건, 양말 신고 마스크하고 준비하고 있다가 7:15 a.m.에 지하 1층으로 내려갔다. 가자마자 치료받고 이송 요원이 금방 와서 오늘 아침엔 빨리 끝났다. 아침을 먹으려니 식욕이 별로 없다. 몸무게가 67㎏이나 나왔기 때문이다.

9:30 a.m. 소독하러 와서 병실 밖으로 나와 남편의 권고대로 복도를 두 바퀴 돌았다. 다리가 결리지만 참고 걸었다. 앉았다가 다시한 바퀴 돌았는데 그럭저럭 걸을 만했다.

10:00 a.m.에 남편이 병원에 왔다는 연락을 했다. 1시에 남편이 들어와 아영 결혼식 애기하다가 한 시간이 금방 흘렀다. 12:50에 밥상이 들어왔는데 김○○ 교수님이 들렀었다.

방사선 치료 후 아직 몸이 괜찮아서 확인하고 가셨다. 남편도 돌아가고 조금 누웠다가 잠이 들었다.

4:30 p.m. 식전 약을 먹으라고 간호사가 들어왔다. 남편과 카톡을하다가 큰오빠가 토요일 손주 보러 간다고 하여 애기 선물로 300,000을 주기로 했다. 아란이 과외 (수학) 샘과 아란이가 연락해서토·일 공부하기로 했고, 중국어 학원은 다니지 않기로 했다고 한다.

8:05 p.m. 방사선 치료를 받기로 하고 7:50 p.m. 준비하고 내려갔다. 할 때마다 힘이 든다.

올라오니 8:45 p.m. 이 되었다. 한 시간 정도는 걸리는 것 같다. 이동시간과 대기 시간을 포함해서.

큰오빠는 동맥이 막히는 부분이 있다고 하여 조혈모세포 이식 후 시술받기로 했다고 한다.

오늘도 무사히 하루가 갔다. 팔다리의 발진은 아직도 위용을 드러내고 있지만 없어질 거라는 희망으로 매일 관찰하고 있다. 저녁은 식욕이 없어 거의 못 먹었다. 아까운 음식만 버리고 있다.

2017. 12. 29(금)

방사선 4일, 큰오빠 촉진제.

5:30 옆 침대로 간호사가 와서 분주히 측정하는 바람에 깨어서 기다렸다. 오늘도 7:30에 방사선 치료가 있어 6:30 a.m. 일어나 세수하고 준비하고 기다렸다. 8:10 a.m. 쯤 돌아와서 식탁에 놓인 죽과 콘 프로스트(후식)를 먹었다. 선택식에 적응이 되어 오늘은 적당한 양을 시켜놓았다. 몸무게가 불어서 이뇨제를 자꾸 맞아야 하니까 절식을 하는 수밖에 없다. 방사선 치료를 받고 나니 머리가 멍하니 어지럽다. 이제 저녁때 한 번만 더 받으면 마지막이다. 손이 떨려서 글씨가 잘 써지지 않는다. 남편은 벌써 큰오빠 모시러 출발했나 보다. 큰오빠가 촉진제를 맞는 날이다. 촉진제를 양팔에 맞는 건데 금방 끝났다고 했다.

점심 식사는 카레라이스와 연두부로 단출하게 시켰더니 오히려 개운하다. 식사 중 남편이 왔다. 후식은 에스프레소앤 크림 캔커피인데 맛있게 먹었다. 남편과 아영이 결혼식 때 읽어줄 당부의 말과 편지를 함께 보았다. 남편이 워낙 진솔하게 잘 써서 손볼 곳이 별로 없다. 내일은 큰오빠 촉진제 맞고 같이 승면이네 가야 해서 윤명이가 면회 들어온다고 한다. 승면이네 애기 선물은 금반지 두 돈 정도가 어떠냐고 남편이 의견을 내놓았다. 역시 쎈스가 있다. 그리고 아영이 결혼 하객을 위해 버스를 전세(60만 원) 하기로 했다.

아영이 결혼 선물로 십자가상을 검색했다. 두 개를 골랐는데 핸드폰으로 확대해도 자세한 모양이 보이지 않는다. 호주까지 가져가야 하니 그냥 자그마한 탁상용 십자가상을 선택해 놓았다. 오늘 저녁 방사선 시간도 7:30 p.m. 이라 하여 준비했다. 눈과 폐 등을 검사하느라 준비 시간이 좀 걸린다고 했다.

그래도 마지막이라는 생각에 무난하게 마치고 올라왔다. 지하 1층 방사선 대기실과 방사선실은 매우 추운데 오늘은 목수건을 하고 가서 견딜 만했다. 내일부터는 항암이다.

* 일기장의 글씨에서 떨림이 많이 보인다.

2017. 12. 30(토)

항암제/큰오빠 촉진제

약제: 엔독산 주(사이클로 포스파마이드) 포도당 수액에 희석하여
　　　30분 동안 투여

점심때 먹은 에스프레소앤 크림 때문일까? 잠을 한숨도 못 잤다. 2시에 화장실 다녀오고 동시에 소변 받고 몸무게 재고 꼬박 밤을 새웠다. 방사선이 끝나서 아래층으로 내려갈 일이 없어 좀 편하려나 했는데 소변을 시간에 맞추어 네 번을 내야하고 마구 떨어지는 수

내가 아파서 다행이야

액을 맞다 보니 눈을 뜨기 힘들 정도로 얼굴과 몸이 붓는다. 앞길이 막막하다. 그래도 우리 방 세 식구 아무 말 없이 잘 버티고 있는 모습이 씩씩해 보인다.

2017. 12. 31(일)

항암제, 큰오빠 촉진제.

여기까지만 아내가 기록이고, 지금부터는 남편이 기록.

20층 113-3, 보호자 상주 전화, 산소마스크, 소변줄, 허리와 어깨를 아파함.

힘들게
고생만 하다가

88년 신혼여행

아내는 12월 30일 이후 일기 쓰는 것이 불가능해서

남편이 간단한 메모만 하다가,

2018년 1월 20일부터 아내를 대신해서

본격적으로 일기를 썼다.

조혈모세포 이식

● ● ●

2018. 1. 1(월)

큰처남 조혈모세포 이식을 위한 촉진제 맞고 입원.

아내는 정신이 혼미, 헛소리, 허리 통증 호소.

2018. 1. 2(화)

처남 조혈모세포 헌혈

첫 번째 조혈모세포 이식 전에 아내에게 성모송을 암송하라고 했으나 끝까지 하지 못할 정도로 정신이 없었음.

2018. 1. 3(수)

큰처남 2차 조혈모세포 헌혈.

아내는 조혈모세포 이식하는 과정에서 정신이 혼미해짐.

2018. 1. 4(목)

아내 정신 혼미

2018. 1. 5(금)

아내 정신이 조금 돌아옴.

나는 내일 아영이 결혼이라 10시쯤 집으로 돌아옴.

2018. 1. 6(토)

오늘은 아영이 결혼식이지만 아내는 참석하지 못하고 쓸쓸히 병실에.

저녁 7시에 윤명이가 병원으로 감.

2018. 1. 7(일)

윤명이와 교대하고, 병원에서 아내와 결혼식 이야기.

내 이야기에 귀 기울이지만 정신은 없어 보임.

2018. 1. 9(화)

간호사가 백혈구 헌혈자를 구하라고 연락함.

2018. 1. 13(토)

백혈구 1,890, 호중구 590이 나와서 백혈구 헌혈 중지하라고 결정.

조○○ 헌혈 전 검사, 나머지 둘은 조건이 맞지 않아서 돌아감.

2018. 1. 14(일)

백혈구 헌혈 다시 시작하라는 연락(김○○ 교수).

2018. 1. 15(월)

이○○ 헌혈 전 촉진제.

2018. 1. 16(화)

이○○ 백혈구 헌혈, 다시 BMT 중환자실로.

2018. 1. 17(수)

강○○ 헌혈 사전 검사.

2018. 1. 18(목)

강○○ 촉진제 주사.

2018. 1. 19(금)

강○○ 백혈구 헌혈.

백혈구 350, 호중구 140.

인공호흡기 삽입 결정, 첫째, 둘째 처남 문병.

이제부터 남편이 쓴다

● ● ●

2018. 1. 20(토)

중환자실로 들어간 이후 상태가 점점 좋지 않은 것 같다.

어제 강○○ 학생이 백혈구 헌혈을 하여 수혈을 받았으며, 오늘은 조○○ 씨가 백혈구 헌혈을 해주어서 수혈하였다.

내가 아파서 다행이야

이들은 매우 당당하고 봉사심이 뛰어남을 여러 면에서 느꼈다. 가장 가치 있는 봉사가 헌혈이라고 말을 한다. 나는 참 부끄러웠다. 혈관이 잘 보이지 않아서 헌혈하지 못한다고 핑계만 댔었는데….

헌혈을 마치니 1시쯤이 되었다. 돈이라도 주고 싶었지만 극구 사양하여, 빵만 조금 사주었다. 참 좋은 분이라는 생각에 내가 쓴 책인 "동인도네시아의 거석문화와 건축"이라는 책을 주었다. 오늘은 중성구(호중구)가 140이었고, 자기는 주로 잠만 잤어. 정신이 매우 혼미한 것 같았어.

불쌍한 자기….

출판이라는 우리의 목표를 위해 오늘부터는 내가 일기를 쓸게.

2018. 1. 21(일)

자기 손이 침대에 묶여있더라.

연 이틀간 백혈구 수혈을 받고 나서 자기 수치가 엄청히 올라갔어.

항상 호중구 수치 때문에 고생을 했는데 단박에 2,960으로 올라간 거야.

간호사도 수치가 적힌 메모지를 주면서 매우 좋아하면서 당신을 격려하더군.

나는 너무 좋아서 큰형에게 연락하자 형님이 얼른 달려왔어. 그러나 자기 얼굴을 보지 못하고 이야기만 하다가 가셨는데 나도 점심을 먹지 못하여 같이 사 먹으려고 하다가 형님댁으로 가자고 해서 가서 먹었어. 형수님 솜씨가 남다르잖아~ 너무 맛있게 먹었어.

둘째 처남께도 호중구 수치에 대하여 말씀 드리니 매우 좋아하셨어. 항상 동생에 대한 정이 많으신 분이잖아.

자기는 호수가 목에 들어가 있어서 말도 못 하고 표정으로만 이야기를 할 수 있었어.

체중도 74킬로 정도였고, 가장 가슴이 아픈 것이 양손을 침대에 끈으로 묶어놓은 것이었어. 무의식중에 호수를 빼거나 할 것 같아서 그랬던 것 같아. 자기 성격에 뽑을 사람은 아닌데.

여러 맥박이나 산소, 그리고 혈압 수치가 안정적이었어.

퉁퉁 부은 자기 손을 마사지라도 해주려 하니 아프다고 하지 말라고 했어.

제발 살아만 있어 줘

● ● ●

2018. 1. 22(월)

BMT 중환자실의 아내에게.

1·2차 항암 치료를 마치고 3차에서는 폐렴 감염으로 1인실로 가야 하는 등 고생 끝에 퇴원했으나 코피 출혈로 재입원을 했었지.

그때까지는 그래도 순탄하다고 생각을 했었어.

자기는 몸무게도 많이 늘고 머리는 대다수 빠지고, 삭발까지…. 자존감이 많이 떨어졌을 테고 얼마나 마음이 아팠을까.

그런데 주치의인 김○○ 교수가 외래로 면담을 했을 때 3차 관해

내가 아파서 다행이야

가 실패했다고 전하면서 그래도 조혈모 이식을 할 수밖에 없다고 했어. 자기는 나이도 많고 변종 균이 남들보다 많아서 강하게 항암 치료를 해야 한다고…. 그러면서도 보통 환자들은 60%의 완치확률이 있으나 자가는 30%의 확률에도 미치지 못한다고 이야기를 했었어.

그래서 회진을 하는 교수마다 마음 단단히 먹고 합병증 가능성이 크다고 자꾸 이야기한 것이야.

오늘 자기는 중환자실에서도 격리된 곳으로 다시 옮겼지. 전염성 균이 발견되었다는 말을 오래전에 들었고, 113호-3에 있을 때부터 보호자인 나와 간호사들은 긴 팔의 비닐 옷을 입어야 했지. 창가에 침대가 위치해서 너무 더워 많이 힘들었었어. 그런데 여기에서는 면회 시간이 20분밖에 되지 않아서 비닐 앞치마를 입지 않고, 햇빛도 들지 않아서 더운 느낌은 전혀 들지 않아.

몸이 부어서 긴 자기 목이 짧아 보이고, 손은 바람을 집어넣은 비닐장갑처럼 부풀어 올라있고, 얼굴 양쪽에는 반창고를 떼다가 길게 난 상처가 선명하네. 종아리에는 무슨 장치를 달았는지 자꾸 틱틱 소리가 나고, 폴대에는 기계를 설치할 곳이 모자라 다른 폴대에 약을 달아 놓기도 했어…. 호흡을 잘하지 못해서 목구멍에 넣은 호흡용 호수 때문에 아랫입술은 불어나 있고, 양손을 많이 움직이지 못하게 헝겊으로 침대에 묶어 놓았어.

내가 뭘 물어보아도 튜브 때문에 말도 못 하고, 좌우상하로 머리를 움직여서 의사표시를 해야 하는 당신을 보면 너무 가슴이 쓰리다. 눈 아랫부분의 살이 튀어나와 있기도 해. 또 눈물을 흘렸는데 옆에서 닦아주지 않아서 곪은 흔적까지 보이니 참으로 표현을 어떻게 해야 할지 모르겠어. 처남과 우리 형제들은 계속 안부를 묻는데….

고운 피부가 검게 변한 것은 물론이고 주근깨가 많이 솟아나서 자기 얼굴이 엉망이 되어있어.

자기에게 힘내라고 계속 이야기를 하고, 연말정산 얘기, 윤명이가 면회 왔던 이야기 등을 했는데, 왔던 것조차 잊고 있었어.

자기야 사랑하고, 자기가 꼭 완치되도록 끝까지 노력할 테니 힘내라.

퇴원하면 자기 데리고 정말 여기저기 돌아다니고, 맛있는 음식도 많이 먹자.

제발 살아있어만 줘.

자기가 나에게 이렇게 큰 존재인 줄을 정말 몰랐어.

어제보다 호중구와 백혈구 수치가 떨어져서 걱정이다.

백혈구는 2,320, 호중구는 2,020, 혈색소 9.9, 혈소판은 33,000이야. 백혈구와 호중구 때문에 그간 참 많이 고생했었는데…. 패혈증도 있다고 하고….

그런데 화면상의 혈압, 산소농도 등의 수치들은 정상에 가깝고, 입술과 입속에 까맣게 말라붙었던 핏자국들은 거의 사라져서 그나마 마음의 위로로 삼고 있어.

힘내자 자기야. 사랑한다. 박정안.

2018년 1월 23일(화)

오늘은 김○○ 주치의를 만나기 위해 일찍 병원에 갔어.

내 앞에 있던 6명의 환자를 진료한 후에 나를 만났어.

내가 아파서 다행이야

주치의의 말은 호중구 수치가 2,000대를 유지하고 있는 것은 자기 것인지, 공여자의 것인지는 잘 모르지만 그래도 자기 것일 가능성이 크다고 했어. 물론 하루 이틀 더 지켜보아야 한다고 하면서. 오늘은 백혈구가 3,060, 호중구가 2,590, 혈색소는 8.5, 혈소판은 14,000이야.

그리고 항암 치료가 세기 때문에 여러 곳에 폭격을 맞은 것이라고 하면서 합병이 없어야 하고, 오빠의 조혈모세포가 완전히 생착하기 위해서는 100일 정도의 시간이 소요된다고 했어. 그리고 장기 여기저기에 물이 차서 빼내는 작업을 해야 한다고…. 신장 기능도 좋지 않아서 이를 투석기를 이용해서 해야 한다고 하네. 많이 힘든데 또 기계를 대야 하다니. 그리고 가장 중요한 것은 본인의 의지라고 했어. 살아나고 이겨내겠다는 의지가 매우 중요하다고 하네. 자기는 그런 의지가 있고 싸울 의지가 강하다고 생각하고 승리를 확신하고 있어.

11시 20분 면회를 하는데 자기 얼굴이 더 검어지고 또 붉어진 것 같았어. 어제 유리문으로 된 곳으로 이동을 하고서 더 힘들어하는 것으로 보였어. 자꾸 졸려서 눈을 감고만 있었어. 나는 자신감을 가지고 싸우라고 당부했고, 듣고 있는지는 모르지만…. 그저 손과 발을 마사지하며 말을 했는데 자기는 묵묵부답이었어.

중환자실 담당 의사와 면담 했어. 의사 말은 투석을 위해 연결해 놓은 히크만인가가 기능을 잘못해서 2층에서 보수를 하거나 다시 박아야 한다고 하면서 사인하래…. 그리고 투석기를 돌리겠다는 사인도 하라고 해서 했어. 혈압이 지금 좀 낮은 상태라 혈압이 더 떨어지면 투석기 자체도 돌리지 못하니 혈압이 걱정이라고도 하면서….

2층으로 갈 때 보호자도 같이 갈 수 있으면 가라고 해서 따라가겠다고 했어.

1시에 점심을 먹고 4시까지 아무런 소식이 없어서 그냥 갔다 왔나 했더니 5시가 다 되어서 간다고 전화가 왔어. 자기를 보았더니 병실에서 나와서 그런지 눈을 휘둥그레 뜨고 있었어. 내가 누군지 아느냐고 물었지만, 대답은 없었지만…. 히크만 연결을 마치고 나와서 함께 중환자실로 갔어. 힘내라고 고생했다고 말하면서 들여보냈어.

김○○라는 환자 보호자가 지난주부터 기치료를 받아 보라고 했어. 물론 가지는 않았지만 솔깃하기는 하더라. 자기의 치료는 물론 내 가슴 통증 치료도 받고 싶었어. 점심을 그분과 같이 먹었는데 60대 후반인 그분이 피자를 먹자고해서 좀 놀랐어.

저녁 면회 시간에 갔더니 자기는 눈을 세속 뜨고 내 물음에 응답했었어. 물론 말은 못 하고 머리 움직임으로 했지만. 그리고 어디가 아픈지 얼굴을 찌푸리는 것을 여러 번 보았어. 배가 아프냐고 했더니 그것은 아닌 것 같고…. 다른 곳이 아픈가 본데 알아내지를 못했어. 투석기가 돌아가는 것을 보니 혈압이 낮지는 않다고 하여 안심했지.

면회를 마치고 집으로 왔어.

오늘은 왠지 아침부터 계속 졸리고 힘이 없어서 점심 식사 후에 지하 1층 중환자 보호자대기실에서 1시간 정도 잤는데 전화벨이 울려서 히크만 수리하러 간다고 부르나보다 했더니 큰형님이 전화하셨더군. 자기 좀 어떠냐고…. 그래서 아직은 비슷하다고 했어. 자기가 조금씩 악화하는 느낌이 있지만, 큰형이 하도 걱정을 하셔서 그렇게 대답할 수밖에 없었어.

집에 오면서 통닭과 생맥주를 사 왔어. 내일 아영이와 민규가 호주로 떠나는 날이라서 파티라도 하려고…. 맥주를 먹고 양주를 조금 마셨더니 졸려서 축구 중계를 켜놓고 보다가 아영이가 침대에 가서 자라고 해서 잤어. U-23일세 아시아축구 선수권인데 우즈베키스탄과의 경기에서 연장전에서 4-1로 졌네.

아이들 이름에는 반응

● ● ●

2018년 1월 24일(수)

7시 면회에서 나올 때쯤 자기가 눈을 뜨고 정신이 들어서 매우 기분 좋게 나올 수 있었어.

기운을 내고 열심히 싸워서 꼭 이겨, 윤명이 아란이와 재미있게 살자. 그리고 병이 빨리 나으면 맛있는 음식 먹으러 다니고 멋진 곳으로 매주 놀러 가자는 내 이야기도 들었는지 모르겠다. 점심때는 눈을 감고 있어서 이야기하면서도 재미가 없었는데 저녁에는 조금씩 반응을 보였어. 특히 아란이, 윤명이, 아영이가 나오면 눈을 뜨는 크기가 달랐어. 호중구가 3,050, 백혈구 수치가 3,240으로 많이 올라서 자기도 알아차리는 눈치였어.

아영이를 인천공항까지 데려다주고 왔다고 이야기를 해주었고, 1월 24일이고 날씨가 매우 춥다고도 이야기해주었어.

여러 가지 수치가 안정적으로 되어있었고, 투석기가 힘차게 돌아가면서 자기의 부기가 조금씩 빠지는 느낌을 받았다. 특히 눈 아래에서 크게 부풀어 오르던 부위의 크기가 눈에 띄리만큼 작아져서 안심되었어.

오늘은 30년 이상 만나지 못했던 각헌이를 만났어. 가까운 곳에서 부동산을 하는 것으로 생각되어 전에 다니던 곳에서 전번을 받아 전화했어. 너무 반가워하는 친구의 목소리로 만나자고 했어. 나도 너무 만나고 싶어서 오늘 만나기로 했어. 등촌동의 양천향교역에서 만나서 커피를 마시면서 두어 시간 이야기를 나누었어. 차 안에서 내 손을 잡으면서 눈물을 보이던 친구의 모습이 감동적이었어. 집안 사정 등을 이야기하고 다른 친구들과 함께 만나자는 이야기를 하고 헤어졌지. 학희, 승영, 상돈이와 고등학교 시절에 참 재미있게 다니던 친구인데 다시 뭉치기로 했고, 잠정적으로 2월 10일에 서울에서 보기로 했어.

오늘 정현 선수가 호주오픈에서 4강에 오르는 쾌거를 보고 정현의 매력에 빠져들었어.

아침 9시가 좀 넘어서 자기가 예금했던 돈을 다시 예치했어.

2018년 1월 25일(목)

면회를 하려고 20층으로 올라갔는데 육군 대령 출신의 환자 보호자와 아들이 힘없이 앉아 있었어.

내가 아파서 다행이야

어제부터 사모님이 상태가 좋지 않다고 하셨는데 인사하기도 어려울 정도로 축 처진 모습으로 휴게실에 앉아계셨어. 사모님이 오늘 돌아가신 것 같아.

저녁에도 갔는데 위독하다고 소식을 들은 분들 여럿이 휴게실에 계속 계시더니 7시가 다 되어서 돌아가셨다고 하시데…. 아들의 오열하는 소리가 복도를 뒤흔들었어.

1월 15일에 중환자실로 자기가 들어간 후 벌써 세분이 돌아가셨어. 나는 이제 죽음에 대한 공포마저 사라지는 것 같아.

11시 20분 면회 때 보니 코에 영양 튜브 삽입했더군. 음식을 먹을 것을 대비해서 그곳으로 음식을 넣을 것이라고 하데…. 얼마나 콧속도 아플까 생각했어. 입에도 굵은 관이 들어가 있고….

그래도 오늘 백혈구와 호중구가 어제보다 많이 올라서 기분은 좋았어. 백혈구가 3,240, 호중구 3,010이었던 것이 오늘은 5,040과 4,040으로 크게 올랐어. 자기가 열심히 싸워준 덕분이야. 자기야 고맙고 애 많이 썼어. 조금씩 반응도 하고, 눈이 충혈되어 빨갛지만 투석기를 돌린 덕분에 붓기가 조금은 빠진 것 같았어. 혈압도 조금 낮아 보였는데, 맥박수는 70대로 떨어져서 걱정되었어.

저녁 면회 시간에는 자기가 눈을 한 번도 뜨지 않았어. 여기저기가 매우 아픈 것 같았어. 아프지 않을 리가 없지. 그리고 또 추가된 것은 이불 속으로 따뜻한 바람이 나오는 것을 틀고 있더군. 간호사에게 물어보니 투석기를 돌리면 몸이 차가워질 염려가 있어서 따뜻하게 해주는 것이라네.

저녁에 그래도 자기에게 오늘 날짜, 추위, 아란이 주말에 비데스

가는 것 등을 이야기했고, 힘내라고, 대견하다고 이야기를 했어. 자기 잘 해내고 있다고도….

자기야 힘내고 내일은 더 나은 모습으로 만나자.

자기는 꼭 그렇게 할 수 있을 것이라고 믿어.

오늘은 매우 무료하더라.

11시 40분에 면회를 마치고 휴게소 긴 소파형 의자에서 2시간 정도 자다가 먹고 싶지는 않지만 건강해야 하기에 편의점에서 요구르트와 쌀 떡국을 물에 부어서 먹었어. 그리고는 천천히 걸어서 21층을 올라왔어.

그리고 어제 서류를 정리하다가 발견해서 대한생명과 교보생명으로 전화를 했더니 교보생명은 이미 시한이 지난 것이고, 대한생명은 현재 한화생명으로 바뀌었는데 보험에 들어놓은 것이 있더라고…. 22년부터 매년 250만 원씩 나에게 지급되기도 한다네. 나는 잊었던 보험인데…. 2008년에 만기가 된 것이라서 금액은 적지만 그냥 넘어갈 뻔한 것이었어. 자기가 잘 챙겨놓았기 때문에 찾을 수 있었어. 자기는 역시 똑똑해.

2018. 1. 26(금)

오늘은 버스와 지하철을 이용해서 자기에게 갔어.

그런데 너무 춥더라. 집에서 버스 정류장까지 200m도 되지 않는데 귀가 떨어지는 줄 알았어. 너무 춥기도 해서 3007번을 타고 강남역으로 가야 하는데 조금 돌아가더라도 빨리 버스에 올라타고 싶어서 7001번을 타고 사당역으로 갔어. 버스 안 유리창에는 얼음이 얼

내가 아파서 다행이야

어있었어. 마치 처음 발령받았던 포천 날씨가 생각났어….

11시 20분 면회를 들어가면서 담당 의사에게 자기 상태를 먼저 물었더니, 수치는 모두 안정적이라고 하더군. 다만 황달 수치가 높아져서 걱정이라고 하네.

자기는 내가 들어가서 이야기를 계속해도 잠만 잤어. 손등은 부어서 물렁물렁한데 누르면 잘 나오지 않는 그런 상태라서 매우 걱정되었어.

오른쪽 눈 쪽 아래로는 눈물이 계속 떨어져 누렇게 붙어 있어서 물휴지로 닦았더니 조금 나아지더라. 그렇게 예쁘고 청결했던 자기의 모습을 생각하면서 가슴이 아팠어.

날짜와 날씨 이야기를 하고 아란이가 비데스로 내일부터 금·토·일 3일간 광주로 연수를 간다고 이야기할 때 조금 반응을 보였어. 그리고 아영이 내외가 하루를 잘 시작했다고도 했고, 백혈구와 호중구 수치도 많이 올랐다고 했어. 그때는 눈을 떴었어. 백혈구 7,880, 호중구 6,700, 이 숫자는 20일 이상 '0'만 나와서 애를 태우던 2차와 3차 항암 치료 때를 생각하면 꿈도 꾸지 못했던 수치지. 그때는 촉진제를 계속 맞았는데도 그 지경이었는데 이번에는 백혈구 수혈 3번만 했는데 이렇게 어마어마한 숫자가 나오는 것은 자기의 굳은 신념 때문이라고 믿어. 가족을 사랑하는 마음과 하느님에 대한 믿음이 가져온 결과라고 믿어. 자기 참 대단하다~ 내일은 더 좋은 결과를 부탁해.

1월 24일에 30여 년 만에 만났던 고등학교 친구 각헌이가 자기 안부 전화를 했었어. 자기 고등학교와 대학교 친구들, 미모 회원들, 합창단원, 직장동료들 등 많은 지인이 있는데 그들을 위해서라도 열심히 노력하자.

나는 점심때 성희를 만났어. 매일같이 자기 안부를 묻고 걱정을 해주던 친구였고, 결혼식에도 신경을 많이 써준 친구잖아. 범띠 모임의 재○이도 함께 했는데 대패삼겹살을 셋이 실컷 맛있게 먹었어. 맥주까지 한 병 했는데 너무 싸서 놀랐어. 자기는 누워서 힘겨운 투병을 하고 있는데 나만 맛있게 먹어서 미안해.

저녁은 요구르트와 샌드위치로 때웠어. 자기가 밥 잘 먹고 다니라고 했는데~ 빨리 사 들고 올라와서 정현과 페더러의 테니스 경기를 보고 싶었기도 해서 그랬어. 정현이 2세트 중간에 발바닥 부상으로 아쉽게 기권했지만 대단한 젊은이란 생각이 들었어.

저녁에는 자기 코에 심은 호스를 통해서 음식을 넣어주는 시도를 하고 있다고 간호사가 말해 주더군. 그리고 호흡을 거의 자기 힘으로 하고 있다고 했어. 조금씩 좋아지고 있다는 징조를 볼 수 있어. 내가 손에 힘을 주라고 하자 살짝 손을 오므려서 안심하기도 했어.

힘내자 사랑하는 자기야…. 내일은 더 좋은 모습으로 만나자. 내일 점심에는 윤명이가 갈 거야. 신○○ 선생 아들 결혼식이 있어서 참석해야 해서. 11시에 시작이라 면회 시간과 겹쳐. 저녁에 보자.

내가 아파서 다행이야

앞으로 잘할게

● ● ●

2018년 1월 27일(토)

자기야 오늘은 면회를 마치고 집으로 오면서 매우 기분이 좋았어.

그래서 큰처남과 작은 처남댁께 전화를 드려서 자기 참 많이 좋아졌다고 말씀드렸어.

백혈구와 호중구 수치는 최대를 기록했고(백혈구 10,420, 호중구 8,700), 자기의 각종 수치가 정상이고, 투석이 잘 진행되어 부기도 빠지고 있으며, 내가 말하는 것을 다 알아듣는다고 말씀드렸어. 오빠들이 자기를 우리 가족 말고 가장 많이 걱정하시잖아. 어쩌면 우리 가족보다도 더 많이 걱정하실 것도 같아서…. 자기가 조금씩 나아지는 모습을 말씀드렸어.

오늘은 날짜와 점심때 윤명이가 면회한 것 등을 이야기했어. 자기는 점심때 윤명이가 왔다 간 것을 기억하지 못하더라고. 점심 면회때 자기가 윤명이의 말에 고개로 답을 했다고 했었는데. 그래도 좋아~ 내가 이야기할 때 계속 반응을 보여주었고, 손도 반응해주었어. 손의 부기가 많이 빠졌고, 수치도 정상으로 보이더라고. 아란이 비데스 간 것을 이야기하고, 아영이와 민규가 자기 안부 전화를 한 것도 이야기했고, 신○○, 정○○ 선생님 아들 태○이가 결혼한 것도 이야기했어. 그리고 관계 수업이라는 책을 읽으면서 내가 참 이기적으로 생각을 해왔다고 이야기도 했어. 내가 먼저 고치려고 노력하지 않고 자기가 바뀌기만을 바랬던 내용을 읽으면서 반성을 하면서 미안하다고 했어. 자기가 완쾌되면 아주 많이 잘해주고, 올해가 결혼 30년이 되는데 국내 여행을 꼭 데리고 가겠다고도 했어. 자기만을 위해서 살 것이라고도 했고. 그리고 아란이 외국 유학을 보내고 싶다고 평소에 이야기했을 때 내가 반대했었는데 이제 자기의 뜻대로 외국에 가겠다고 하면 유학을 보내주겠다고 자기에게 이야기하니 자기가 고개를 끄덕였어. 다리를 주무르려고 하니 아프다며 하지 말라고도 했고⋯. 이러한 여러 반응에 나는 너무 만족했어. 그래서 나오면서 간호사들에게 수고하시라고 인사까지 하고 왔지.

목 선생에게도 이야기했었어. 그런데 목 선생은 아영이 결혼식에 왔다가 가는 길에 사모님이 접촉사고가 나서 240만 원 정도의 견적이 나왔다는 말을 듣고 매우 미안했어. 그리고 자기 건강이나 명퇴 등을 이야기하다 보니 20분 이상을 통화했어. 남자끼리 이렇게 길게 이야기하기 어려운데 목 선생과는 대화가 잘 이어지는 것 같아. 자기에게 도움이 될 수 있는 것이 있으면 무엇이든 할 테니 말만 하라는 이야기를 들으면서 마음속으로 매우 고맙게 생각을 했어. 친구를 잘 두었다고.

그리고 신○○ 샘 아들 결혼식에 갔는데 아는 지인들도 많이 만났어. 동○ 아들 태○이는 서울대를 나와서 같은 서울대를 졸업한 삼성 연구원과 결혼을 하더라고. 아주 성대한 결혼식을 하는 것을 보니 흐뭇하더라고. 옛날 포천 영북종고에서 근무할 때 같은 하숙집에서 신○○ 샘 부부와 같이 하숙하던 때의 생각이 나면서 세월이 참 빠르다고 생각했어. 아란이 아기일 때 아란이에게 아끼는 강아지 인형을 준 유○가 벌써 대학교 4학년이라고 하더라고. 그리고 옛날

내가 아파서 다행이야

에 같이 근무했던 신○○ 교감, 최○○ 부장 등을 만나서 매우 반가 웠고, 한때 수원문화원에서 같이 수원사를 연구했던 김○○ 교감도 만났었는데 참 반가웠어. 이 결혼식에 자기와 함께 갔으면 훨씬 좋 았을 텐데.

오늘도 하루가 갔네. 더 좋은, 더 건강한 당신의 내일을 기원할게.

박정안 파이팅, 사랑하고 내일 11시 20분에 만나자.

2018년 1월 28일(일)

자기야!

오늘은 너무 기분 좋은 날이다.

왜냐하면 점심 면회 때 내가 한 이야기를 저녁때 기억하고 있어 서~^^

최근 며칠간 자기는 점심 면회 때 한 이야기를 저녁 면회 때 기억 하지 못했었어.

그런데 오늘은 점심때 자기가 잘 챙겨놓은 서류 덕분에 10여 년 전에 만기가 되었던 한화생명에 들었던 것을 어저께 전화를 걸어보 고 알았거든. 그것을 점심에 이야기했는데 당연히 기억하지 못할 것 으로 알고 저녁에 확인해 보니 점심에 들었다고 고개를 끄덕였어.

점심 면회를 끝내고 나가려는데 의사가 자기 보호자냐고 물으면 서 자기 상태를 브리핑해주었어. 간 수치, 황달, 체중 등이 계획한 대로 잘 되어가고 있고 자기 상태가 많이 좋아지고 있다고 하는 거 야. 의사들은 상태가 악화하면 잘 말하려고 하지 않거든. 그런데 간 호사도 그렇고, 의사도 그런 이야기를 하는 것을 보면서 자기가 많이 좋아지고 있다는 것을 눈치채고 있었어. 물론 그저께, 어제, 오늘 비교하면서 조금씩 나아지고 있다는 것을 내 눈으로도 확인하면서 조금씩 안도를 하고 있던 터였어.

백혈구가 12,600, 호중구가 10,510이라 이제는 너무 높게 나와서 걱정이었어. 그런데 의사가 여기저기 염증이 있어서 수치가 높다고 이야기해주어서 안심되었어.

점심때에는 밥을 병원 밖 식당에서 먹고 싶어서 서래마을 쪽에서 추어탕을 먹었는데 그렇게 맛이 없는 것은 처음이었어.

그리고 자기에게 자백하는데 오늘 성당 미사에 가야 하는데 시간을 잘못 알아서 사실은 못 갔어. 점심 면회 때 성당에 가서 자기를 위해서 기도를 많이 하겠다고 생각했었는데. 나는 4시 30분이 미사 시간이라고 생각하고 그래도 빨리 가서 좋은 자리에 앉으려고 갔더니 너무 입구가 조용한 거야. 성당 안쪽을 보았더니 이미 시작했고, 미사 시간 안내를 보았더니 4시더라고…. 그래서 성당 앞의 마리아 상에 죄송하다고 말씀드리고 그냥 올라왔어. 그래서 다시 20층으로 올라와서 관계 수업이라는 책을 계속 읽었어. 그저께부터 읽고 있는데 아직 다 읽지 못했어. 그런데 뒤로 가면서 더 흥미가 있어서 속도를 내고 있어. 나 자신도 많이 반성하면서. 자기와 아이들에게 내가 너무 내 중심으로만 생각했었다고 하고 반성을 많이 했어. 그래서 저녁 면회 때 자기에게 퇴원하면 자기에게 최선을 다해서 잘해주겠다고 했고, 그간 자기 마음을 잘 헤아리지 못해서 미안하다고 했어. 결혼 30년이 되는 올해에 해외는 못 가겠지만 국내에 좋은 곳에 가서 맛있는 것 많이 사주겠다고 약속도 했어^^ 자기 잘 기억하고 있었으면 좋겠어. 꼭 그렇게 할 것이니까.

　오늘은 손에 힘을 주라고 하니까 힘이 세어진 것을 느꼈고, 눈도 오랫동안 뜨고 있으면서 몸으로 답을 해주었고, 나올 때 사랑한다, 힘내라고 하고 손을 흔드니 자기도 손을 들어 인사를 하려 하는데 자기 양손이 끈으로 묶여있어서 하지 못하는 것을 보고 마음이 아프기도 했어.

　버스를 타고 갔다가 왔는데 도착 시간이 1시간 정도 이상 차이는 나지만 돼지고기, 토마토, 바나나를 사 들고 걸어오면서 매우 뿌듯했어. 차를 가지고 가면 주차비가 10,000원, 통행료가 6,600원, 기름값 하면 기본적으로 25,000원에다가 점심, 저녁까지 먹으면 40,000원은 나가는데, 버스를 타고 많이 걸어가면 차비 2,800원으로 다 해결되잖아. 오면서 버스를 타면 이렇게 많은 것을 사 올 수 있다는 생각에 기분이 좋았어.

　내일도 자기가 얼마나 많이 좋아졌는지 기대가 된다.

　오늘은 기분도 좋고 해서 유튜브에서 코미디 영상을 많이 보았어.

　지금 시간이 하루를 넘겨 새벽 2시가 되었네.

　자기 내일 보자. 많이 사랑해. 진심으로….

나를 보고 있어서 기분이 좋았어

● ● ●

2018년 1월 29일(월)

이제는 어느 정도 안심이 된다.

아직 인공호흡기, 투석기 등에 의존하고 약물이 5봉이나 매달려있지만, 정신이 돌아왔고 몸도 정상화되는 징후가 많이 보여서 조금은 안심이 되는 하루였어.

오전에 면회하는데 정신이 맑았고, 저녁 면회 때도 마찬가지였어.

백혈구는 13,080, 호중구는 10,700이야. 백혈구는 어제보다 400 정도 올랐고, 호중구는 190이나 올랐어. 백혈구의 50~70% 수준의 호중구가 표준이라고 보았는데 호중구 수치가 높아서 걱정했는데 오늘 보니 호중구의 증가량이 크게 줄어들어서 그것도 다행이었어.

배가 아프다는 대답과 날짜와 날씨는 알리지 않아도 된다는 것, 그리고 어제 이야기했던 내용을 거의 알고 있는 눈치였어.

손의 힘도 좋아졌고, 눈도 많이 좋아졌어. 얼굴에 이런저런 상처도 많았는데 거의 아물어가는 단계라서 기분이 좋았어.

자기가 똑바로 나를 쳐다보고 있어서 너무 기분이 좋았어.

오늘은 정신병원에 갔었어. 내 우울증 치료 때문이라는 것은 알지? 가면 힘을 내라는 말을 많이 하고, 자기 병에 공감을 표해주고 많은 위로를 받고 돌아오지. 점심을 그 지하 식당에서 먹었는데 6,000원짜리 집밥인데 먹을 만했어.

어제부터 버스를 타면 속이 좋지 않더라. 오늘도 오는 길에 버스

내가 아파서 다행이야

안에서 진땀이 나서 혼났어. ^^

병원비가 나왔는데 12월 25일 입원한 이후로 누적 치료비가 13,185,734원이더라. 그리고 이중 지난 1주일간의 치료비는 2,641,390원이었어. 공단부담금 빼고 우리가 순순히 내야 할 돈이 지. 하루에 40만 원이 조금 안 되지. 그러나 걱정하지 마! 아영이 결혼식 축의금이 남아 있는 것이 있고, 자기 오빠가 준 돈도 있고 하니 염려하지 마. 그리고 자기가 벌어놓은 돈도 많이 있잖아.

낮에 휴게실에 있는데 어느 여학생이 신발을 신은 채로 앞의 의자에 발을 올려놓고 게임을 하는 모습을 보고 매우 언짢았었는데 부모도 있고 해서 최소한 신발은 벗어야 하지 않느냐고 이야기를 하고 싶었는데 하지 못한 것이 지금도 찜찜해~ 참 버릇없이 크는 아이들이 너무 많은 것 같아. 그 애가 신발을 신고 올려놓은 부분은 사실 내가 앉아 있을 때 이마를 대고 기대고 했던 곳이거든. 어찌 그리 남의 생각을 하지 못하는지….

오늘은 자기에게도 이야기했지만 윤명이와 '그것만이 내 인생'이라는 영화를 보았어. 밤 10시 50분 영화였어. 우리가 있던 5 상영관에는 9명이 관람을 했어. 그러나 감동은 900명이 함께 본 것보다 컸어. 윤여정이 아파 병원에 있는 모습에서 자기의 모습이 떠올라서 눈물이 많이 났어. 윤명이도 그랬다고 하더군.

집에 와서 윤명이와 이야기를 했어. 윤명이가 내성적이잖아. 그래서 최근 그 원인이 나에게 있는 것 같아서 이야기를 시작했는데 윤명이로부터 충격적인 이야기를 들었어. 주원인이 나에게 있는 것이었어. 윤명이를 우리 둘이는 많이 사랑해준 것으로 생각하고 있었는데 윤명이는 전혀 그 느낌을 받지 못한 것이었어. 우리 둘이 다정다감함이 없는 것은 사실이지만…. 그리고 윤명이가 어릴 때 내가 너무 무서웠었데. 누나와 싸우거나 하면 많이 맞았다고 하면서 지금도 그것이 생생하다고 하더라고. 나는 전혀 기억도 나지 않아. 누나와 싸우면 둘을 같이 혼냈던 기억밖에 없는데 그것이 어린 윤명이에게는 큰 충격이었나 봐. 그래서 지금도 자존감이 많이 떨어지고 남들과 어울리는 데 문제가 있다고 하네. 책임이 나에게 있는 것을 이제야 알았어. 그것도 모르고 타고난 성격이 그래서 그런가 보다 하고 아쉬움만 표현했었는데…. 윤명이에게 정말 미안하고, 그런 것도 모르고 학교에서 아이들을 가르친 내가 한심스러웠던 것 같아. 앞으로 자기도 그렇고 윤명이에게도 잘해줘야지. 내가 지난날 나름대로 잘 살아왔다고 생각을 했는데 가정에서는 0점짜리였네…. 앞으로 잘할게. 윤명아, 미안하다.

2018. 1. 30(화)

요즘은 버스 타는 것이 겁이 난다. 자꾸 멀미가 나기 때문에.

그래서 오늘은 멀미약을 5병 샀는데 한 병에 400원씩밖에 안 해서 놀랐어.

점심에는 아영이 결혼 영상을 잘 찍어준 전○○ 작가와 항상 많은 도움을 주는 복○○ 교수와 함께 영등포역 근처의 샤브더드림에서 배 터지도록 먹었어.

자기는 오늘 면회하는데 오전이나 저녁에나 눈을 자꾸 감고 있어서 힘이 없어서 그런가 하고 많이 걱정되는 날이었어.

내가 아파서 다행이야

백혈구 수치는 14,400, 호중구는 12,820이다. 둘 다 비정상적으로 높은데 염증과의 싸움이 아직도 치열한가 보다. 윤명이와 어제 본 영화에 대해서 조금 이야기를 했고, 내일 연금 관련 연수에 가는 이야기, 그리고 자기 인공호흡기를 떼는 이야기를 자기와 나누었어. 그런데 자기는 인공호흡기를 떼는 것에 불안한 모습이었어. 그리고 일반 병원에 입원했다가 중환자실로 들어온 분이 오늘 숨을 거두었는데, 그것을 이야길 할 때 자기 눈이 너무 커져서 괜히 이야기했다고 생각했어. 마지막 면회를 하면서 나오는 유족들의 흐느끼는 소리를 이해시켜주려고 했는데 자기는 정작 몰랐었다고 하는 말을 들으면서 괜히 놀라게 했다는 후회를 했지.

그리고 중간 정산을 내 통장으로 하기 위해서 9시에 농협에 가서 체크카드를 만들었어. 윤명이에게 줄 카드도 만들고…. 나도 연말정산에 신경을 써야 해서….

오늘은 저녁 무렵부터 눈이 많이 와서 지하철로 광교중앙역까지 가서 M버스로 갈아타고, 영통구청 앞에서 자전거를 타고 집으로 왔어.

윤명이는 친구와 볼일이 있어서 학교에 갔는데 늦겠다고 하네.

오늘은 여기까지야. 내일 인공호흡기를 떼고 당신과 대화를 나누고 싶어. 인공호흡기를 하면서 대화를 하지 못해서 매우 답답했고, 자기 목구멍이 얼마나 아플까 하는 안타까움이 컸었어. 그리고 그것을 떼면 자기가 입으로 음식도 먹게 되어 회복 속도가 가속도가 붙을 것 같아서 매우 기대된다.

내일 보자. 자기 사랑하고~^*^

2월 내에 퇴원하면 좋겠다

● ● ●

2018. 1. 31(수)

오늘은 공무원연금관리공단에서 주최하는 연금설명회에 갔었어.

사당동에 있는 서울교통문화교육원에서 오후 2시부터 3시간 동안 했어.

공단에서는 무조건 연금으로 하라고 유도를 하더군. 공단의 존속과도 관계있고 퇴직자들에게도 유익하기 때문이야. 일시금은 얘기도 하지 않더군.

오늘은 자기가 인공호흡기, 코에 넣은 호수를 뺀 얼굴을 기대했는데 의사들이 신중해서 내일 뺄 것이라고 하네. 오전에도 갔다가 실망했고, 오후에도 실망했지만, 오후에는 자기의 표정이 많이 밝아진 것 같아서 안심했어. 내일은 잘하면 투석기까지 모두 제거할 것 같았어. 김○○ 교수의 면담을 내일 하려고 했으나 학회가 있어서 어려울 것이라고 간호사가 집에 오는 길에 연락이 왔었어. 저녁 면회 때 레지던트와 잠깐 이야기를 나누었는데, 그것으로도 자기의 상태는 충분히 감지할 수 있었어. 모든 수치가 정상으로 되었는데 가래가 많아서 주저하고 있다는 이야기였어. 지나치게 높아 걱정했던 백혈구와 호중구 수치가 11,820과 10,060으로 모두 어제보다 낮아져서 안심했어. 어제까지는 너무 올라가서 걱정했었는데.

말을 하고 싶어서 입을 벙끗거리는데 내가 알아듣지 못해서 얼마나 자기가 답답할까 생각을 했어. 그래도 추우냐고 물었을 때 고개

내가 아파서 다행이야

를 끄덕여서 한 가지는 자기를 위해서 보탬이 된 것 같아서 기분이
좋았어.

큰형님은 점심을 형 집에 와서 먹으라고 하시면서 자기가 조금 나
아지고 있다고 하니 매우 기뻐하셨고, 톡으로 두 처남께 연락을 드
렸더니 호전된다는 말에 매우 기뻐하셨어. 홍교장 샘은 또 명문장
의 메일을 보내주셨고….

가족 톡방에도 자기 상황을 올리니 아이들이 좋아하더라고. 아영
이는 호주에서 중고차를 샀다고 좋아서 톡에 올렸어.

아란이는 외출했어. 과외를 받기 위해서~

오늘도 하루가 갔어.

내일은 2월 1일이다. 자기가 2월 내에 퇴원했으면 참 좋겠다.

허리가 아프고 어깨가 아픈 것도 빨리 퇴원해서 고쳐야지.

손에 묶여있는 끈만이라도 풀어주고 싶은 마음이 굴뚝같아. 같은
자세로 있으려니 얼마나 힘들겠어.

자기 너무 고생이 많고 너무 잘 버텨줘서 고마워.

퇴원하면 지금까지의 3배 이상 잘해줄 거야. 많이 함께 있을 것이
고, 자기 건강이 허락되면 여러 곳을 많이 보러 가고, 맛있는 것을
실컷 먹게 해줄게.

자기 너무 사랑해~^*^

BMT 중환자실 간호사의 글

중환자실 입실 17일째.

의식상태 명료, 수면 양상 양호, 식사, 경관영양 양호, 배변 양상 무, 변비 10일째

혈액 수치 백혈구 11,820, 호중구 10,060, 적혈구 8.1, 혈소판 15,000, 혈소판 수혈.

박정안님 저희 중환자실에 오신지도 17일, 기도 삽관한 지도 13일 혈액 투석한 지도 11일째입니다.

기도삽관 중에 말씀도 못 하고, 입도 마르고 불편한 게 너무 많으실 텐데 진정제 투여하지 않고 여기까지 의지로 잘 버텨줘서 정말 고맙고 대단합니다.

그간 긴 여정을 또렷이 다 기억하고 계시지는 않겠지만 지금까지 어려운 고비마다 잘 버텨주어 고맙습니다.

저희가 작지만, 옆에서 지지해드리고 도와드릴게요.

앞으로 또 지루한 병원 생활이 길어질 거라 예상되지만 지금까지 하신 것처럼 잘 버텨주시고 힘내세요!

2018. 2. 1.(목)

드디어 인공호흡기를 뺐다.

1월 19일에 목구멍에 인공호흡기 튜브를 삽입했던 것을 뺀 역사적인 날이다.

그제부터 인공호흡기를 뺄 수 있다고 했었는데 오늘 저녁에 가서 보니까 4시경에 인공호흡기를 뺐다 한다. 인공호흡기를 뺀 당신의 모습이 그렇게 예쁠 수가 없었어. 오전에 투석기와 영양 튜브도 떼었다고 면회 갔던 윤명이가 얘기를 하더라고. 투석기도 1월 23일부터 가동하게 시켰고, 영양 튜브도 1월 25일부터 삽입하고 있었는데. (저녁에 가니까 영양 튜브를 다시 삽입했더라…. 원래 떼지 않았던 것 같았어. 윤명이가 잘못 보았을 수도 있고~)

저녁에 호흡기를 뗀 자기 모습이 예쁜 것은 원래 예쁘게 생기기도 했지만 자기가 잘 버텨주었기 때문이야. 입 모양만으로 전달하고 싶은 말을 하지만 나는 통 알 수가 없어서 서로 매우 답답했잖아. 그리고 굵은 튜브가 목구멍에 들어가 있다는 사실만으로도 나는 끔찍하다는 생각이 들었어. 자기가 얼마나 아프고 답답할까 하는 생각에서….

백혈구는 12,120, 호중구는 10,460이었어. 어제보다 조금 올랐지만, 아직 치열하게 싸우는 중이라는 것을 증명할 뿐이지.

체중도 많이 빠지고 손도 작아진 느낌이었어. 그런데 자기는 이불을 잘 덮지 않느냐고 하니까 만사가 귀찮아서 그렇다고 하면서 인공호흡기를 제거한 것에 대한 큰 기쁨이 보이지 않았어. 아마도 계속되는 복통과 혈압이 조금 떨어진 것을 보고 힘이 빠진 것 같았어.

그런데 용이 된 거야. 많이 아플 때는 정신도 없었고, 내가 갔을 때 눈도 제대로 못 뜨고 있었어. 알아듣는지 알아듣지 못하는지 몰랐지만 나는 그런 자기에게 20분 동안 손발을 주무르고 이야기만 하다 나왔어. 1월 15일 중환자실에 온 이후 가장 컨디션이 좋은 첫날인 것 같아~^^

오늘은 아란이가 도수 치료받으러 동네 병원에 가기로 했다는 것과 윤명이가 힘들어한 이유가 내게 있었다고 이야기했었지. 그리고 내일 개학을 해서 점심에는 윤명이가 면회를 오고 저녁에만 내가 면회를 할 수 있다고 했지. 물론 주말에는 내가 싹쓸이를 해야 하겠지만~^*^

암튼 두 처남과 통화를 하면서 많이 좋아진 것을 자랑했지. 오전에는 메트라이프생명과 한화생명을 갔었어. 설계사들이 얼마나 친절한지…. 직업정신이 투철하다는 것을 느꼈어. 그리고 설계사들은 돈을 벌려고만 하는 것이 아니라 도움을 준다는 생각으로 있었어. 자기 보험이 없었으면 많이 힘들었잖아. 도움을 많이 받았지.

점심에는 부대찌개를 포장해달라고 해서 집에서 끓여 먹었는데 오랜만에 윤명이와 맛있는 식사를 할 수 있었어. 자기 퇴원하면 꼭 사다가 끓여줄 거야^^

자기의 퇴원 시기가 다가온다는 느낌을 받은 하루였어.

그래서 즐겁고, 내일부터 개학인데 마음이 설렌다. 3달 동안 나의 우울증 치료와 자기 간병을 하면서 출근 못 했는데 마음이 설레~ 나의 치료가 완전하지 않고 자기 치료도 진행 중이지만 2월까지는 윤명이와 힘을 합쳐서 자기 면회를 하면 되니까 큰 걱정은 안 해. 2

월 중에만 퇴원했으면 좋겠어. ^^

자기 사랑하고 힘내자!

BMT 중환자실 간호사의 글

중환자실 입실 18일째

의식상태 명료, 수면 양상, 식사 불량, 배변

혈액 수치 백혈구 12,000, 호중구 10,560, 적혈구 7.8, 혈소판 31,000 수혈 및 예정 검사 시술 없음

박정안님! 오늘 드디어 인공호흡기 떼셨네요! 너무너무 축하드려요! 그동안 많은 기계⋯. 혈액투석기며, 인공호흡기며, 고생 많으셨잖아요. 그래도 잘 버텨주셔서 이렇게 좋은 결과가 있네요~ 다행입니다. 정말 대단하셔요! 그렇지만 인공호흡기를 뗐다고 해도 가래를 안 뽑을 수가 없어요⋯.

조금 힘드시지만 여태껏 잘 버티셨으니 조금만 더 견뎌볼까 봐요. 안 그러면 또 인공호흡기를 적용해야 될 수도 있으니까요.

그러면 안 되잖아요. 그렇게 많이 좋아지셨으니, 조만간 일반 병실 이야기도 나오겠죠?? 그때까지 저희 서로 잘해보자구용~

박정안님 파이팅입니다^^

2018. 2. 2(금)

자기야 오늘 3개월 만에 출근했어.

아이들이 보고 싶었어. 물론 두려움이 없는 것은 아니야. 아이들이 말을 안 들을 것을 뻔히 알지만 그래도 나아졌겠지, 하는 막연한 기대감이 있어. 물론 졸업식을 며칠 앞둔 시기의 수업은 기대하기가 어려워. 그래서 1월 초에 졸업하고 방학에 들어가야 한다고 젊은 시절부터 생각했었는데…. 요즈음에 그렇게 변하는 추세라서 다행이다 싶어.

오늘은 단축 수업을 했기에 4교시가 끝나고 나오니 오전에 면회 갔던 윤명이에게 톡이 왔어. 간호사들이 아무 말이 없고 엄마는 좋아진 것 같다고.

그리고 조금 있다가 중환자실에서 전화가 왔던 것을 확인하고 전화를 했더니 투석기를 하루에 4시간씩 한 번만 돌릴 것인데 이를 사인해야 한다고 해서 저녁에 가서 한다고 하고 자기 면회 후에 하고 왔어.

어제부터 자기가 자포자기하는 표정을 자꾸 지어서 걱정이야.

오늘도 힘이 빠져 있는 표정을 하고, 정신이 조금 없어 보였어. 그래서 나도 많이 힘이 빠졌어. 간호사들은 자기가 너무 많이 좋아졌다고 칭찬을 하는데 정작 정신이 들면서 스스로 처해있는 상황에 대해서 비관적인 것 같았어.

힘내자 자기야.

오늘 백혈구는 13,690, 호중구는 12,590이야. 호중구가 너무 올라가서 걱정되기도 하고, 혈소판이 자꾸 떨어져서 거의 매일 혈소판을 맞는 것도 나를 불안하게 만들어. 산소호흡기를 끼고 있고, 영양 튜브도 달고 있었어….

내일과 모레는 출근을 하지 않는 토, 일요일이기에 자기를 두 번 다 면회할 수 있어서 좋다.

BMT 중환자실 간호사 글

중환자실 입실 19일째
의식 명료, 수면 양상 진정제 투여 무 양호, 식사 양상 식사, 배변 양상 배변 무, 혈소판 수혈
오늘은 산소농도를 1ℓ/min까지 감량하셨어요! 조만간 산소도 끊고 나면 일반 병실로 나가실 수 있는 날이 그리 먼 이야기가 아닐 것 같아요♥ 새벽부터는 이뇨제 수액 주사도 효과를 보시면서 소변까지 잘 나오셨어요(Good). 이제 중환자실 생활에 적응이 되셨는지 코도 고시고 숙면도 취하셨답니다. 조금씩 조금씩 호전되는 모습에 저희 간호사들도 모두 힘이 납니다!
조금 더 화이팅하세요.^^~.

처음 본 웃음

●●●

2018. 2. 3(토)

자기가 좋아지기는 좋아진 것 같은 하루였어.

오늘은 간호사가 자기 상태가 매우 좋으며 다음 주에는 의사가 일반 병실로의 이실이 나올 것 같다고 하더라. 얼마나 기쁜 일이야 ~^*^

자기가 얼마나 잘 이겨냈는지 그 증거가 나타난 것이잖아. '자기 고생 많이 했다'라고 말하자 자기는 무기력증이라고 말을 했어. 물론 자기는 얼마나 힘들고 어찌 보면 현실이 얼마나 괴롭고 한심하겠어. 그러나 현실을 부정할 수는 없잖아. 백혈구는 14,890, 호중구는 13,270이었어. 어제보다 모두 조금씩 올랐어. 그런데 적혈구가 어제보다 낮아져서 6.8이라 적혈구를 하나 맞는다고 쓰여있었어.

저녁에는 자기가 산소공급을 하는 튜브를 빼고 싶다고 해서 간호사의 동의도 받지 않고 20분 내내 빼고 있었는데 100이 정상인데 최저 94 이하는 내려가지 않아서 계속 빼도 되겠다고 하니까 자기는 아니라고 했어. 그런 반응을 보이면서 자신감이 많이 떨어졌다고 하는 생각이 들었어. 자기는 의사의 말을 별로 신뢰하지 않았었는데….

점심 면회를 마치고 나오면서 어디 아픈 곳이 없냐고 하니까 없다고 했어. 그리고 할 말이 있느냐고 했으나 없다고 했어. 그래서 내가 장난삼아 사랑한다고 말 하고 싶지 않냐고 하니까 웃음을 보였어. 기가 찬다는 웃음일 수도 있겠지만 12월 25일 입원 이후로 처음 입가에 웃음을 띠었어. 어떤 웃음인지는 중요하지 않았어. 비록 입가에 작은 미소를 보였지만 자기의 웃음기를 보았다는 것 자체가 아주 행복했었지. 그리고 내일 아란이 오라고 할까 하니까 그러라고 했지.

더 나은 내일을 기대하면 오늘은 이만 줄일게~&^*^

2018. 2. 4.(일)

오늘은 아란이와 병원에 갔었어.

아침에 오면서 과외 수업받는 안양으로 데려다줬고, 과외가 끝나고 지하철로 서초역까지 와서 거기에서 점심을 같이하고 3시간을 기다리다가 자기를 만났어. 굳이 고속터미널역에서 만나지 않은 이유가 서초에 대법원, 고등법원, 대검찰청 등이 있어서 건물이라도 보여주고 싶었기 때문이야. 자기에게 그런 의도로 거기에서 만났다고 하니 고개를 끄덕이더군. 그런데 날씨가 매우 추워서 걸어오는 동안 고생을 했어.

말은 하는데 아직은 귀를 갔다가 대야지만 알아들을 수 있는 정도로 작았어.

아란이는 자기가 그 전에 아란이가 면회를 왔다가 간 것을 모르고 있다고 의아해하더라고.

오늘 자기 컨디션이 얼마나 좋은 상태인지 모르고 하는 이야기겠지.

점심 면회에 들어가니 소변줄까지 제거해서 이제는 진짜 잘 치료가 되었다고 하는 생각이 들었어. 내가 뭐라고 하니까 혀를 내밀어 메롱도 하는 등 정상화되었음을 알 수 있었어. 이제 병실을 일반 병실로 옮기는 것이 며칠 남지 않았다는 생각이 들었어.

저녁에 면회하러 가니 오늘이 25일이냐고 묻더군. 4일인데 갑자기 물어서 왜 그런가 했더니 아영이 생일 때 어떻게 해야 하나 생각하고 있다가 물어본 거였어. 옆에 있던 간호사도 묻는 것은 잘하고 있고, 칫솔질까지 혼자 했다고 하면서도 날짜를 자꾸만 까먹는다고 하더군.

투석으로 몸이 호리호리해지면서 자기 다리가 너무 가늘어진 것이 아닌가 했어.

백혈구는 16,250, 호중구는 14,560으로 어제보다 또 올라서 너무 올라간 것 같아 걱정은 조금 된다.

오는 길에 큰형에게 자기가 많이 좋아졌다고 전화를 드렸는데 받지 않아서 일찍 주무시는가 보다 생각을 했었어. 그런데 집에 와서 아이들과 토마토 주스를 만들고 있는데 윤명이가 전화기를 들고 오면서 아빠 주스 만들고 있다고 통화를 해서 큰형에게 전화가 왔음을 알 수 있었다. 전화가 왔는데 받지 못했음을 안 형님이 나에게 전화를 했는데 무음으로 해놓아서 전화를 받지 못해서 혹시 하고 깜짝 놀라서 종명이에게 전화를 해서 윤명이 전화번호를 알아내어 전화하셨던 거야. 너무 많이 놀라셨다고 하시더군. 큰형은 자기의 상태에 대해서 촉각이 곤두선 상태로 계속 있으므로 충분히 예견되는 일이지.

오늘은 손톱깎이를 가져가서 깎아 주었어. 건조한 손톱을 깎으려니 소리도 크게 나고 울림도 있어서 자기가 겁을 많이 먹었어. 깎는 나도 겁이 난 것은 당연했지. 혹시 잘못해서 피라도 나면 어쩌나 해서.

오늘은 이상하게 몸이 피곤해서 병원에서도 의자에 누워서 조금 자고, 집에서도 일찍 잠자리에 누웠어.

BMT 중환자실 간호사 글

중환자실 입실 21일째, 의식상태 명료, 수면 상태 진정제 투여 무양호, 식사, 배변 양상 무

혈액 수치 백혈구 16,250, 호중구 14,560, 적혈구 8.9, 혈소판 26,000

수혈, 예정 검사 및 시술 없음

박정안님~ 벌써 중환자실에 온 지 3주나 되셨네요. 참 많은 일이 있었어요. 잘 견뎌주셔서 정말 감사합니다♡

오늘은 드디어 산소를 끊었어요. 최고 최고♡♡ 산소를 끊고도 저희가 원하는 수치 이상의 산소포화도가 나와서 정말 다행입니다~~ 이뇨제 수액을 달지 않고도 소변도 잘 나오고 있어요. 하루가 다르게 좋아지시는 모습을 보니 정말 뿌듯하고 더 열심히 일을 할 수 있는 원동력이 되어주시는 것 같아요^^ 일반 병실에 가고 퇴원하시는 그날까지 저희 중환자실 간호사들이 기도 많이 할게요~

♥Hank♥♥you. (예쁜 그림으로 표현)

P.S. 웃는 모습 너무 예뻐요. 허허 방긋방긋(예쁜 그림으로 표현)

2018. 2. 5.(월)

오늘은 어제보다 훨씬 나아진 것 같아.

중환자실 문이 열리자 자기는 입구 쪽을 보면서 왔나 확인하는 듯했어.

자기는 양치질을 끝냈고….

어제 아란이 왔던 것과 점심때 윤명이가 면회를 했었던 사실을 기억하는 것을 보니 많이 나아졌다고 생각했어.

코의 영양 튜브 말고는 없는 것으로 알고 있었는데 아직은 소변 튜브를 하고 있었어. 나는 소변 튜브가 없다고 하자 자기는 그럼 이쪽에 있는 것은 무엇이냐고 해서 보니 소변 튜브를 옆으로 내려서 나는 몰랐어. 자기가 웃으면서 '자기가 그렇지 뭐'하면서 웃는데 아프지 않을 때의 모습이 조금 보여서 너무 반가웠어.

장모님께 다녀왔다고 하니 눈가에 눈물이 맺히려 해서 걱정이 되었지만 울면 안 되는 것을 알기에 자기는 잘 참는 것으로 보였어.

오늘은 너무 추워서 오늘부터 단축수업도 더 시작했어. 35분 수업을 했었는데 5교시 후 귀교시켰어. 내일부터는 4교시 후 보낸다고 학부모님들께 문자를 발송했지. 복도만 나가도 찬바람이 얼마나 심한지….

오늘은 백혈구 14,800, 호중구 13,310이네. 어제보다 1,000 정도씩 떨어졌어. 너무 높았는데 떨어져서 다행이야. 혈소판은 어제보다 조금 오른 15,000이지만 모자라서 혈소판 1봉과 9.3인 적혈구를 높이기 위하여 적혈구도 2봉을 맞았어.

빨리 일반 병실로 옮기고, 퇴원해서 따스한 침대에서 편안하게 생

활하는 자기가 보고 싶다. 힘내자. 박정안. 내 사랑~

BMT 중환자실 간호사 글

중환자실 입실 22일째
의식상태 혼돈, 수면 양상 진정제 투여 무 불량, 식사 양상 식사 양호, 배변 양상 배변 무 변비
혈액 수치 백혈구 14,800, 호중구 13,310, 적혈구 9.3, 혈소판 15,000
적혈구와 혈소판 수혈, 예정 검사 및 시술은 투석
박정안님~ 밤 동안 푹 주무시는 걸 못 봐 좀 안타깝네요.
잘 주무셔야 더 기운 날 텐데⋯. 내일은 좀 더 주무시길 바라고요!
입마르다고 물 먹고 싶다고 했는데 못 줘서 죄송해요. ㅜㅜ.
대신! 내일부터 드실 수 있게 꼭 말씀드릴게요!
식사 시작한 지도 좀 됐으니 이제 배에서 신호가 왔으면 좋겠네요.
오늘 질 쪽으로 소량 출혈이 있었어요. 더 증가하지 않아야 할 텐데 걱정이에요⋯. 괜찮아 잘 될 거야
지금까지 잘 견뎌내고 이기신 만큼 앞으로 조금 더 힘내서 일반 병실로, 집으로 퇴원까지 노력해요! 아자아자^^

2018. 2. 6(화)

하얀 숟가락.

자기야! 오늘 안전요원이 중환자실 문을 열었을 때 정면에 있는 자기 침대에는 식탁이 있었고, 그 위에는 그릇이 보였고, 유난히 자기가 들고 있는 숟가락이 눈에 들어왔어. 아 자기가 이제 식사하기 시작한다고 생각하는 순간 너무나 즐거웠어. 물론 오늘 간호사들이 전화했어. 자기가 일반실로 갈 수 있으니 1인실도 가능하냐는 내용이었어. 그러나 나는 1인실 말고 2인실이나 5인실을 달라고 했어. 하루 이틀을 기다리더라도…. 자기가 1인실에 가는 것을 싫어하는 것을 잘 알고 있기 때문이야. 전에 1인실에 갔을 때 치료비보다 병실료가 훨씬 많이 나와서 자기가 나를 책망했던 기억 때문이야.

면회하면서 자기에게 다인실이 어린이실이라고 하니까 자기가 싫다고 했어. 이유는 모르지만.

면회를 들어갔을 때 식탁 위에는 죽 두 그릇과 음료수, 그리고 보리차가 있었어. 자기는 많이 먹으면 대변을 봐야 한다면서 먹는 것을 주저했어. 대변을 봐야 복통이 없어진다고 자기에게 이야기를 했으나 자기는 대변을 보면 냄새가 나고 어떻게 치우느냐 하면서 3일째 참고 있다고 했어. 내가 치울 테니 시원하게 대변을 보라고 했지만 자기는 매우 두려워했어.

서너 숟갈을 먹은 후 그만 먹겠다고 했어. 대변에 대한 두려움이 컸던 것으로 생각되네.

아무튼 자기가 미음이지만 입으로 먹는다는 사실만으로도 나에게는 큰 기쁨이었어.

내가 아파서 다행이야

진짜 많은 고생 끝에 좋은 일들이 진행되어 너무 다행이라고 생각해.

점심 면회하였던 윤명이가 알려준 바에 의하면 백혈구 수치는 12,810, 호중구는 11,400이야. 어제보다 각각 2,000씩 줄어들었어. 어제는 솔직히 너무 높았거든. 줄어드는 것이 바람직한 방향으로 흐르는 것을 증명하고 있어.

일반 병실로 갈 수 있다는 생각이 들면서 매우 즐거워서 처가 카톡방, 우리 형제들의 카톡방에 내용을 올렸고, 우리 가족의 카톡방은 물론이지. 그리고 항상 노심초사하시는 이융조 교수님, 큰형님, 둘째 형님께는 전화를 직접 드렸어. 항상 너무 걱정을 많이 해 오셨기 때문이지.

내일은 간병인을 알아보려고 해.

내가 출근 때문에 자기 옆에 항상 있을 수도 없고, 윤명이는 소 대변을 받을 수 없을 것 같기 때문이야. 그래서 하루 12시간 자기를 돌볼 수 있는 간병인을 내일은 구할 거야.

자기야~ 열심히 잘 버티면서 잘 치료를 받아줘서 고마워. 힘든 시기는 지났으니 자기가 회복되는 것만 볼 수 있을 것 같아.

참 장하다. 관해가 되지 않은 상태에서 항암 치료를 했는데 자기는 잘 극복했어. 사실 담당의가 30%의 확률도 장담할 수 없다고 했었어. 그런데 자기는 보란 듯이 털고 일어났다. 참 대단하다. 우리 자기 박정안~

코 고는 소리가 듣기 좋은 날

● ● ●

2018. 2. 7(수)

오늘 드디어 중환자실에서 일반실인 19층 103호로 옮겼어. 2인실이라 조용하고 그 방에는 자기와 1차 때 같이 있던 분이 있었어. 기억하더라고 호중구 수치가 너무 오랫동안 안 올라갔던 분 아니냐고~

힘든 환자의 경우 보호자가 있어야 한다고 해서 오랜만에 자기와 함께 있었지. 요즘 출근해서 간병인을 구해야 하는데 너무 갑작스럽게 이실을 해서 내가 있었지. 오랜만에 옆에 있으니까 행복했어. 자기도 중환자실에 있을 때는 두려움에 휩싸여 잠을 자지 못했다고 간호사가 이야기하고 자기도 누가 데려갈 것 같아서 잠을 못 잤다고 했어. 오늘은 죽, 국물, 보리차를 다섯 숟갈 정도씩 먹었어. 약도 잘 먹고. 그리고 기저귀에 대변을 보는 것을 너무 창피하게 생각을 하고 있었어.

그간 잠을 잘 자지 못했는지 9시 30분부터 깊은 잠을 자더라고.

중환자실에서 병상일지를 써서 주었는데 그 글을 읽어보니 매우 좋았어. 간호사들 문장 실력이 탁월한 것 같았고.

자기가 옆에 누워있는 것을 보면서 중환자실에 들어갈 때는 끝나는 것이 아닌가 생각까지 했었는데 참으로 다행스럽게 자기는 잘 견뎌주었어. 정말 고마워. 가끔 이치에 맞지 않는 말도 했지만, 누구와도 이야기할 수 없었던 중환자실의 분위기였기에 그랬다고 생각해.

오늘같이 자기의 코 고는 소리가 듣기 좋은 날이 없었던 것 같아.

내가 아파서 다행이야

오늘은 병원에 와서 10분 정도 여유가 있어서 4층 성분헌혈실 간호사들 칭찬 카드를 썼어. 백혈구 헌혈을 하는 과정에서 공여자들에게 너무 친절하게 잘해주었고, 간호사들끼리 분위기가 너무 좋음에 놀랐어.

내일부터는 간병인을 24시간으로 하는 분을 10일 정도 써 보려고 해. 통화를 해보니 11시쯤 오셔서 시작하겠다고 했어. 내가 출근을 해야 하니 윤명이가 아침에 7시 30분까지 병원으로 오고 그 후에 간병인이 11시에 오시면 윤명이도 집으로 오는 것으로….

아영이 결혼식 앨범도 오늘 찾아왔어.

자기 에어매트를 사야 한다고 해서 130,000원을 주고 샀고, 중간 정산을 1,108,990원을 냈어. 4차 입원 누계는 14,294,729원이었어.

일반실로 와서 기분 좋은 하루였어.

힘내고 빨리 나가자~^*^

2018. 2. 8(목)

졸업식이 있었어.

요즈음은 옛날과 달리 3년간 걸어온 길과 끼를 발산하는 장이더군.

일과를 마치고 부랴부랴 병원으로 향했어.

간병인과 함께 있는 시간을 줄여보고 싶어서.

6시에 병원에 도착해서 간병인을 처음 보는데 아주 열심히 하는 분인 것 같았어. 자기 얼굴이 깨끗하다고 하니 간병인이 많이 닦아주었다고….

그런데 병실로 들어가려는데 자기 이름표가 반쯤 밖으로 나와 있어서, 이실 하나보다 직감을 했어. 10개월 이상 병원에 다닌 노하우지.

방으로 들어가니 물건이 모두 깨끗하게 정리되어 있고, 내가 가져 간 큰 캐리어가 보이지 않았어. 벌써 간병인이 물건을 많이 나르신 후였어.

18층 112호로 옮긴다고 하더라고.

이실 해보니 5명이 함께하는 곳이었어.

사람들은 모두 다인실을 원하지, 그래야 병원비가 싸니까.

저녁이 나오길래 간병인께 저녁을 드시고 오시라 하고 내가 자기 를 먹여주었어. 자기 잘 먹었어. 죽과 콩나물국, 파프리카, 소고기 조림 등을….

표정도 많이 밝아진 것 같았고.

7시 20분쯤 약속이 있어서 병원을 나왔어.

미안해~ 내일부터 월요일까지는 자기 옆에 꼭 붙어 있을 것이니까 안심해~^^

자기의 얼굴이 편해 보여서 너무 다행스러웠어.

고마워.

2월 내에 집으로 가는 것을 목표로 아자아자~

2월 9일(금)

자기야 오늘은 어제보다 생기가 넘쳐서 좋아 보였어.

아침에 간병인과 통화하니 어제 먹은 저녁을 다 토했다는 이야기 를 듣고 기분이 좋지 않았었는데 그래도 와보니 괜찮아 보였어.

금식하라고 해서, 아니 자기가 밥을 먹고 싶지 않다고 해서 식사

내가 아파서 다행이야

가 나오지 않는다고 하더군.

자기가 토하는 것이 너무 고통스러워서 금식을 신청한 것으로 나중에 밝혀졌지만….

간병인이 월, 수, 금 투석을 하러 가야 하는데 이동할 때 양말과 외투가 필요하고, 투석하는 동안 추워하니까 전기장판을 가지고 오라고 해서 가져왔어. 간병인이 역시 전문가라 자기에게 잘해주는 것 같아. 신경도 많이 쓴다고 하고~ 자기가 우리 큰형과 통화하는 사진을 찍어서 여러 톡방에 올리니까 많은 분이 아주 많이 반가워하셨어. 전화까지 할 정도라면 우선 안심이 된다고 하면서…. 안젤라도 많이 반가워했고~

오늘 백혈구는 17,370, 호중구는 16,330, 혈색소는 11.9, 혈소판은 13,000이야. 혈소판이 낮아서 한 봉 맞았어.

오늘은 대화도 잘되는 것 같고 정신적으로 안정이 된 것 같아. 간병인을 7시에 보내고 자기와 월요일 12시까지 있으려고~ 간병인께는 5일 치 50만 원을 미리 드렸어. 멀리 서울 창동에서 오셔서 조금 더 드렸어. 차비만…. 창동에서 이곳까지는 거리가 먼데 간병을 매우 잘한다고 자기가 이야기하네~

금식이라 아무것도 못 먹고 하늘보리만 한 모금 마셨어. 종일….

자기는 스스로 무엇을 하려는 의지가 보이기도 하는 하루였어. 그런 모습이 정말 고마웠어.

나는 기간제인 조○○ 샘이 가는 것으로 애가 탔던 하루였어. 좋은 분들이 교단에 계속 있었으면 좋겠는데….

큰오빠가 건강해서 다행

● ● ●

2018. 2. 10(토)

역시 만만하지는 않네.

금식해서 아침 점심에 약과 물만 먹었는데, 아침과 점심 약을 먹은 후에 모두 토했어. 매우 괴로워하면서. 그리고 대변은 한 번도 보지 못했어.

자가는 내가 간병을 잘못한다고 간병인을 해고하게 시키겠다는 등의 농담도 했어. 아침에 외국에 다녀오신 큰처남의 전화를 받은 당신은 눈물을 계속 흘리면서 이야기했어. 조혈모 이식을 해준 오빠가 건강해서 너무 다행이라고 하면서… 또 아영이 부부와의 영상통화를 하면서도 울었는데 결혼식에 참가하지 못한 미안함 같았어. 오늘은 미모 회원들과 카톡을 하기도 했고, 강○○ 샘 등과도 짧은 카톡을 하기도 했어.

백혈구 15,320, 호중구 14,340, 혈색소 10, 혈소판 33,000으로 잘 유지되고 있어.

오늘은 고등학교 때 청정우회라고 만들어서 함께 돌아다니던 4인방인 각헌, 승영, 학희와 양재역에서 저녁을 먹기로 했어. 고등학교 시절의 이야기가 끝날 줄 몰랐고, 여러 입을 통해서 당시의 이야기를 하는데 참으로 기억이 생생한 것도 있고 가물가물한 것도 있었어. 그리고 고등학교 때 교련복을 입고 사진을 찍던 모습으로 스타벅스에서 커피를 마신 후 다시 똑같이 찍어보기도 했어. 3시간 정도의 만남을 가졌는데 많이 웃고 많이 떠들었어.

내가 없는 시간에는 윤명이가 자기를 간호했어. 윤명이도 간병을 잘하는 것 같아. 약사가 되어야 하니 생각이 남다르기도 하겠지. 자식이 있으니까 좋다는 생각이 들었어.

내일부터는 미음을 다시 시켜서 식사를 시도하는데 제발 잘 먹고 소화가 잘되었으면 좋겠다. 등에 각질이 생겨서 떨어지고 토한 것을 받아내도 당신 것이 더럽다는 생각이 들지 않네~ 이게 사랑인지 정의의 힘인지는 몰라도 결혼이라는 것이 할만하다는 생각이 들었어. 내일은 오늘보다 훨씬 나아질 거야. 힘내자 파이팅!

최고의 남편

●●●

2월 11일(일)

자기는 내가 10시쯤 아침을 먹으러 내려간 나에게 보낸 "밥 맛있게 먹고 와요~ 최고의 남편~. 에고 손 떨린다. 이게 꿈이야 생시야~"라는 톡을 보면서 내가 많이 놀랐다. 그래서 나는 답글을 "하하하 고마워~모자라는 남편을 칭찬해줘서~^♥^"라고 답글을 했지.

자기는 오늘 아침 미음을 조금 먹고 토했어. 진토제를 맞았으나 2시간 전에 맞은 것이 효과를 떨어뜨린 것 같아. 점심에는 직전에 진토제를 놔달라고 해서 그런지 토하지를 않았어. 점심에 미음과 사과주스를 조금 먹었는데 이상이 없어서 아주 많이 다행이었어.

어제는 저녁을 먹지 않고 약만 먹었는데 새벽 1시쯤에 토했기에 오늘은 미리 진토제를 놔달라고 한 거야. 자기가 새벽에 구역질하자 맞은편 아주머니가 짜증을 내는 소리를 하더라고. 그 소리가 들리면서 나도 짜증이 나서 큰소리라도 치고 싶었지만, 그분도 환자라고 생각하니 이해가 되더라.

자기는 이제 잘 때 코를 고는 소리도 거의 나지 않는 등 매우 조용해졌어. 이것은 목구멍 치료를 매일 4차례씩 하는 덕택인 것 같아. 무슨 담배 피우는 모습을 하면서 약 연무를 입으로 들이마셨다 뱉었다 하는 것이 효과는 있나 봐.

저녁에는 죽, 사과주스를 먹었지만 조금 울렁거린다고 대야를 달라고 했지만, 다행히도 잘 넘겼어. 너무 다행이다.

인턴 의사가 와서는 눈 아래로 살이 튀어나오는 것은 신장 투석을 전같이 많이 하지 않아서 나타나는 것이라 크게 걱정은 하지 않는 눈치였어. 황달기도 계속 줄어들고 나머지 피와 관련된 수치는 모두 좋다고 하면서 이대로 치료를 마치고 퇴원을 하면 좋겠다고 하고 나갔어.

오늘 백혈구 수치는 16,230, 호중구 14,930, 혈색소 10.3, 혈소판 12,000이었어. 혈소판이 모자라서 혈색소 수혈을 1봉 했어.

2018. 2. 12(월)

자기야 오늘은 자기의 퇴원이 가까이 왔음을 확인하는 즐거운 날이었어.

내가 아파서 다행이야

9시부터 투석을 하기 위하여 1층으로 같이 내려간 후 나는 오늘이 중간 정산서가 나오는 날이고 세수도 하지 않아서, 이를 해결하기 위하여 18층 병실로 와서 좀 있었어. 주치의들이 돌아다니면서 환자의 상태를 보는 시간이라 나도 기다리고 있었어. 그런데 레지던트가 와서 이것저것 이야기하고 가길래 주치의가 오늘은 오지 않나 보다 생각을 했었어. 그래서 20층 올라가서 중간 정산이나 하려고 복도로 나왔더니 서너 칸 앞의 병실에 교수님이 들어가는 것을 목격하고 다시 병실로 가서 어떤 이야기라도 해야 할 것 같아 기다리고 있었어. 옆 침대의 환자를 보고 투석을 위하여 침대에 탄 채 내려간 당신의 빈칸을 지나치려고 하다가 기다리고 있는 나를 본 레지던트가 여기가 박정안 환자의 보호자라고 이야기를 하자 자기의 상태를 말씀해 주셨어. 자기는 중환자실보다 상태가 아주 많이 호전되었고 수치도 정상적으로 가고 있으므로 퇴원을 해서 통원치료를 받는 쪽으로 계획을 세워보라는 것이었어. 여기에서 아득하게만 생각되었던 퇴원이라는 단어가 나의 귀를 스치는 순간 나는 '아 되었다'라는 쾌재를 속으로 불렀었어.

중환자실에 있을 때 정말로 많은 걱정을 했었고 간호사나 교수들도 거의 포기상태까지 갔던 자기가 일반 병실로 이실하고 이제는 퇴원의 이야기까지 나오니 이를 잘 참아낸 당신이 얼마나 대단한 일이야. 자기는 정말로 의지가 매우 강함을 다시 한번 알 수 있었어.

의사들이 한 말 중에 환자의 의지가 가장 중요하다는 말을 가장 많이 들었어. 당신이 그 일을 해낸 것이야.

자기는 오늘 투석실에서 4시간 투석을 하였어. 나는 40여 분을 남기고 집으로 왔지만, 투석을 하면서 자기가 얼마나 추워했을지 목격했어. 양말도 신고, 외투도 덮고, 전기장판까지 깔았지만 자기는 여전히 추워했어. 전기장판을 저온 이상 올리면 약해진 피부에 자극을 줄 수 있다고 간호사가 저온에 놓았어.

중간 정산을 했는데 이번에는 100만 원이 넘지 않았어. 971,750원이었지. 누계는 15,266,479원으로 어마어마한 금액이지. 그러나 보험료가 적용되지 않았다면 109,390,580원으로 천문학적인 숫자가 되었어. 잘 되어있는 우리의 보험이 많은 사람의 부담을 줄여준다는 생각을 다시 한번 하게 되었어.

백혈구 수치는 14,550, 호중구는 13,820, 혈소판은 39,000, 혈색소는 9.2였어.

하루라도 빨리 퇴원하기 위하여 최선을 다하자.

퇴원이 멀지 않았다는 느낌으로 오늘은 매우 즐거웠어. 그래서 이 소식을 처남들에게 알리기 위하여 죽전에 있는 사무실을 들렀다가 집으로 왔어.

오랜만에 탁구를 하기도 했지. 너무나 즐거웠어. 땀도 내고 하면서 스트레스를 조금이나마 풀 수 있었어.

2018. 2. 13(화)

자기야~

오늘 시골 어머니 뵙고 아버지 산소에 다녀오려고 일찍 일어나 9시쯤 고향으로 향하려 했는데… 11시 40분에 일어났어.

어제 소맥 5잔 정도 하고 집에 와서 탁구를 1시간 쳤는데 매우 힘들었나 봐….

그래서 부랴부랴 아이들에게 시골에 가야 한다며 깨워 아이들이 모두 준비했는데 전화가 한 통 걸려왔어.

오늘 정년퇴직하시는 교장 선생님과 점심을 먹기로 했는데 그 사실을 잃어버린 거야. 5명이 모여야 하는데 내가 빠지면 안 되는 자리였어. 자기도 잘 아는 신교장님이잖아. 존경받을 만한 분이기에 꼭 가보아야 해서 점심을 먹은 후에 3시쯤 출발하자고 밍이와 란이에게 이야기를 하고 점심을 먹고 와서 시골로 향했어.

시골에 가니 어머니의 건강이 많이 좋아지신 것 같아서 기분이 좋았고, 아버지 산소에서 절을 하니 숙제를 한 기분이었어. 거의 매달 아버지 산소를 찾았는데, 자기 아픈 이후로 자주 찾아뵙지 못해서 매우 죄송했었거든.

사진을 찍어서 자기에게 보내니 엄마가 청천의 미인이라고 답글을 했지. 어머니에게 말씀드렸더니 웃으시면서 95세에 말도 안 되는 말을 하느냐고 하셨어.~^^

조안젤라와 문자를 하면서 세 명의 미모 회원들이 자기를 만나러 간다고 했어. 사실은 3명이 면회를 하기에 오늘 병원을 가지 않았어.

자기는 휠체어를 탔다고 하더라. 물론 침대에 올라갈 때는 매우 힘들어했다는 간병인의 이야기를 들었어. 그렇지만 자기의 의지가 대단해.

미모 회원들이 내가 고향에 가느라 만나지 못한다고 하니까 나를 주려고 죽을 샀다고 하는데 늘 고맙게 생각했지만, 오늘은 더 고마운 생각이 들었어.

오늘의 혈액 수치는 백혈구 13,530, 호중구 12,730, 혈색소 8.8. 혈소판 22,000이었어. 수치가 높은 백혈구와 호중구가 낮아진 것은 좋은 점이지만 혈색소와 혈소판이 낮아지는 것은 좀 고민을 하게 만든 하루였어.

자기 사랑한다. 잘하고 있어~

자기와 같이 있어서 행복해

● ● ●

2018. 2. 14.(수)

오늘은 2월 14일이다.

날씨도 많이 풀렸고, 평창동계올림픽에서는 남북 단일여자아이스하키팀이 일본과 1승의 자존심을 걸고 한판 붙었는데 4-1로 패했다고 한다.

당신이 아프면서 스포츠에 관심이 멀어졌어. 매일 스포츠 하이라이트를 보는데 당신이 아프고 서는 모두 부질없는 짓인 것 같아서 제대로 보지 않아.

역시 모든 것은 마음의 여유가 있을 때 볼 수 있는 것인가 봐. 북한 김여정이가 남한에 왔다 갔다는 뉴스에도 관심이 없고, 오직 당신의 건강만 생각하게 되네~

3시가 넘어 18층 간호사실에서 다급한 목소리로 전화가 왔어. 자기와 간병인이 보이지 않는다는 거야. 그래서 자기에게 전화를 해도 받지 않고, 간병인 전화는 꺼져있고 해서 순간적이지만 많은 걱정을 했었어. 자기에게는 아침부터 전화했는데 받지를 않아서 많이 아픈 것은 아닌가 걱정을 하던 차였는데 간호사실에서 전화까지 와서 매우 당황했었어. 물론 조금 후 자기와 통화가 되면서 안심을 했지만.

퇴근하고 6시 30분경에 병원에 도착하여 당신을 보았어. 침대에 앉아 있는 모습이 어제보다도 많이 나아졌다는 느낌이었어. 다만 오른쪽 눈 아래에 살이 더 부풀어 오른 것 같은 느낌이었지만.

오늘 간병인과 휠체어로 돌아다녔다고 했지. 그동안 간호사와 나를 애태웠던 것이지만 그래도 나는 휠체어를 탔다는 것 자체만으로도 기뻤지. 자기가 침대에서 내려왔다는 것도 매우 힘든 것인데 그것을 해냈으니까~

저녁에 도착하여 미모 회원들이 어제 사 온 죽을 먹고, 빵도 먹었어. 물도 2컵 정도 마시는 것을 보았고, 저녁에도 죽을 먹었는데 자기가 구역질을 하지 않아서 매우 다행이었어. 알약도 저녁에 3알, 10시쯤에 4알을 먹었는데, 그제보다 아주 잘 넘겨서 호전되는 것을 느낄 수 있었어. 변비 끼가 있어서 변비약을 식후 30분과 취침 전에 먹네….

내가 병원에 있는 것이 남들은 힘들다고들 하지만 나는 오히려 행복해. 자기와 같이 있으니까. 한 번도 여유롭게 자기와 같이 있었든 적이 없던 것 같아. 나는 항상 바쁘다는 핑계로 내 방에서 작업을 했었지. 지나고 보니 별것도 아닌 것을…. 부부는 소통이 가장 중요한데 그것을 망각하고 나 잘난 척만 한 것 같아서 너무 미안해.

오늘 혈액 수치 중에서 백혈구와 호중구의 수치는 정상을 향해서 내려오는 것 같았어. 백혈구가 10,000 이하로 호중구가 7,000 이하로 내려와야 정상인데 아직도 높아. 그러나 며칠 전부터 계속 떨어지고 있어서 뱃속의 염증이 많이 완화되고 있다는 생각이 들었어.

백혈구는 13,110, 호중구는 12,190, 혈색소는 8.7, 혈소판은 14,000이었다. 혈소판이 줄어들어서 1봉을 맞았어.

더 나은 내일을 기대하면 오늘 잠을 청해야겠다.

2018. 2. 15(목)

코드블루 코드블루 18층 1병동!

코드블루 코드블루 18층 1병동!

오후 5시쯤 되어서 복도에서 흐느끼는 소리가 들렸고, 복도를 지나 화장실을 가는데 복도에는 많은 사람이 서 있었어.

초등생 정도의 아이는 우는데 유치원생은 아무것도 모르고 돌아다니는 것을 보았지.

조금 있다가 "코드블루 코드블루 18층 1병동"이 스피커를 통해서 들렸다.

병원에 와서 이런 소리를 여러 번 들었는데 이것이 심장이 정지된 환자가 발생했다는 내용인 줄 모르고 있었는데 바로 같은 병동에서 이런 환자가 나타난 것이야.

다행히 자기는 자고 있어서 몰랐던 것 같아.

생사가 갈리는 현장에 있다는 것을 실감할 수 있었어.

오늘 가장 즐거운 일은 자기가 대변을 본 것이야.

대변을 보지 않은 것이 너무나 오래되었잖아. 계속 수액만 맞고 식사를 못 했으니까. 3일 전부터 미음에 이어 죽을 먹었지만, 양이 많지 않아서 대변이 나올 기미가 보이지 않았어. 그런데 어제 보니 처방된 변비약을 먹고 있었어. 오늘은 자기가 대변을 보았으면 하는 간절한 마음이 있었는데 대변을 본 것이야. 대변을 보기 전에 바나나를 사다 주면서 대변을 꼭 볼 수 있을 것이라고 이야기를 했는데 대변을 봐서 너무 다행이었어.

대변을 보았다는 이야기는 나를 신나게 했지. 기저귀 속에 있는 변은 묽기는 하지만 색깔이 황색이라서 너무 반가웠어. 검은색이나 붉은색이면 혈변으로 아직 장 출혈이 있는지를 알 수 있는 중요한 단서이기에 황색은 너무 반가운 것이다. 자기의 변을 치우면서 아이들을 키우면서 대변이 더럽지 않다고 생각했었는데 자기 대변을 치우면서도 그런 생각을 했어. 오늘의 대변은 훨씬 기분 좋은 변이었어.

오늘 백혈구는 어제보다 많이 올라서 16,010, 호중구도 14,810, 혈색소는 6.0, 혈소판은 34,000이었어. 혈색소가 매우 낮아서 2봉을 수혈받았어.

내일이 설이라 카톡과 밴드에서는 종일 설 명절을 맞이하여 덕담으로 바빴어. 기발한 이모티콘들이 웃음 짓게 하는 것도 있었고. 제자 안○○가 파리바게트 선물권을 보내주기도 했어. 받아야 하는지 그랬지만 보내주는 성인 제자가 있다는 것이 교사로 살아온 나에게 즐거움을 주었지.

내일 설이라 시골 형이 올라왔는데 큰형과 작은형, 종명이, 태명이가 병원을 찾았어. 큰형과 작은형은 안타까워서 눈물지었고, 종명이도 눈물을 보이더군….

내일은 오늘보다 훨씬 나아진 모습을 보이는 하루가 되었으면 좋겠다.

죽이지만 밥을 먹는 것도 나아지고, 진토제를 먹지 않고도 구역질을 하지 않으며, 알약도 잘 넘기는 것은 일취월장이라는 단어를 생각나게 하네. 암튼 자기는 대단한 것 같아~^^

내년 설에는 떡국 같이 먹자

● ● ●

2018. 2. 16(금)

설날이다.

자기와 나는 병원에서 설을 맞았어.

날씨도 괜찮아서 18층에서 건물 사이로 떠오르는 태양을 찍었는데 멋지게 나왔어.~

설날이라 좀 특별한 것을 사주고 싶었지만, 편의점과 빵집을 돌아다녔는데 먹을 만한 것이 없네. 그래서 에이스, 제크, 군밤, 카스테라만 사가지고 올라왔어.

군밤은 두 개만 먹고 양념을 많이 했다고 더는 먹지 않는다고 했으며, 카스테라는 많이 먹을 수가 없어서 조금 떼어주었는데 맛있다

내가 아파서 다행이야

고 하면서 다 먹었어.~^*^

아침밥은 먹고 싶지 않다고 했지만 세 숟갈은 먹어주어서 고마웠어.

월, 수, 금은 투석하는 날이라 대변을 치우고, 밥을 먹고 인공신장실로 부랴부랴 내려갔어. 설날이라 투석하는 환자들이 눈에 띄게 줄었더군. 오늘은 전기장판, 양말, 덮개 2장으로 무장을 하고 내려가서 자기가 춥지 않다고 했어.

투석을 시작하고 나는 큰형 집에 떡국 먹으러 갔어. 자기와 같이 죽을 조금은 먹었지만 아무래도 떡국이라도 먹으러 가는 것이 큰형이나 형수가 좋아할 것 같아서 갔어.

형수님 음식 솜씨가 남달라서 많이 먹고 왔지.

윤명이와 아란이는 집에서 나보다 조금 일찍 와서 제를 지내고 함께 식사하고 있었어.

아이들이 맛있게 먹더군. 내가 해주지 못해서 매우 미안했는데 맛있게 먹는 모습을 보니 좋더라.

11시쯤에 둘째 형과 조카를 고속버스터미널에 내려주고, 윤명, 아란이와 투석실로 갔어.

자기는 1시간 정도 윤명, 아란이와 이야기를 했어.

그리고 애들은 집으로 가고 우리는 다시 181병동 112호에서 하루를 지냈지.

오늘은 자기가 대변을 세 번이나 보았는데 어제보다 훨씬 예쁜? 변을 보았어. 비록 묽었지만, 색깔이 좋았어.

허리가 아파서 일어나지 못하므로 저녁을 먹지 않겠다고 했으나 억지로 앉혀서 저녁을 먹었는데 비교적 많이 먹었어. 빨리 먹고 누우려고 빨리 먹은 것은 같지만….

자기는 아직 손에 힘이 없어서 숟가락을 들 힘도 없다는 이야기에 걸맞게 떨림이 있었어.

아직도 대변을 보면 미안해했었고….

연금을 어떻게 신청하냐고 물으니 나에게 알아서 하라고 했지~

윤성빈이 동계올림픽 스켈레톤에서 금메달을 땄지만 즐겁지 않은 설날이야.

그토록 걱정하던 자기의 아홉수도 넘어가는 날이지~^^

18층 복도 휴게실에서 오늘도 일기를 쓴다.

창밖으로 화려한 조명과 경부고속도로로 진입하려는 차들이 줄을 서 있는 풍경이 보이네.

내년 설에는 큰집에 가서 같이 떡국도 먹고 같이 서울 시내 나들이라도 했으면 좋겠다.

오늘은 백혈구가 13,220, 호중구가 12,490, 혈색소는 11.3, 혈소판은 12,000이야. 혈소판의 정상 수치가 15만에서 40만 정도라는데 매우 낮다. 괜히 정상치를 알려서 오늘부터 걱정이 하나 늘었어.~

2018. 2. 17(토)

휠체어를 탔어.~

오늘 아침에 일어났는데 자기 컨디션이 괜찮아 보였어.

아침을 먹은 후 휠체어를 타자고 했지.

앞쪽 침상의 창 쪽 할머니를 태우는 것을 보고 나도 용기를 내서 태울 수 있었어. 자기도 겁을 많이 먹었지만, 사실은 나도 매우 두려 웠어. 휠체어가 뒤로 밀리지는 않나. 허리가 아프다는데 제대로 방향을 맞출 수 있나 등으로 말이야. 그러나 성공하고 두어 바퀴를 돌고 자리로 돌아왔는데 그나마 기분은 좋았어. 자기가 조금씩 자신감을 갖게 된다는 점에서….

그리고 창밖도 내다보라고 했는데 자기는 별로 좋아하지 않았어. 나갈 수 없는 속상함에서인 것을 난 잘 알아.

아침에 눈을 뜨고 '이렇게 해서 퇴원하면 뭐 하겠느냐'고 말을 하기도 했고, 아침 식사 후 눈을 붙인 후에는 나에게 '자기가 보기에 내 얼굴이 어떠냐고 물었어.' 자기 얼굴에 대한 자신감이 없다는 뜻이었어. 그런데 사실 나는 자기가 아프지 않을 때보다 지금이 훨씬 예뻐 보이는 것 있지…. 조금씩 나아지는 모습이 너무 이쁘게만 보여. 이게 진심이야.

아침은 누룽지탕을 먹었는데 물이 많다는 점에서는 어제의 죽과 큰 차이가 없는 것 같았어.

자기는 작은 반찬 종지에 덜어서 먹고 나는 그릇째 먹었어. 반찬도 거의 내가 먹고 자기는 조금만 먹고는 안 먹는다고 했어.

점심은 흰쌀밥과 닭튀김, 임연수 등이 나왔는데 비교적 맛이 있었어. 자기는 그토록 먹고 싶어 하던 김치를 아침부터 먹었지만, 고춧가루가 매워서 마음 놓고 먹지를 못했지. 점심을 먹고서 고속버스터미널 지하에서 내가 사 온 음료수와 김밥을 조금 먹었어.

저녁에는 잡곡밥이 나왔는데 조금만 먹겠다고 했지만 그래도 실망스럽지 않을 정도로 먹었어. 귤을 냉장고에 넣었다가 주니 맛있게 많이(?) 먹었어. 1개 이상을 먹었으니 그만하면 합격점이야. 자기는 아직도 대변보는 것을 두려워하고 있어. 어느 간병인이 너무 더러워서 도망갔다는 이야기를 전해 들은 적이 있다는 둥 하면서…. 그렇지만 대변을 본다는 것이 자기가 건강해진다는 것으로 이해하기 때문에 전혀 문제가 없어…. 너무 좋기만 해. 오늘 새벽 3시경에도 대변을 보았다고 손으로 겸연쩍게 이야기를 했지. 변 상태도 매우 좋았어.

오늘 복도에선 12월에 20층으로 입원했을 때 보았던 환자를 둘이나 보았어. 한 분은 그대로이고, 다른 한 분은 휠체어를 타고 있더라고. 엄마가 나이 든 딸을 휠체어에 태우고 다니는데 너무 안돼 보였어. 그래도 자기는 다 큰 자식들이 자기를 걱정하고 있다는 점에서는 앞의 환자보다는 훨씬 낫다고 생각했어.

오늘은 백혈구 11,430, 호중구 10,660 혈색소 11.2 혈소판 41,000이었어. 백혈구와 호중구가 내려가는 것은 바람직한 것 같아. 나도 이제 도사가 되어가는 것 같아. 수치를 보면 조금씩 감이 잡히니 말이야.~^*^

내일은 먹는 양을 조금 더 늘리고, 휠체어도 타고 다리 운동도 하고, 대변도 잘 보는 날이었으면 좋겠다.

2018. 2. 18(일)

아영이 결혼사진을 내려받았어.

오후 1시가 넘어서 호주 아영이와 민규가 결혼사진 일부를 톡으로 보내주었어.

내가 아파서 다행이야

사진을 보여주니 있어야 할 자리에 자기가 없다고 매우 섭섭해했었어. 그래서 윤명이와 아란이도 있으니 그때 함께하자고 했어.

아침도 먹고 싶지 않다고 했으나 억지로 먹게 했어. 아침 식사를 마친 후에 귤, 바나나와 음료수를 사려고 조금 떨어진 이마트 편의점에 갔다 왔어.

점심 식사 후에 샤워하고 복부 촬영을 해야 한다고 2층으로 침대째로 내려갔어. 자기는 대변을 본 직후라 냄새가 나면 어떻게 하냐고 매우 난감해했지만, 도리가 없었어.

밥을 많이 먹어야 영양수액을 뗄 수 있다는 이야기를 들은 자기는 최대한 노력을 해서 많이 먹는 모습이 보여서 매우 좋았어. 지금까지는 밥 두 숟갈 정도밖에 먹지 않았었는데 조금 더 늘려보려는 의지가 보였어. 방풍나물, 감자, 김치, 콩나물국 등을 골고루 먹었어. 그런데 목 소독을 하자고 기계를 들여댔는데 조금 있다가, 심한 기침을 하고 난 후에 먹은 것을 모두 토했어. 내가 너무 서두른 것 같아서 미안했어. 하는 수 없이 당근 주스라도 먹으로라고 하면서 1컵을 주었으나 반 컵밖에 먹지 않았어.

점심을 먹고 간식을 먹는데 양쪽 침대의 환자들이 계속 구역질을 하고 토하지만 우리는 아무렇지도 않다는 듯이 주스와 카스테라를 먹었지. 이게 병원의 짬밥인가 봐~^^

9시가 넘어서 레지던트가 간 수치도 좋고 많이 좋아지고 있으며, 약도 잘 먹으니 수액을 끊고 집에 갈 계획을 세워야겠다고 했어. 눈과 허리가 좋지 않다고 하자 협진을 할 수 있도록 해보겠다고도 했어. 그리고 눈에 부풀어 나오는 것은 수액을 끊으면 좋아진다고 하네…

걸어서 집으로 갔으면 좋겠다.

저녁 9시 넘어서 목구멍 소독을 하는데 시트도 갈아주고, 소변통도 비워주고, 침대 소독도 해주는 분이 소변 통을 비워줬어. 병원은 시스템이 잘 되어있는 것 같고, 쉴 새 없이 열심히 근무하는 것 같아.

그런데 자기 양쪽 볼에 난 상처는 병원에서 진료비를 내야 하지 않나? 중환자실에 있을 때 산소호흡기를 묶어놓았던 끈 자욱이 어느 날 와보니 나 있던데…. 그것이 이렇게 큰 상처로 예쁜 자기 얼굴에 남을 줄이야. 흑흑.

둘째 누나가 전화를 해서 걱정을 많이 했어….

오늘은 백혈구 8,910, 호중구 8,300, 혈색소 10.9, 혈소판 21,000이었어.

그런데 백혈구와 호중구가 요즘 1,000 이상씩 계속 떨어지는데, 이제 그만 멈추면 좋겠다. 많이씩 떨어지니 걱정이 되기도 한다.

퇴원 준비

● ● ●

2018. 2. 19(월)

자기의 퇴원이 이번 주에 이루어질 것이라는 이야기를 들었어.

자기를 투석실로 내려보내고, 자기로부터 특명을 받은 것을 실현

내가 아파서 다행이야

하기 위하여 바쁜 오전을 보냈어.

가장 중요한 것은 정형외과와 협진을 이야기해보라는 것이었어. 김 교수님의 답은 간단했어~ 퇴원 후 연계해서 하면 된다는 것이었어. 그리고 식사를 시작했으니 주사액을 약으로 대체하고 집에서 통원치료를 하라는 것이었지.

그리고 백혈구와 호중구 수치가 최근 2,000씩 떨어지는 것을 물어보니 지금의 수치가 정상이라는 것이야. 그것은 나도 알겠는데 앞으로도 계속 떨어질까 봐 하는 질문이었는데 그것에 대한 답은 주지 않고, 답할 상황도 아닌 것 같아서 더는 묻지 않았어.

그래도 자기가 많이 좋아졌고, 퇴원을 이번 주 내로 해보라는 구체적인 말을 들으면서 마음은 매우 들떠있었어.

최근 일주일간의 입원비도 47만 원밖에 되지 않았어. 물론 4차 입원에서 누적된 입원비는 1,500만 원이 넘었지만….

의사와 면담을 위하여 아침 일찍부터 손수건으로 자기 얼굴과 손발을 닦았고, 정신과에 얼른 뛰어갔다가 왔어. 그리고 귤을 잘 먹어서 편의점에 갔는데 10시가 다 된 시간에도 도착하지 않았었어. 어제까지는 연휴가 배송이 안 되어서 오늘 9시쯤에 도착할 것이라고 해서 갔는데 오지 않았어.

퇴원을 금주 내에 할 것 같다고 자기에게 이야기하니 자기는 허리가 아파도 움직이지 못하는 것에 대한 두려움이 앞서있었지.

그럼 집에서 혼자 있으라는 것이냐며~ 근데 2월에는 내가 집에 많이 있을 수 있고, 간병인을 구해서 자기를 잘 돌보도록 해야지.

사방으로 자기가 퇴원이 임박했다는 자랑을 했지~^^

걱정했던 백혈구 수치는 6,970, 호중구는 6,360, 혈색소는 10.9, 혈소판은 12,000이었어. 혈소판 수치가 많이 떨어져서 오늘도 혈소판 1봉을 수혈한다고 하더군.

저녁을 먹고 소파에서 졸다가 일어나니 차민규가 남자 1,500m에서 은메달을 땄네. 착하게 생긴 모습이 인상적이었어.

2018. 2. 20(화)

오늘은 병원에 가지 못했어.

학교에서 송별회와 명퇴하는 분의 이야기를 들었는데, 참 세월이 빠르다는 것을 느꼈고, 동갑내기가 명퇴하면서 나도 이제 가까워졌다는 생각이 들었어. 명퇴하는 선생님이 학생들에게 말을 하는데 참 잘한다 싶었고, 내가 명퇴나 퇴임을 할 때 저렇게 좋은 말과 사랑이 담긴 말을 할 수 있을까 하는 생각을 했었어.

그리고 신○○ 교장님의 퇴임식이 있어서 용인 대지중에 갔었어.

요즈음은 퇴임식을 하지 않는데 이 학교는 교장 선생님 몰래 퇴임식을 준비해서 교장 선생님도 어제 당일에 알았다고 하더라고. 요즘 존경받는 관리자가 많지 않은데 샘들이 자발적으로 하는 것을 보면서 성공적인 삶을 살아오셨다고 생각했지.

송별회를 마치고 집에 가서 송 사장 부부와 생맥주를 마시러 갔어. 생맥주를 마시면서 자식 키우는 이야기를 많이 했는데 어느 집이나 고민은 있고 우여곡절이 있었다는 생각이 들었어. 송 사장 부부와 같이 건전하게 사는 사람이 드문데 그런 분들과 함께한다는 것 자체가 매우 기분 좋았어. 그런데 술 실력이 줄었는지 1,000cc를

내가 아파서 다행이야

마시고 와서 컴퓨터를 켜놓고 바로 잠들어버렸어.

윤명이가 자기 면회하였지. 착한 윤명이는 내가 못 간다고 하자 갈 수 있다고 하더라고. 자기 상태는 큰 변화가 없는 것 같았어. 자기와 통화할 때도 똑같다고 말을 했어. 음식을 먹고 토하지 않는다는 말에 마음이 진정되기도 하였고….

걱정했던 백혈구와 호중구 수치가 떨어지기를 멈춰서 크게 안도를 했지. 백혈구 7,090, 호중구 6,520 혈색소 10.9 혈소판 47,000이었어. 혈소판이 20만이 넘어야 하는데 올라갈 생각을 하지 않는 것이 걱정이야.

여자계주 3,000m에서 금메달을 따는 모습을 텔레비전으로 보았어. 이기는 것을 보면 스트레스가 확 풀리지…. 참 대단한 민족인 것 같아.

2018. 2. 21(수)

자기야.

오늘 병원에 갔는데 안과 진료를 오후 내내 받느라 많이 힘들었다는 이야기를 들었어…. 체력이 많이 소진된 것 같았어.

눈 아랫부분에 부풀어 오른 것이 오래 누워있는 사람들에게 나타난다고 하니 빨리 일어나야겠다. 허리치료를 빨리 끝내고 나가야 하는데…. 아무튼 빨리 좋은 결과가 나오도록 노력하자.

지하 1층 매점은 매출량이 엄청난 것 같아. 간병인이 각 티슈를 사 오라고 해서 갔는데 동이 났어^^ 전에는 귤이 없어서 못 샀는데 오늘도 없네. 그런데 점주가 가끔 보면 작은 의자에 앉아서 대충 식사를 때우는 모습을 보면 돈을 많이 버는 것이 별 의미가 없다는 생각이 들더라.

자기 보러 가니 선희가 옆에서 눈물을 흘리면서 자기와 이야기를 나누는 것을 보면서 눈물 많은 유전자를 가졌다는 것을 다시 한번 실감을 했어. 어리게만 보았던 선희가 나가면서 내 등을 토닥이면서 위로를 해주데~ 참 기분이 묘했어. 내가 조카에게 위로를 다 받는다고 하고~

오늘은 백혈구가 5,930 호중구 5,300 혈색소 10.6 혈소판 29,000 이네. 혈소판이 줄어드는 속도가 너무 빨라서 이것을 빨리 해결해야 할 것 같아.

집에 와서는 수업 준비와 연수 준비 등으로 좀 분주했어. 괜히 이것저것 먹다 보니 배가 부르더라고…. 그래서 속을 시원하게 하려고 뚜껑을 열었던 앙주를 두 모금 했더니 바로 다운되어버렸어.

퇴원을 위해서 이불 빨래라도 빨리하고 싶었는데 그냥 시간이 지나버렸어.

평창동계올림픽에서는 이승훈 등이 팀 추월 경기에서 은메달을 땄네. 노르웨이가 아주 완벽히 잘하더라…. 우리 선수들도 자랑스러웠어. 특히 이승훈은 나이도 꽤 되는데~

2018. 2. 22(목)

오늘은 학교에서 수업 준비로 정신없이 하루를 보냈어.

동북공정과 독도 수업자료를 만드는데 온종일 보냈네. 인쇄까지 맡겨 놓으니 시간이 다 가버렸어.

자기와 통화를 하니 김○○ 교수가 다녀갔는데, 담당하고 있는 환자 중에 자기를 포함해서 두 명만 장기입원을 하고 있다고 하면서 더는 할 것이 없다고 하고 나갔다고 했고, 물리치료를 받았는데 근육이 많이 좋아졌다고 했다네. 내가 보아도 자기 근육이 많이 좋아졌어.

6시쯤 병원에 도착해서는 저녁 시간이었는데 많이 먹지 않았어. 많이 먹기를 바랬는데 점심때 토를 했다고 걱정이 되어서 먹지를 못하더라.

식사 후에는 아영이 결혼식 때 축가를 부른 아란이의 모습을 영상으로 보여주었어. 벌써 한 달이 훨씬 지난 일이지만 자기는 이것을 매우 보고 싶어 했어. 결론은 연습 부족이라는 평을 했지. 그리고 연금 문제에 관해서 이야기했는데, 둘이 공무원이면 한 사람은 일시금으로, 한 사람은 연금으로 하는 것이 유리하다고 이야기했다고 하니 그렇게 하라고 하더군. 그리고 돈을 내 명의로 해야지 세금이나 보험료에 도움을 받을 수 있다고 이야기를 하니 내 마음대로 하라고 하더군. 좀 씁쓸한 표정도 보였어.

윤명이 등록금도 5,630,000원이 나와서 이걸 처리하려다가 며칠 후에 하는 것이 나에게 도움이 될 것 같아서 마지막 날 내려고 해~^^.

자기가 이번 일요일까지는 퇴원할 것 같아서 그래도 기분은 좋아.

오늘은 백혈구 5,020 호중구 4,530 혈색소 10.2 혈소판 21,000으로 전반적으로 낮아지고 있어. 은근히 걱정되는 수치도 있고….

1주일 미뤄진 퇴원

● ● ●

2018. 2. 23(금)

오늘은 윤명이가 자기에게 갔었어.

학교에서 부장 연수를 해야 해서 가지 못했어.

윤명이가 저녁에 와서는 1주일 정도를 더 있어야 한다고 했다네.

소변줄을 제거하는 데 시간이 걸린다고….

오늘은 백혈구 4,870, 호중구 4,340, 혈색소 9.7, 혈소판 10,000
이네.

병원에 가지 않으면 마음이 편하질 않네. 천리포수목원의 바다가
보이는 곳에서 잠시 있었는데 경치가 멋지다고 남들은 하는데 난 별
로 감흥이 없네.

이만 줄인다.

2018. 2. 24(토)

소변줄이 없어졌어.

오늘은 어제 출장 갔다가 늦게 와서 아란이 치과에 데리고 갔다
가 과외공부를 하는 곳에 내려주고 병원으로 향했어. 우면산터널부
터 너무 밀려 12시까지 가야 했는데, 12시 20분에야 도착할 수 있었
어. 오늘 보니 우면산터널에 1월에 낸 통행료가 65,000원이더라
고…. 길지 않은 터널에 편도 2,500원은 너무 많다는 생각을 항상
했어.

내가 아파서 다행이야

늦어서 간병인께 매우 미안했어. 마지막 날이라서 더 그랬지. 간병인께 작은 선물을 준비했지만 미안함을 감추기는 어려웠어. 간병인은 괜찮다고 하셨지만~

자기를 보았을 때 가장 큰 변화는 소변줄이 없어진 것이었어. 소변줄을 빼면 퇴원이 되는 것으로 생각했었는데…. 허리도 아프고 힘도 없고 해서 좀 더 있다가 퇴원해야 한다고…. 눈의 부픈 부위도 줄어들지 않았어.

소변줄을 빼면서 기저귀를 차고 있는데 소변을 잘 보아서 다행이야. 천만다행이라고 할 수 있어.

약도 줄고, 링거도 1개 또는 두 개만 매달려있어서 자기가 많이 좋아지고 있다는 것을 실감할 수 있었어.

백혈구는 4,290, 호중구는 3,770, 혈색소는 9.3, 혈소판은 35,000이었어. 혈소판은 어제 1봉 맞아서 조금 올라갔는데 쭉쭉 올라가길 바랄게….

어제부터 한○○ 신부님의 성폭행미수 사건이 언론에 크게 주목받고 있어. 조○○ 배우 두 명도 그랬고….

그리고 이승훈이 매스스타트에서 금메달, 김보름 선수가 은메달, 이상호가 스키 스노보드에서 은메달을 따면서 환호성이 들리는 날이었어.

오늘은 점심에 카스테라 반 개 정도를 먹었고, 저녁에는 죽을 좀 먹었는데 많이 먹지 않아서 좀 속상했어.

내일은 더 좋은 하루를 만들자. 그래도 3일 전보다 자기 힘이 많이 좋아진 것을 느낄 수 있었어~ 자기야 사랑해~^^

중환자실 기억이 없다고?

● ● ●

2018. 2. 25(일)

저녁을 먹고 7시쯤에 2층에 폐 사진을 찍으러 내려갔어. 20여 명이 순서를 기다리고 있으면서 수액이 한 봉지만 달린 것에 대해서 이야기를 하면서 9개까지 달렸었다고 이야기하자 자기는 그 사실을 모르고 있었어. 중환자실에 있을 때 양손이 침대에 묶여있었다고 하자 이도 기억하지 못했어. 자기가 많이 불편해했었는데 그 사실이 기억이 나지 않는다는 점이 이해되지 않았어. 나중에 끈을 풀었을 때 손목에 상처가 그 흔적인데…. 그리고 가래를 빼기 위해서 목구멍에 호수를 넣었던 것과 콧구멍으로 영양제를 넣었던 것도 기억을 못 했으며 투석을 한 것도 기억을 못 한다고 했어. 어쩌면 다행이다. 그러한 사실이 기억에 남았다면 정말 끔찍한 기억이 될 테니까….

폐와 허리 사진을 찍고 올라와서도 중환자실의 일들에 대해서 자꾸 물어보았어. 그 정도인 줄을 몰랐다고….

병원 성당에서 4시 미사를 보았어. 오늘의 주제는 동계올림픽 선수인 이승훈, 박승희, 컬링 선수 등을 언급하면서 노력이 없이는 좋은 결과가 나올 수 없다고 이야기했어. 그러면서 미투에서 언급된 신부는 반성이 없던 것이 문제인 것 같다고 했어.

오늘은 나도 온종일 몸이 찝찝했었는데 성당을 다녀와 청결실에서 샤워한 후 많이 좋아진 느낌이야.

자기는 비교적 열심히 음식을 먹으려는 의지가 보였어. 오늘은 귤,

내가 아파서 다행이야

바나나, 사과 음료, 카스테라를 먹었고, 나오는 음식도 열심히 먹으려고 해서 예뻤어.^^

오늘은 백혈구 3,920, 호중구 3,410, 혈색소 9.2, 혈소판 26,000이었어.

막상 퇴원이 다가오니 서지도 못하는 상태에서 퇴원하면 어떻게 하나 하는 막연한 걱정이 앞서는 하루였어. 걱정하지 말라고는 말했지만, 걱정이 많이 된다.~^!^

오늘은 아영이 생일이다. 호주에서 신접을 차리고 맞는 생일이라 영상통화만 하고 말았어.

2018. 2. 26(월)

새벽부터 정신없는 하루였어.

새벽 1시에 간호사가 3시에 MRI를 찍으러 가야 한다고 이야기를 했어.

3시에 정신없이 침대째로 내려가 의자에 앉아 비몽사몽간에 있다가 함께 올라왔어. 통 속에서 코가 너무 막혀 죽는 줄 알았다고 했고, 속이 안 좋다면서 토를 하려고 하다가 간신히 참아서 넘겼어. 새벽 3시에 MRI라니^^ 참 뭐라고 설명해야 할지 모르겠다.

다시 아침에는 청력검사를 하러 3층 이비인후과에 갔어. 도우미 분이 휠체어를 밀고 나는 따라갔어. 검사 시간이 30여 분 걸린다고 하여 18층으로 올라와서 주치의를 만나려고 했으나 회진 시간이 변경되어 내일이라고 한다. 이런 참….

오늘부터 식사를 신청했는데 아침은 샌드위치였어. 1개는 자기가 먹고 2개는 내가 먹었어. 점심은 나물 비빔밥인데 의외로 맛이 있었고, 자기도 1/3 정도를 먹었어. 저녁은 윤명이가 온다고 해서 윤명이와 같이 먹었고.

백혈구는 3,740, 호중구 3,220, 혈색소는 9, 혈소판은 15,000이다. 혈소판이 낮아서 혈소판 한 봉지를 맞았어.

옆 침대 환자는 70대인데 내가 잠을 좀 자려는데 스마트 폰을 크게 틀어놓고 시청하고 있었어. 뭐라고 하고 싶은데 내일 퇴원이라 하기도 그래서 참았다. 밤 10시 30분경에는 새로 들어온 앞 침대의 할머니가 전화를 계속하자 자기가 저러면 안 된다고 나에게 이야기를 했어.

언제 보아도 간호사들은 참 열심히 근무 한다는 생각이 든다.

큰 처남이 아침에 안부를 물었고, 조안젤라가 저녁에 안부를 물었어.

물리치료사가 하는 방식대로 침대에 앉아서 체조를 조금 했어. 그런데 힘이 없어서 못 하겠다고 했어. 얼른 기력이 회복되어야 하는데….

내일을 위하여 파이팅. 자기 파이팅~

2018. 2. 27(화)

허리가 너무 아프다고 소리를 질렀어.

4시가 넘어 폐 CT 촬영을 하러 간다고 이동 도우미가 휠체어를 밀고 왔어. 침대로 이동을 원했던 자기를 빨리 일으켜 세우려고 침대에 누워있던 자기를 한쪽 팔로 세우는데 자기가 큰소리로 비명을 질렀어. 오른쪽 발을 손으로 가리키면서 너무 아프다고…. 촬영을 하러 가는 동안 아프다고 울먹였고, CT를 찍으러 가서도 올라가야 찍을 수 있는데 거의 반은 울면서 올라갔어. 내가 너무 일찍 서둘러서 일으켰나 하는 미안함으로 힘이 쭉 빠졌어. 조금씩 나아지는 상황에서 변수를 만났다고나 할까….

결국 병실로 돌아와서 침대에 올라간 이후로 자기는 일어날 생각을 하지 않았어. 일어나기가 무섭다고 저녁도 먹지 않아서 내가 먹었지. 참 맛이 없는 저녁이었어. 자기는 카스테라와 엔커버로 대충 저녁을 때웠어. 나흘 동안 대변을 보지 못해서 설사가 나는 약을 먹었고, 소변은 잘 보는 편이라서 그나마 다행스러워.

주치의를 3시경에 만났는데 언제 나갈 수 있는지를 알고 싶어 했지만, 얼렁뚱땅 나가버려서 기분이 가라앉은 상태에서 허리까지 더 아프다고 하면서 쓰러진 채 1시간 정도를 잤어. 개학한 이후로 간병인에 대한 계획을 세워야 하는데 어떻게 해야 할지 모르겠다.

큰형님은 퇴원하지 않았고 허리가 아직 아프다고 하자 화가 나서 그냥 전화를 끊어버렸어.

오늘 좋은 소식은 백혈구와 호중구의 감소가 멈췄다는 점이다. 백혈구는 3,750, 호중구는 3,270, 혈색소 8.2, 혈소판 35,000이다. 감소하던 추세에 내심 걱정이 컸는데 멈추었다는 점에서 이제 정말 정상으로 간다는 안심을 하게 되었어…. 윤명이 등록금을 자기가 냈고, 자기 앞으로 되어있는 차량을 나와 윤명이 명의로 변경시키려고 알아보기도 했다.

내일 아침에는 허리가 싹 나았다는 말을 들었으면 좋겠다.

2018. 2. 28(수)

글을 쓰는 이곳 휴게소는 마치 장례식장 같다.

한 분이 격리실에서 치료 중인데 돌아가시는 중인 것 같아.

형제 등 친척들이 삼삼오오 와서 눈물을 흘리고 있다.

죽음이 아주 가까이 있음을 다시 한번 실감하게 되었지.

오랜만에 비가 오는 창밖의 자동차 등과 아파트의 불들이 매우 밝게 보이는 날인데….

오늘은 영북종고 초임지에서 같이 근무했던 분들과 점심을 먹었어. 모두 자기와 함께 근무했던 분들이기도 하지. 자기에 대한 걱정의 말씀과 격려의 말씀을 많이들 하셨어. 특히 심○○샘은 같은 상과이기도 해서 옛날부터 자기에 대한 안부를 많이 물었었어.

모임에 참석하느라 윤명이가 11시쯤에 와서 자기를 간호했어. 윤명이는 참 착해….

자기는 소변과 대변을 봐야 하는데 윤명이가 하지 못하기 때문에 간호사에게 부탁했었어. 그런데 마지막은 윤명이가 기저귀를 갈았다고 했어. 자기가 다른 기저귀로 앞을 가렸다고 말하면서….

끊임없이 해야 할 일들을 윤명이는 잘하는 것 같아.

내가 없으면 자기가 매우 불안해하는 모습을 볼 수 있었어.

요즈음 백혈구와 호중구가 조금씩 떨어져서 걱정이었는데 어제부터 다시 올라가기 시작해서 이제 제자리를 잡아간다는 느낌을 받았어.

오늘 백혈구는 4,040, 호중구 3,480, 혈색소 8.6, 혈소판 24,000이었어.

내가 아파서 다행이야

내일이 장모님 생신인데 자기 마음이 매우 아프겠다.

두 처남이 장모님과 점심 식사를 같이하겠다고 하시네.

오늘 시골 둘째 형이 아들을 낳았어. 형이 66세이니까 참 기록에 남을 일이 아닌가 생각돼. 형수가 캄보디아에서 오셨는데 꼭 낳고 싶다고 해서 낳았는데 아마 효자가 될 것 같아. 축하해요.

오늘 집에 가서 이것저것 챙겨왔는데, 자기 USB를 놓고 와서 중요한 일을 하지 못했네….

내일은 마음이 더 맑은 하루가 되었으면 좋겠다.

자기가 12월 25일에 입원을 했는데 벌써 두 달이 지나버렸네.

오늘 회진했던 교수님이 다음 주 중으로 퇴원할 수 있다는 말을 남기기는 했으나 언제인지 확실하지 않아서 여러 가지 걱정이 된다.

그나마 전에 자기를 돌보던 간병인이 자기를 돌볼 수 있다고 하니 참 다행이다.

2018. 3. 1.(목)

3·1절이다.

그러나 방송을 접하기도 어렵고, 병실 안에서는 세상 돌아가는 것에 대해서 신경을 쓸 수가 없고 쓰는 사람도 전혀 없는 듯하다.

평창동계올림픽 기간에도 전혀 관심이 없었어. 내 코가 석 자기 때문이지.

3·1절보다는 장모님 생신이 더 신경이 쓰이지만, 전화 한 통으로 끝낼 수밖에 없었어. 장모님은 전화를 거니 매우 바쁘냐고 말씀하셨고, 자기를 바꿔주니 둘째 처남 내외와 큰처남, 이렇게 셋이서만

점심을 먹어서 좀 서운했던 모양이야. 자기와 조금 통화를 하다가 바로 끊으셨다고 자기가 섭섭해했어. 그렇다고 자기의 상황을 정확히 알려드릴 수도 없고….

어제부터 위독했던 치유실의 환자는 오늘 좀 깨어난 것 같다. 다른 딸이 침대 옆에서 엄마의 어깨에 기대 있는 모습이 짠했어. 돌아가실 엄마에 대해 아쉬움이 얼마나 클까. 남매가 많아야 30대 초반일 것 같은데…. 주변에는 눈물을 훔치는 많은 친인척이 서성였어.

오늘은 면회가 대거 이루어졌어.

남양주에서 둘째 누나와 매형, 청주에서 큰누나, 셋째 형, 동생 부부가 올라왔어. 여럿이 함께 들어가면 다른 환자들에게 누가 될 것 같아서 두 명씩 들어가게 했어. 눈물을 흘리지 말라고 당부를 해서 그런지 눈물을 보이지 않아서 너무 다행이었어.

둘째 누나는 음료수, 딸기, 새콤을 고아서 가져온 것은 물론 집에서 담은 된장까지 가져와 차에 실어주셨어. 그리고 청주에서 온 분들은 과일과 곶감 등을 사가지고 와서 차에 실어주셨어. 참 고마우면서도 미안하기 그지없었어. 내가 경제적으로는 제일 났다고 생각을 했는데…. 이렇게 도움을 받다니. 나는 해준 것도 없는데.

셋째 형은 50만 원을 내 손에 쥐여주셨어. 어렵게 사는 것을 잘 알기에 끝까지 받지 않으려고 했으나 20여 년 전에 1,000만 원을 빌려가서 갚지 못한 것에 대해 미안함에 꼭 주고 싶다고 해서 받을 수밖에 없었어. 큰 누님도 돈을 주셨어. 누님도 어려운데… 이것 참~

역시 어려울 때는 핏줄이 최고인 것을 새삼 느끼는 하루였지.

오늘은 어제보다 모든 수치가 많이 내려갔어. 그래서 걱정스러웠지만 표현할 수는 없었어. 자기가 걱정할까 봐….

백혈구 3,360, 호중구 2,790, 혈색소 7.8, 혈소판 14,000이다. 혈소판이 특히 계속 내려가네. 내일은 내려가는 것을 멈추고 모든 수치가 다시 올라갔으면 좋겠다.

내일부터 개학이라서 간병인이 아침 7시까지 오시기로 했어.

나는 일과를 마치고 7시쯤에 다시 병원으로 와서 자기를 만나야지….

2018. 3. 2(금)

오늘 개학했어.

오랜만에 아이들을 만날 생각을 하니 설레고 마음이 바빴어.

입학식이 있었는데 옛날과는 달리 교장의 환영사와 학생회장 환영사가 함께 진행되었으며, 우리 학교의 자랑인 오케스트라 공연이 있어 격이 높아진 느낌이야.

담임들은 종일 담당 학급 학생들과 1년 계획을 짜고 회의도 진행되면서 얼굴을 볼 수가 없더군. 옛날보다 선생님들의 업무가 매우 많아진 것을 다시 한번 실감하는 하루였어.

자기는 오늘 안과에 갔었는데 퇴원을 해서 일상생활을 해야 눈 아래에 부푼 부분이 나을 것이라고 했다고 했고, 김○○ 교수님은 허리 보호대를 차면 퇴원하라는 식의 이야기가 있었다고 했어. 물리치료도 했고…. 대변을 많이 보아서 간병인께 미안하다고도 했지.

말이가 오후에 왔다 갔는데 병원비에 보태라고 돈을 주고 갔더군. 조카도 눈이 아파서 많이 힘든데…. 그리고 경제적으로 우리가 훨

씬 난데…. 참 그러네~

오늘 백혈구 수치는 어제보다 500 정도 내려간 2,860, 호중구도 500 정도 내려간 2,290, 혈색소도 조금 떨어진 7.5, 혈소판은 어제 혈소판 수혈을 한 결과 57,000으로 올라갔어. 수치가 이제는 더 올라갈 때를 기다리는 수치가 되었어.

좀 더 다양한 음식을 먹어야 하나…. 걱정이 된다. 병원식으로는 한계가 있나 봐.

오늘은 학교 난방 설비가 고장이 나서 덜덜 떨다가 왔어. 감기 걸리면 자기를 간호하지 못할 것 같아서 매우 겁이 났어. 그래서 병원에 와서 마스크를 쓰고 감기가 제발 걸리지 않기를 바랐었어.~^^

빨리 일어나야 하는데

● ● ●

2018. 3. 3(토)

병○이를 만났어.

당신이 아파서 명퇴하고 조금 생긴 자금을 어떻게 관리해야 좋을지 몰라서. 조언을 받고 싶어서야. 오랜만에 만나서 매우 반가웠고, 은행에 28년 가까이 종사하다 보니 전문지식이 풍부했어. 제자에게 이런 것을 배울 줄은 몰랐어. 당신은 나에게 좋은 제자들을 많이 두어서 좋겠다고 이야기를 했지. 그러나 병○이는 자기 제자이기도

내가 아파서 다행이야

하잖아. 자기도 가르쳤으니까~

6시 30분쯤에 일어나 자기 얼굴과 손, 발을 물수건으로 닦아주고, 안약이나 연고를 얼굴에 발라주는 것으로 시작을 했지.

아침을 열심히 먹는 모습이 매우 보기 좋았어.

점심도 2/3는 내가 먹었지만, 자기도 최선을 다해서 먹었지. 빨리 회복하려는 의지가 강함도 알았고. 물론 진작부터 그렇게 해왔지만.

저녁은 짜장밥이 나왔는데 좀 먹다가 토해서 매우 속상했어. 그리고 허리 보호대를 차고 일어나는 연습을 하다가 실패를 했지만 애쓰는 모습이 매우 안쓰러웠어. 그 후에 많은 양을 토했어. 간호사는 계속 울렁거리면 진토제를 놓아주겠다고 했고.

어제 기저귀를 샀는데 여기에서는 10개짜리가 11,000원이었는데 20개짜리는 20,500원이었는데, 대형마트에서 자체 제작한 상품은 20개에 17,000원이라서 사면서 매우 뿌듯했어. 이 기저귀를 자기에게 채우면서 돈을 아꼈다고 자랑했어. 품질면에서도 차이가 전혀 없어서 좋았고.

자기가 자고 있을 때 자기 얼굴을 보면서 이런 생각을 했어. 자기가 아파서 내가 자기와 더 가까워졌다는 생각을…. 결혼해서 30년간 살았던 기간에 나눈 대화보다 아픈 1년간 나눈 대화가 더 많았다고…. 문제는 나에게 있었지.

나는 부인에게 잘해주어야 한다고 친구나 동료나 제자들을 만날 때마다 이야기하지. 아프기 전과는 마음이 많이 바뀌었음을 스스로 느껴~^^

오늘도 백혈구와 호중구는 수치가 많이 내려갔어. 백혈구 2,750,

호중구 2,230, 혈색소 10.6, 혈소판 30,000이야. 모든 수치가 이제는 올라가야 하는데 슬슬 걱정된다. 자기도 이것을 의식해서 다양하게 많이 먹으려고 애쓰는데 오늘 두 번이나 토했으니 얼마나 속상할까.

그리고 일어나기 위해서 43만 원을 주고 허리 보호대를 맞췄는데 일어서는 데 실패했지. 차분한 자기가 자꾸 어떻게 해야 일어설 수 있느냐고 장비업자에게 묻는데 너무 안쓰러웠어. 빨리 일어나서 집으로 가고 싶어 하는 모습이 보였어. 차분히 치료를 받자. 집에 가면 더 고생할 것 같아. 먹는 것은 조금 나아지겠지만….

자기야 오늘도 수고 많았어.

내일은 더 나은 내일이 되도록 노력하자. 사랑해!

2018. 3. 4(일)

오늘은 비가 많이 오네.

7시쯤에 아란이 학교에 책을 가져다주고 집으로 갔어.

자기는 간병인께 부탁을 드리고….

나오는 나에게 손 흔드는 자기를 보고 매우 미안했어. 오전에 내일은 오지 말라고 했지. 그러나 나는 알아. 나 힘들까 봐 나를 쉬게 하려고 억지로 오지 말라고 하는 것. 그러나 당신이 내 입장이면 자기도 온다고 했을 것이야. 그것이 부부인 것 같아.

부부는 하나잖아. 반쪽이 아파서 병원에 있는데 집안의 편안한 침대에서 휴식이나 취할 수 있겠어?

자기는 온종일 다리에 힘을 기르기 위하여 노력했어. 물론 오전에는 정신이 혼미해진다며 아침을 먹는 둥 마는 둥 하고는 약도 먹지

내가 아파서 다행이야

못하고 자버렸어. 그런데 오후에는 정신이 맑아지면서 끊임없이 다리와 허리 운동을 했어. 자기에게 고맙다는 말만 할 뿐이야. 빨리 힘들게라도 걸어서 집에 가고자 하는 의지의 표현이….

오늘 집에 일찍 온 이유는 작년에 우리 아파트 인문학 특강에 이어서 올해는 답사를 정기적으로 하는 것과 관련해서 임원들과 협의를 하고자 함에 있었어. 물론 박 총무님 정년퇴임도 겸해서. 철럽국을 먹었는데 매우 맛있었어. 자기에게는 미안하지만….

혈액 수치가 오늘도 조금씩 내려갔어.

백혈구는 2,520, 호중구 2,000, 혈색소 10.4 혈소판 18,000이야. 혈소판을 늘리기 위하여 오늘 혈소판을 맞기도 했지.

오늘 하루도 갔다. 자기가 빨리 완쾌되기를 기다리면서 오늘은 12시 이전에 잠을 자야겠다. 어제는 밤새도록 잠이 오지 않아서 꼬박 새워버렸어. 그래도 낮에 조금 잠을 자서 많이 피곤하지는 않았어. 자기 잘 자라.

2018. 3. 5.(월)

어제저녁에 신풍 토요답사를 위한 모임에서 철럽국을 맛있게 먹으면서 술을 해서 늦게 일어났다. 밍이는 일찍 일어나 등교 준비를 하고 있었어.

오랜만에 집에 와서 맛있는 것이라도 해주어야 하는데 매우 미안한 생각이 들더라.

화장실에서 자기에게 안부 톡을 보내고 부지런히 준비해서 간신히 출근 시간에 맞췄어. 아침은 둘째 누나가 만들어 준 사골국을 먹었어.

수업이 세 시간인데 뭐가 그리 바쁜지 온종일 정신없이 보냈네.

3교시 수업을 마치고 들어오니 자기에게 전화가 왔었던 것이 찍혀 있어서 전화했지. 그런데 의사로부터 이번 주 내에 퇴원할 것을 언급했다고 했지.

퇴원은 좋은 일이지만 한 발짝도 움직이지 못할 정도로 발에 힘이 없고, 허리도 아픈데 퇴원을 하면 집에서 어떻게 하라는 것이냐고 반문을 했더니 자기도 같은 생각이었어.

그리고 얼굴에 긴 상처는 미용외과의 일이라고 했다고 하면서 병원에는 그런 과가 없다고 했어. 그런데 이 상처는 중환자실에서 만들어 놓은 상처인데 병원에서 책임을 져야 하는 것 아닌가 하는 생각이 들었어.

전화를 마치고 퇴근하는 대로 빨리 병원을 향하고 싶었지만, 오늘따라 부장 회의가 30분이나 초과하는 바람에 좀 늦었어. 자기가 저녁을 먹는 시간에 도착하여 밥을 같이 먹고는 퇴원이 아니라 여의도성모병원으로라도 가서 정형외과 치료를 계속해야 한다고 이야기했지. 그리고 백혈구 수치가 계속 떨어지는 문제, 얼굴 상처 치료 문제, 투석을 위해 박아놓은 호수의 제거 시기 등에 대해서 이야기를 했지. 층 담당 의사에게 물어보고 싶었지만 볼 수가 없어서 자기가 내일 주치의 회진 시간에 이야기해보겠다고 했어.

저녁은 조금 먹었는데 먹은 것보다 훨씬 많은 양을 토해서 아주 속상했어.

오늘은 백혈구 2,360, 호중구 1,880, 혈색소 9.9, 혈소판 44,000이

　　　　　　　　　　　내가 아파서 다행이야

야. 백혈구와 호중구가 어제보다 각각 200 정도씩 떨어져서 걱정이다. 떨어지는 추세가 며칠간 계속되는데… 이제 멈춰야 하는데….

오늘 집에 도착해서 탁구장에 가서 1시간 정도 쳤는데 탁구를 하면 스트레스가 풀려서 의도적으로 치려고 하는 것 잘 알지?

오늘도 늦었네. 자기는 자고 있을 시간이네. 잘 자고. 내일 저녁에 보자. 안녕, 사랑하고….

2018. 3. 6(화)

주치의를 만나기 위해서 조퇴를 했어.

병원 이동 문제나 퇴원 시기에 대해서 주치의와 이야기를 해야 하는데 남을 먼저 배려하는 당신이기에 혼자 있으면 하고 싶은 말을 하지 못할 것 같아 조퇴했어.

2시 30분경에 도착해서 교수를 기다리는데 오늘은 그래도 4시 이전에 회진을 왔더군.

자기가 많이 나아진 것에 대해서 만족스러워하면서 다리에 힘이 없어서 일어설 수가 없다고 하니 여의도성모병원이나 수원의 성빈센트병원으로 옮겨서 치료를 받으라고 했지. 얼굴에 난 상처는 이미 레이저치료를 해보겠다는 말을 들었다고 해서 별 이야기는 하지 않았어. 교수는 눈 아래로 부풀어 오른 것과 상처는 아주 나중의 문제라고만 했어. 가장 중요한 것은 백혈병을 완전히 잡는 것이고, 다음은 통증 치료라고 했어. 그리고 골수검사를 해보아야 성공을 했는지 알 수 있다고 했지. 자기 골수검사에 대한 두려움이 많을 텐데… 그렇지만 성공 여부를 확인할 방법이 그것밖에 없으니 견뎌야지 뭐….

내가 가지 않아도 잘 풀렸을 것 같은데…. 그래도 내가 있어서 자기가 더 용기를 내는 모습이었어. 처음에는 여의도성모병원으로 가려고 했으나 어차피 정형외과 쪽으로 입원을 할 것이면 수원의 성빈센트병원도 괜찮을 것 같아서 그곳으로 해달라고 했어. 거리상으로 아주 편할 것 같아서….

자기 다리 운동도 시키고, 일어나게 시도도 하다 보니 6시가 다 되어서 집으로 왔어.

오늘 백혈구 수치는 2,280, 호중구는 1,870, 혈색소 10, 혈소판 22,000이었어. 어제만큼 많이 떨어지지는 않았으나 조금씩 내려가네. 오늘 혈소판 2봉을 맞는다고 했어.

집으로 오면서 이융조 선생님께 전화를 드렸더니 너무 기뻐하셨고, 사모님이 8시경에 전화도 주셨다. 자기는 걱정해주는 분들이 많아서 좋겠다~^^

큰처남과 통화도 했고, 큰형과도 통화를 했어.

내일은 전입 교원 환영식 행사로 자기를 만나지 못해. 그 대신 자기의 짐을 강○○ 샘으로부터 인수하여야 하는 중대한 일을 하기도 하지~^^

오늘도 잘 자고 더 좋은 내일을 기대할게….

쾌변 보기를 기도할게. 벌써 1주일 정도 대변을 못 보아서 배가 부은 느낌이 들었어….

2018. 3. 7(수)

다시 여의도성모병원으로 간다고 이야기를 했어.

어제 서울성모병원에서 혈액 내과를 퇴원하고 수원의 성빈센트병원으로 가서 정형외과 치료를 하려고 했으나 아침에 빈센트 병원은 담당 의사가 다른 곳으로 가서 없고, 보호자가 가서 서류를 가져와야 한다고 했어. 여의도성모병원은 서울성모병원에서 모두 처리할 수 있다고 어떻게 할 것이냐고 전화가 왔어. 잠시 생각을 한 후에 여의도로 가기로 했어. 여의도에는 혈액 내과가 있어서 빈센트보다는 응급상황이 발생했을 경우 빨리 대처할 수 있다는 생각이 들어서야. 그래서 진행해 달라고 했어.

오늘은 골수검사를 하는 중요한 날이다. 낮에 전화했을 때 준비를 하는 단계라서 제대로 통화도 하지 못했어. 내일 결과가 좋게 나오길 바랄 따름이야. 그래서 내일 아침에 병원에 가보려고 해.

직장에서 전입 직원에 대한 환영회를 마치고, 당신이 학교에 남겨 놓고 온 사물을 챙겨 오신 강○○ 샘 집에 가서 물건을 가지고 집으로 왔어. 이제 당신이 학교를 완전히 떠났단 실감을 하게 되었어.

안○○에 이어 오늘은 정○○ 씨가 미투운동으로 인터넷과 뉴스를 달구고 있어.

오늘은 백혈구가 1,860, 호중구 1,400, 혈색소 9.8, 혈소판 12,000이야. 어제보다 백혈구와 호중구가 각각 400씩이나 떨어졌어. 내일 골수검사에 대한 좋은 소식이나 들었으면 좋겠다.

내일 아침 일찍 갈게~

2018. 3. 8(목)

아침에 지참을 달고 자기에게 갔어.

어제 전입 교직원 환영회가 있어서 자기에게 못 가서 오늘은 일찍 가서 자기를 보고 싶어서 어제 지참을 달았어. 어제 골수검사로 많이 아파하는 신음 소리도 전화기 속으로 들었고, 결과가 나왔을 것 같아서 갔었지. 그런데 교수도 못 보고 그냥 자기 누워있는 모습만 보다가 왔어.

오는 길에 병○이 근무하는 사무실에 들렀다가 왔는데 자기 퇴직금에 대한 처리를 조금 했어.

사무실이 그야말로 VIP를 접대하는 모습을 갖추고 있더군.

학교에서는 이것저것 하다 보니 하루가 그냥 가버렸어.

장모님을 오랜만에 뵈러 갔더니 왜 자주 오지 않았느냐는 표정이셨어. 자기가 오지 않는 것에 대해 섭섭한 모양이야. 그래서 자기가 서울의 병원에 있다고 했더니 아직도 그러냐고 놀라시더군. 그런데 장모님이 치매기나 건망증이 심하신 것 같아. 그러나 잘 걸어 다니시는 것만으로도 너무 다행이야.

오늘 백혈구 1,830, 호중구 1,360, 혈색소토 9.3, 혈소판 42,000이네. 백혈구와 호중구가 어제와 거의 같은 수치를 보여서 너무 다행이다.

내일은 퇴근 후 병원에서 자기와 같이 잘 수 있어서 좋다.

오늘 시장에서 국거리와 찌갯거리를 사 왔는데, 내일 아침에 윤명이 맛있게 해줘야지~^^

내가 아파서 다행이야

여의도성모병원으로

● ● ●

2018. 3. 9(금)

여의도성모병원으로 이원을 했어.

수업하고 들어 왔는데 전화와 문자가 와 있었어. 여의도성모병원에 병실이 났으니 오늘 3시~4시 사이에 이원을 하라고 했다는 것이었어. 그래서 조퇴를 달고 바로 올라왔어.

짐은 간병인이 모두 싸놓았고, 병원비만 계산하면 갈 수 있었어. 물론 치료비를 검증하기 위해 시간을 기다려야 했고, 약을 지을 시간이 있다고 하면서 좀 늦어진다고 했어.

퇴원을 위해서 계산을 하러 갔는데 헌혈증 105장이 있어서 49만 원 정도가 감해져서 30만 원 정도만 냈어. 헌혈증을 모아준 자기 학교 학생들과 성당 분들께 다시 한번 감사한 마음이 들더라.

5시 조금 되지 않아서 구급차를 타고 여의도로 출발했어. 나는 약 조제에 시간이 걸리니 늦게 출발해달라는 간호사의 말에 따라 뒤늦게 출발했어. 내비게이션을 잘못 봐서 용산역 앞까지 갔다가 차가 밀리는 바람에 아주 늦게 도착해서 간병인과 자기에게 매우 미안했지.

여의도성모병원은 서울성모병원에 비해서 오래된 건물이라 티가 났어. 지하 주차장으로 들어오는데 어찌 좁은지 벽에 부딪힐 것 같아서 천천히 내려왔어.

간호사들이 서울 성모와 비교해서 매우 여유롭다는 생각이 들었어.

어제 멈칫했던 백혈구와 호중구 수치가 많이 내려갔네, 흑흑.
백혈구 1,570, 호중구 1,190, 혈색소 8.6, 혈소판 57,000이었어.
이제 수치가 내려가지 않았으면 좋겠다.
많이 피곤한지 자기는 일찍 잠을 청했어….
보면 볼수록 불쌍해만 보이는 우리 자기다.

2018. 3. 10(토)

주차료가 참 비싸다.

아침을 먹고 앞 침대 환자가 퇴원 준비를 하면서 주차요금에 대해서 옆 침대 분과 이야기를 나누는 것을 들었어.

이 병원 주차료가 상상을 초월하는 금액이라고. 어떤 분은 퇴원할 때 주차비만 97만 원을 내고 갔다나.

어제 입원을 하면서 자동계산기기를 잠깐 보았는데 입·퇴원 시에 8시간 주차요금 면제 이외에 입원 보호자에 대한 감면 문구를 볼 수 없었어. 오늘 이야기를 들으니 이제 이해가 가더라고. 그래서 부랴부랴 차를 꺼내러 나갔지. 건물에서 나가는 데 주차요금은 33,000원이라고 쓰어있었어. 그래서 어제 입원했다고 하니 17,000원만 내라고 하더라고. 이전 병원은 하루에 보호자는 1만 원으로 정해졌으나 이곳은 10분에 1,000원으로 정해졌고 깎아 주는 것이 없는 것 같아. 그래서 근처의 샛강 주차장에 주차하고 병원으로 올라오니 작은 숙제를 한 기분이었어.

오늘 자기는 대변을 두 번 보았는데 상태가 매우 좋았어. 소변도 잘 보고…. 그런데 1년 가까이 다니던 병원을 이곳으로 옮기니 낯설

기도 하고, 이곳은 시설도 오래된 것이라 많이 떨어지는 느낌이야. 시스템도 그렇고….

오늘은 혈액 검사도 하지 않았어. 이곳은 일주일에 두 번 정도만 한다고 간호사가 이야기해주더라고. 혈액의 상태가 매우 중요한데….

어제 자기 눈을 보니 눈이 좀 충혈된 느낌이 들었어. 그리고 숙주로 검게 되었던 피부의 껍질이 또 많이 벗겨지기 시작해서 침대가 많이 지저분하더라. 그러나 그것은 좋다. 자기의 피부가 다시 깨끗해지는 것이니까….

2018. 3. 11(일)

오늘은 일요일, 새로운 간병인이 오신다.

전에 당신을 돌봐주시던 간병인은 몸이 아주 피곤하여 당분간 쉬고 싶으시다고 해서 오늘 ○○간병인협회를 통해서 새로운 분을 모셨어.

연세가 80 가까이 되어 보이셨어. 덩치가 커진 당신을 제대로 돌봐줄 수 있을까 하는 걱정을 하면서 집으로 향했는데, 보건 관념이 없으신 것 같다고, 자기가 문자를 했어.

오늘 둘째 처남 내외분과 재면이가 왔어. 재면이를 볼 때마다 너무 마음이 아프다. 세상의 천사 같은 처남 내외인데 고생을 하시니까. 두 분이기에 감당할 수 있기는 하지만 항상 안타깝기만 하다.

조 안젤라가 왔었어. 언제나처럼 씩씩한 모습이 보기 좋다. 당신을 매우 좋아하는 분 같은 생각이 들었어. 벌써 네 번째 당신을 찾은 것 같아. 그런 친구를 둔 당신은 그래도 행복한 것 같다고 생각했어.

이 병원은 혈액 검사를 자주 하지 않아서 의문투성이인 것 같아.

오랜만에 집에 와서 빨래하고, 저녁 먹고는 탁구를 치러갔어. 탁구는 나에게 커다란 치유의 수단이야. 마음이 답답할 때 땀 흘리고 웃으면 가슴이 뻥 뚫리는 느낌이지. 송 사장 내외와 박○○ 씨와 운동 후 맥주를 마셨어.

내일은 무엇이든 자기에게 좋은 소식이 오기를 기대할게….

2018. 3. 12(월)

아침에 전화할 때 목소리에 힘이 별로 없었어.

여의도라 차를 가지고 가기가 매우 어려울 것 같아 버스로 가기로 했어.

5시 20분 버스를 타고 신논현역에 6시, 9호선을 타고 샛강역에 내려서 병원에 도착하니 6시 30분쯤에 도착했어.

병실에 들어가니 자기의 눈 양쪽으로 눈물이 흐르고, 얼굴에 힘이 하나도 없어 보였어.

눈이 매우 아프다고 하네. 눈 아래쪽에 부풀어 오른 부분에 염증이 생긴 모양이었어. 며칠 전부터 눈이 충혈되어 있었는데 그것이 문제인 것 같았어. 허리에 보호대를 차고 있었고.

오늘 많이 바빴던 모양이야. 뼈 사진을 찍고, 이비인후과에서 귀 검사를 했다고 했어. 점심 금식이라 더 힘이 없어 보였어. 혈소판이 많이 낮아져서 혈소판을 맞고 있었고.

백혈구는 1,380, 호중구는 890, 혈색소는 7.8, 혈소판은 11,000이다.

백혈구와 호중구의 감소 수치가 멈춰지지를 않네. 계속 내려가는데 참 걱정이야.

뾰족한 방법도 없고….

눈 아픈 것과 혈액 수치를 물으러 갔는데 간호사가 없어서 인턴인지 하는 의사에게 물어보니 매우 짜증 나는 듯한 얼굴로 대답을 했어. 본인도 힘들지만, 보호자도 힘든데 꼭 그래야 하나 싶더라고.

내일은 안과를 보러 온다고 하니 좋은 소식이 들렸으면 좋겠다.

간병인은 열심히 하시려고 하는데 연세가 많아서 그런지 소변량 등을 적지 못했고, 청결 의식이 너무 없다고 하면서 불만족스러워했었어.

나도 사랑해~!

● ● ●

2018. 3. 13(화)

결혼 후 자기에게 처음 '사랑해'라는 말을 들었어.

전화를 받으면서 얼마나 기뻤는지 몰라. 자기가 나에게 사랑한다는 단어를 사용하다니!

2월 11일에 '최고의 남편'이라는 톡을 받았을 때 정말 행복했어. 그런데 오늘은 전화로 '사랑해'라는 말을 해주었어. 톡으로 받았을 때보다 훨씬 기뻤어. 저절로 웃음도 나오고….

지금 생각해보니 나는 당신에게 '사랑해'라는 말을 들을 자격이 없었어. 결혼 후 원거리 통근을 하면서 항상 피곤해했고, 자기가 나에게 잘해주기만을 바랬었어. 무조건 사랑해주기만 바랐지. 그러지 않으면 심술을 내고 그랬지. 결혼 전에는 모든 것을 해줄 것 같았었는데 결혼 후 그렇게 순식간에 바뀌었어.

아이 셋을 키우는 것도 당신의 몫, 피곤함에 지친 퇴근길에 무거운 장바구니를 들고 축 처진 채 집에 오는 것도 당신 몫, 아이들에게 밥해주고 간식해주는 것도 당신 몫, 각종 공과금을 내고 집안 살림하는 것이 오롯이 당신의 몫이었어. 나는 가끔 청소하고, 아침에 밥하는 것을 큰일이나 하는 것처럼 생색을 냈었지.

자율학습이 없는 주말에는 답사한다면서 집을 비웠고, 평일에는 직장에 온 힘을 다해야 한다는 신념으로 가장 먼저 출근해서 가장 늦게 퇴근해야 바른 교사라고 차가웠었어. 물론 많은 제자기 연락하고, 그들과 모임도 하지만 그것이 당신의 행복과는 별개였어. 내가 존경을 받으면 당신도 행복할 것이라는 착각에 빠져서 살았어. 7시까지 출근하고 밤 12시가 되어야 집에 와서는 나를 맞이해주지 않는다고 속으로 불만을 키우던 나였어. 나는 나만을 위해 살았던 이기주의자였어. 당신이 무슨 생각을 하고 있는지, 무엇이 불만인지 진지하게 이야기하려고 하지 않았어. 매달 고향의 부모님을 뵈러 가야 한다고 자기를 끌고 갔었지. 자기도 좋아할 것이라는 착각에 빠져서. 순전히 나의 체면을 위해서였지. 이렇게 이기적으로 생활한 나에게 사랑한다고 말하지 않는 것은 지극히 당연하였어. 자기 편에 서서 한 번도 이야기하지 않는다는 자기의 서운한 감정을 이제야

내가 아파서 다행이야

조금은 이해할 수 있을 것 같아.

자기가 아프고 나서야 자기의 소중함을 깨달을 수 있었고, 집안 살림을 조금 하고서야 자기가 얼마나 고달프게 살아왔는지 알 수 있었어. 35년간 교직 생활을 힘들게 마쳤는데 아직도 신발 신고 걷지도 못하는 자기에게 무엇이라고 할 말이 없다. 36년만 교직 생활을 하고 명퇴를 하겠다고 적금 만기도 거기에 맞췄다던 자기의 말도 아프고 서야 알 수 있었어. 집안에 예금이 얼마인지, 보험이 얼마 들어 있는지도 자기가 아프고 서야 알 수 있었어. 내가 그만큼 자기와 가정에 무관심했었어. 자기는 명퇴하고 마음껏 여행하고 싶었다고 했는데⋯. 언제나 자기에게 그날이 올는지⋯. 작년 2월에 호주로 가족여행 가자고 했을 나도 함께 가야 했는데. 정말 미안하다.

지금까지 허울만 남편이었던 나에게 '사랑한다'라는 말을 해준 자기야 정말 고마워. 4월이 30주년인데 함께 가까운 바닷가라도 가야 하는데⋯. 자기야 빨리 낫기만 해라. 앞으로는 모든 것을 버리고 당신을 위해서만 살 거야. 진짜 사는 것이 별것 아닌데 지금까지 너무 남남같이 살아왔어. 앞으로는 진심으로 아끼면서 살아갈 거야. 자기는 그저 집 안에 있어 주기만 하면 돼. 내가 모든 것을 다 할 테니까. 지금까지 자기가 나에게 했던 것과 같이⋯. 자기와 같이 교양 있고, 예쁘고, 재능이 있는 사람은 세상에 없는데⋯. 너무 내 욕심만 부리다 보니 자기가 얼마나 소중한 사람인지 보이지 않았어. 너무너무 미안하다.

오늘도 퇴근 후 열심히 버스와 지하철을 타고 병원에 도착하니 6시 40분이었어. 저녁을 거의 먹었을 때 도착했는데 어제보다 눈이 덜 아프다고 하니 참 다행이었어. 허리에 보호장구를 하고 물리치료를 받고 왔다니 참 대견하다.

고등학교 친구 각헌이가 걱정하는 전화를 했었어.

간병인이 청결하지 못하고 잘 알아듣지 못한다는 자기 이야기 잘 새기고 있어. 주말에 다른 분으로 꼭 바꾸자.

퇴근 전에 요양호학생 명단을 받았는데 우리 학교에도 백혈병을 앓았던 병력이 있는 학생도 있고, 혈소판 감소증의 학생도 있었어. 남 일 같지 않았고, 용어가 확 와 닿는 것을 느끼면서 아이들이 또 그 부모가 얼마나 고생했을까 생각하면서 마음이 매우 아팠어.

집에 오는 길에 해장국 집이 있었는데 2인분을 포장해서 가져왔어. 내일 윤명이와 맛있게 먹을게~.

백혈구 1,140, 호중구 700, 혈색소 10.5, 혈소판은 43,000이었어. 계속 수치가 떨어져서 걱정된다. 그렇지만 자기는 의지가 강하고 열심히 노력하고 있으니 잘 극복할 것으로 믿는다. 자기 힘내고 내일 보자.

내가 아파서 다행이야

밝게 웃는 모습을 봤으면

● ● ●

자기야~

병원에 도착하니 6시 40분이 다 되었어.

나를 본 간병인이 '왔다' 하는 말씀을 하시는 것이 나를 기다리고 있었던 것 같았어. 자기는 일주일에 두 번 정도만 오라고 했지만 자기를 보지 않으면 너무 불안하고 기분도 우울해. 자기가 조금이라도 좋아졌을 것 같은 기대감에 멀미하는 버스와 지하철을 타고 자기를 보러 오는 것이야.

집에 가면 10시가 넘지만 자기가 있기에 내가 있는 것 같다.

오늘은 전화로 서울성모병원에 일전에 골수 검사한 결과를 알고 싶다고 했더니 층 담당 의사도 바뀌고 기록도 넘어갔다고 하네. 아마 여의도병원 담당 의사가 알고 있을 것이라고…. 그런데 이곳 의사는 모른다고 하고…. 골수검사하면서 서툴러서 두 번이나 뚫었다는 이야기를 자기가 했었는데 결과는 나 몰라라 하는 것 같다. 참 그렇다….

허리 통증을 없애기 위하여 갔었는데 혈소판이 낮아서 시술을 못하고 올라왔다고…. 그리고 링거액을 맞느라 물리치료도 하지 못해서 아쉬웠다고….

눈은 어제 좀 괜찮아졌다고 했었는데 오늘은 또 아프다고~

자기가 밝게 웃는 모습을 봤으면 좋겠다. 마음 놓고 웃는 모습을 보고 싶다.

마음이 고운 자기는 전 간병인이 못 오면 그냥 지금 분으로 하게 하자고 했지. 여러 가지로 모자라는 부분이 있지만 어려운 살림을 하는 조선족 같다고 하면서…. 내가 새로운 간병인을 구하는데 고생할 것 같아서 그러는 것 알아. 내 걱정은 하지 마라. 절대로~

자기가 날짜를 물었던 이유가 전 간병인이 17일에 답을 준다고 해서 기다리고 있는 것도 알고….

오늘은 백혈구 1,090, 호중구 630, 혈색소 9.7, 혈소판 24,000이라고 하네. 또 떨어졌어. 관해가 되었으면 좋겠는데~

힘내자. 내일 웃는 모습으로 보자.

2018. 3. 15(목)

아침에 통화했는데 자기는 토해서 식사를 못 했다고 했어.

점심때는 금식하라고 해서 금식을 하고 있다고 했어.

먹을 것을 사갈 필요도 없게 생겼네….

오늘도 퇴근하자마자 버스를 타고 자기에게 갔어.

버스는 전용차선으로 다니니 늦을 염려가 많이 줄어들어. 신논현역에서 내려 지하철을 이용하면 6시 30분쯤에 들어가니 1시간 40분 정도면 갈 수 있어. 가는 시간대엔 9호선 지하철도 많이 막히지 않아서 크게 고생하지는 않아. 샛강역에서 200여 미터만 걸어가면 병원이라 자연 풍경도 조금은 바라볼 수 있고.

병원에 도착하니 금식인데 밥이 나왔다며 나에게 먹으라고 했지. 하나도 남기지 않고 모두 먹어 치웠어. 배고파할 자기 앞에서….

내가 아파서 다행이야

밥을 먹으면서 물리치료를 받는데 40도 정도의 각도로 서 있는데도 허리가 매우 아프고, 눈은 거의 아프지 않고, 청력검사를 했다고 이야기했어. 밥은 점심때부터 먹지 않았는데 배는 많이 부풀어 오른 것 같았어. 배를 누르니 왼쪽 복부 아래쪽이 아프다고 했어. 간호사에게 이야기하니 내일 의사 선생님이 오시면 이야기하라고 했어.

자기에게 전에 있던 간병인이 수요일에 온다고 했고, 나는 금요일 저녁부터 월요일 아침 7시까지 있겠다고 했었어.

나는 자기 옆에 있는 것이 그래도 마음이 가장 편한데…. 자기도 오늘 그랬어. 내가 옆에 없으면 많이 불안하다고 했어….

혈액 수치가 오늘도 많이 떨어졌어.

백혈구 830, 호중구 540, 혈색소 9.9, 혈소판 15,000이야. 혈소판을 맞는 것을 보고 왔으니 내일 혈소판이 오르긴 하겠지만 3일 정도에 한 번씩 맞아야 하니 많이 걱정된다.

내일은 윤명이가 학교에 가지 않아서 문병한다고 하니 내일을 가지 않을게~

2018. 3. 16(금)

오늘은 윤명이가 병원에 간다고 해서 나는 가지 않았어.

그러나 마음은 자기에게 가 있는 것을 알 거야.

점심때까지 금식했고, 저녁부터 죽을 먹는다고 했어.

자기를 위해서 괴산의 명물이라는 현미약콩 뻥과자를 샀는데 의사 선생님이 그냥 멸균식 이외에는 먹지 말라고 했다고 가지고 오지 말라고 했어.

45도로 서 있는 연습을 했는데 오른쪽 다리가 땅긴다고 했어. 이 것은 신경을 누른다는 이야기인데 자기가 들어가기 전부터 아팠던 허리의 문제인 것 같아.

버스에서 넘어져서 허리를 다쳤었는데 이를 제대로 고치지 않아서 지금 후회하고 있는데 자기는 정말 병원을 불신하고 가지 않아서 커진 병이란 생각이 들어.

혈액 수치가 오늘도 내려갔다고 했지. 얼마인지 정확히 알 수는 없지만, 점점 내려가는 것은 문제가 있지….

골수검사 결과가 언제쯤 나오는지 자기가 서울성모병원에 연락해 보았는데 결과가 나오는 데는 한 달이 걸린다고 했어. 이게 말이 되나 싶다. 어떻게 한 달이나 걸려~

올해 학생들은 내 방에 잘 들어오네. 무서운 사람을 떠는 것, 그리고 아이들이 들어와서는 내가 수업 시간에 정말 화를 내지 않는다고…. 너무 마음이 좋다고 이야기를 하네. 자식들은 나를 무섭다고 했는데.

명퇴금이 7,300 정도가 입금되었다고도 했어.

백혈구 930, 호중구 490, 혈색소 9.8, 혈소판 55,000이다.

내가 아파서 다행이야

내일은 더 나은 모습이 될 거야

● ● ●

2018. 3. 17(토)

점심때 예식장에 들렀다가 자기에게 갔어.

고향 친구 재완이 아들 결혼인데 손님이 참 많다. 오랜만에 마을 형님 동생 누나들을 만나니 매우 반가웠어. 초등학교 친구들도 보고~

3시 30분경에 병원에 갔는데 자기는 여전히 밥을 잘 먹지 못하고 있네.

점심때도 조금 먹고 토를 했다고 했는데 저녁도 죽만 조금 먹고 토했어.

먹는 것을 잘해야 하는데…. 어쩌냐.

간병인은 환자가 밥을 잘 먹지 못하니까 덩달아 밥맛이 없어서 먹지 못한다고 하네….

이렇게 아픈 자기 옆에 밤새도록 함께 있어야 하는데 함께하지 못해서 참 미안하다. 자기 옆에서 말이라도 조금 더하고 조금 더 이것저것 도와줘야 하는데 참 미안하다.

건강식인 현미영양콩 빵과자도 먹지 않겠다고…. 의사가 사식을 먹지 말라고 했다고 하면서. 너무 겁도 많고 착한 자기인 것 같아.

얼굴과 피부는 조금씩 회복되는 것 같은데 허리와 혈액 수치는 그렇지 않네.

오늘은 백혈구가 900으로 어제보다 30밖에 떨어지지 않았는데,

호중구는 90이나 떨어진 400이네. 이게 이제 많이 치고 올라가야 하는데 또 떨어지고 말았네. 혈색소는 10.1로 조금 올라갔지만, 혈소판은 28,000으로 27,000이나 크게 떨어졌어.

한숨만 나오네.

그래도 힘내자.

의사는 크게 걱정을 하고 있지 않은 것 같아서 그나마 다행이다.

허리치료도 조금씩 진행되고 있고, 눈도 어제보다 붓기가 좀 빠진 것 같아서 다행이기는 하다.

사랑하는 자기야 내일은 더 나은 모습이 될 것이야.

힘내자.

2018. 3. 18(일)

오랜만에 잠을 실컷 자려고 했으나 악몽으로 가슴이 답답해서 오래 자는 데 실패했어.

어제 꿈을 꾸다가 정신을 번쩍 들게 한 것은 꿈결에 의사가 앞으로 자기가 이틀밖에 살지 못한다는 거야. 그리고 다시 잠이 들었는데 자기가 죽으면 염을 할 때 나만 바라보게 하라는 말을 하는 거야. 이런 악몽을 꾸면서 잠을 자는 둥 마는 둥 해서 9시에 일어났지만, 마음은 개운하지 않았어.

오랜만에 왕마트에 가서 장을 보았어. 백산수를 샀는데 편의점에서는 1,000원인데 여기는 500원이네. 싸게 사면 괜히 돈을 번 것 같은 즐거움을 느껴. 검색에서 토하는 사람이 매실액을 물에 타서 마셨는데 그쳤다고 해서 자기에게 가져다주려고 두 병을 샀는데 의사가 먹지 말랬다고 안 마신다고 했어.

오늘은 아란이와 함께 갔어. 아란이를 만나는데 스릴이 있었어. 평촌역에서 내가 타고 가는 지하철을 아란이가 함께 타고 가는 거였어. 그런데 아란이가 배터리가 다되어 통화를 오래 못한다면서 전화를 끊었어. 아란이가 처음 자기에게 가는 것이라 내가 데려가지 않으면 안 되는 상황인데 지하철을 막 오가면서 간신히 만났어. 미리 배터리를 충전하고 다녀야 하는데…. 오늘 아란이 덕분에 첩보원이 된 기분이었어.

자기는 오늘도 죽을 조금 먹었는데 모두 토해서 금식하고 있다고…. 아란이가 40분 정도 있다가 학교로 돌아가고 나는 3시간 정도 있다가 집으로 돌아왔지.

집에 와서 라면을 끓여 먹는데 박○○ 씨가 카톡에 탁구를 하자고 해서 갔었어.

내일은 변도 못 보고 아랫배가 많이 부풀어 올라 내시경을 한다고 서명했다고 했는데 내일 좋은 결과가 나왔으면 좋겠다.

오늘은 다행히도 백혈구와 호중구가 조금씩 올랐어. 백혈구는 120이 오른 1,020, 호중구는 60이 오른 460, 혈색소는 10, 혈소판은 13,000이야. 혈소판이 아직 도착을 안 해서 수혈을 하지 못한다고 간호사가 이야기하더라고. 혈소판이 올라가야 내시경도 가능할 것 같아.

조혈모 이식 세포가 생착했다

● ● ●

2018. 3. 19(월)

자기야! 조혈모 이식 세포가 생착했다고 하네.

서울성모병원의 김○○ 샘께 골수검사 결과에 관해서 물어보았어. 대답은 생착은 잘 되었으나 다른 여러 검사가 남아 있어서 그것은 나중에 확인되는 대로 알려주겠다고 했어. 13일이나 지났는데 아직 결과가 완전히 나오지 않았다는 사실에 이해는 어려웠지만 그래도 그만큼 알았다는 것만으로도 기분은 매우 좋았어.

자기에게 전화를 하면서 이 소식을 전하는 나는 매우 들떠있었는데 정작 자기는 며칠 굶었고, 가슴 사진, 위와 대장 내시경으로 파김치가 되어서 힘이 없었어. 기분 좋지 않으냐고 물으니 좋다고만 했지. 많이 걱정했던 것인데 속으로는 얼마나 안도를 했겠어.

병원에 도착했을 때 자기는 매우 힘들어했어. 그래서 말을 붙이기도 어려워서 안약 넣고, 약 먹이고, 얼굴에 약 바르고, 소변 한 번 받고는 집으로 와야 했어. 자기를 빨리 재우는 것이 좋을 것 같은 생각이 들기도 했어.

다리를 주무르니 아프다고 해서 중단을 했어. 너무 못 먹어서 피부가 약해진 것 같아.

그래도 희망적인 것은 백혈구가 어제의 수치 1,020을 그대로 유지했고, 호중구는 40이 오른 500, 혈색소는 9.1, 혈소판은 10,000이야. 혈소판은 어제 맞아야 하는데 피가 없어서 오늘 두 봉을 맞았다고 했어.

오늘도 저물었다. 내일 보자. 사랑해!

자기 너무 힘이 없다

● ● ●

2018. 3. 20(화)

각헌이가 고생한다고 저녁을 사주러 일부러 여의도까지 왔어.

닭볶음탕을 맛있게 먹고 8시가 조금 넘어서 병원으로 자기를 만나러 갔는데 자기는 눈을 감고 있었어. 힘이 없어서 그런 것이었어. 일주일 정도를 밥을 거의 먹지 못하고 검사를 받았고, 어제는 내시경까지 했으니 얼마나 힘들었겠어.

내가 한 시간 정도 있었는데 자기는 거의 잠들어 있었어. 눈을 뜰 힘조차 없는 것으로 생각되었어.

얼굴 상처에 약을 바르고, 9시 30분에 약을 먹이고 나는 나왔어.

최 간병인이 내일 아침까지인데 돈을 드리니 너무 많이 주는 것이 아니냐면서 매우 고마워하셨어. 그리고 내일 아침 9시까지 계시다가 박 간병인이 오시면 가시겠다고 했어.

오늘은 어제보다 조금 떨어졌어.

백혈구 960, 호중구 480, 혈색소 8.8, 혈소판 88,000이네. 이틀 올라가더니 조금 떨어졌네. 내일은 많이 치고 올라가겠지.

힘들지만 힘내자고 오면서 얘기했어. 파이팅하자~

2018. 3. 21(수)

오늘 얼굴빛은 조금 나아진 것 같다.

병원에 오니 침상 옆에는 약을 먹이는 박 간병인께서 와계셨어. 너무 반가웠어.

자기도 이분이 오셔서 마음이 놓인 얼굴이었어.

나는 도착해서 한 일이 자기가 먹지 않은 저녁밥을 먹어 치우는 것이었지. 핫도그를 먹었지만, 배가 채워지지 않아서 식판의 음식을 싹 먹었더니 배가 매우 불렀어.

자기는 토할까 봐 5시 30분경에 간병인이 준 바나나 1/3 쪽과 앤커버를 먹었다는데 내가 너무 맛있게 먹는 것이 아닌가 생각이 들었어.

오늘은 물리치료 받은 것밖에 없다고 하더군. 그것이 매우 중요한 것이지….

소변을 두 번 받았고, 발을 조금 주물러주었어.

내가 눈썹 문신을 하면 어떠냐고 물으니 흔쾌히 하라고 대답했어. 그러면서 자기는 아픈데 젊어 보이려고 애쓴다는 이야기도 했지. 토요일에 성희를 만나서 같이 하려고…. 겁도 나기는 해. 집으로 오는 길에 지하철에서는 사람들의 눈썹만 보이더라. 관심을 둔다는 것이 참 중요한 것 같아.

아란이 학교에서 학교 폭력 담당 샘이 전화를 해서 깜짝 놀랐었는데 다행히도 가해자는 아니었어.

백혈구는 970, 호중구 450, 혈색소 8.6, 혈소판 47,000이었어. 어제와 큰 차이는 없는 수치야. 하지만 좀 더 올라야 해~

2018. 3. 22(목)

오늘은 아침 일찍이 병원에 갔어.

자기는 어제보다는 조금 나아 보였지만 식사를 하지 못해서 힘이 없어 보였어. 입술이 자꾸 부르트고, 배는 너무 많이 부풀어 올랐어. 담당 의사를 찾았으나 이번 주에는 출근하지 않는다고 하네. 외국에 학술대회가 있어서 내내 비운다고…. 한 명밖에 없는데 자리를 비우면 환자가 위급해지면 어떻게 하려고 그러는지 모르겠다.

소변을 두 번 보면서 매우 미안한 표정을 보였어. 그리고 돈을 자꾸만 아끼려고 하는 자기에게 벌어놓은 것을 모두 써야 하고, 필요한 것이 있으면 모두 해야 한다고 했지. 자기는 내가 옆에 있는 것이 가장 좋다고 했는데, 나는 너무 미안한 마음이 들었어. 출근해야 해서 간병인을 두었기 때문이지.

병원을 떠나서 강남의 정신과에 들러서 그간 오지 않았다고 핀잔만 듣고 앞으로 잘 다니겠다고 하고 왔지.

오늘은 체온 36.4, 혈압 156-90으로 좀 높았어. 백혈구는 890으로 어제보다 80이 떨어졌고, 호중구는 어제와 같은 450, 혈색소는 8.2, 혈소판은 32,000이다. 자기가 배에서부터 숙주 반응이 나타나는 일이 없기를 기도할 따름이다. 간호사는 전에도 배가 불러왔던 적이 있다고 하니까 그때는 어떻게 치료했냐고 되물으니 병원이 맞나 싶은 생각이 들었어.

2018. 3. 23(금)

오늘도 정신이 없는 하루였어.

가장 중요한 일은 서울성모병원에 외래를 예약한 거야.

금요일이라 밀릴 것 같아 조금 일찍 학교에서 나오니 일찍 도착할 수 있었어. 자기가 밥을 먹고 오라고 해서 병원 앞의 포장마차에서 치즈 토스트와 어묵을 하나 먹으니 든든했어.

간병인께 4일 치 병간호비를 드리고 나는 자기 간병을 시작했어.

가장 궁금한 것이 혈액 수치인데 백혈구가 730으로 어제보다 130이나 떨어졌고, 호중구도 350으로 어제보다 100이나 떨어졌다. 혈색소 7.9, 혈소판 17,000으로 모두 떨어졌네. 오늘은 혈색소 2봉과 혈소판 1봉을 수혈했다고 하더군.

대변을 1주일 넘게 보지 못하고 배는 풍선같이 팽팽해. 아침에 일어나서 자기 배 생각을 하니 빨리 병원을 강남으로 옮겨야겠다는 생각에 자기에게 오전에 2번 전화를 했고, 간병인께도 한 번 했는데 받지 않아서 너무 궁금했었어. 다행히 신 교수님이 오셔서 회진했고, 외래로 서울성모병원 주치의를 만나보라고 했다는 이야기와 입원장을 떼어오면 이동을 시켜 주겠다는 자기 이야기를 놓고 한시름을 놓기는 했어.

간호사에게 이야기하니 옆에 있던 충 담당 의사가 서울성모병원에 자리가 있으면 입원시키겠다고 했다는 이야기를 들었어.

먹는 것이 없으니 소변도 50밀리 정도씩밖에 안 되었어.

아직도 화장지도 아끼려는 자기 마음을 보면서 가슴이 아팠어. 지금까지 힘들게 직장생활만 했는데 입원한 지금까지도 절약만 하

내가 아파서 다행이야

려고 하니…. 내가 막 신경질적으로 말을 하니 알았다고 했어. 그간 벌어놓은 돈이 많은데 이제 자기 몸을 위해서 마음대로 써야지.

안젤라가 안부의 문자를 했어. 톡 바탕화면에 '크리스트나 꼭 힘내기~~♥'라고 쓰여있네. 참 고마운 사람인 것 같아.

수진이가 딸을 낳았다는 톡이 처가 톡방에 올라서 너무 축하해주고 싶었어.

덥다고 하면서 많이 뒤척이고, 코가 막혀서 너무 답답하다고 했어. 열도 나는 것 같다고 했고. 그런데 열은 실제로 별로 나지 않았어.

입이 바짝바짝 타는데 금식하라고 했다고 하면서 먹지 못하는 것을 옆에서 보니 너무 안타깝다.

내일은 좀 더 힘이 나고 혈액도 많이 좋아졌으면 좋겠다. 허리 아픈 것은 그래도 많이 좋아진 느낌이야.

2018. 3. 24(토)

오늘도 금식이다.

얼마나 물과 음식이 먹고 싶을까?

난 아침을 1층 식당에서 먹었고, 점심은 성희를 만나서, 저녁은 역시 1층 편의점에서 먹었어.

자기 옆에서 먹는 것을 보이고 싶지 않아서였어.

물도 마음대로 먹지 못하니 얼마나 목이 타고 물을 실컷 먹어보고 싶을까….

아침에 신 교수님이 오셔서 상태를 상의했어. 결론은 서울성모병원으로 연결했으니 주말이나 다음 주 초에 갈 수 있다는 것이었어.

그리고 아침에 대변을 보기는 했지만 계속 금식을 하는 것이 좋겠다는 것이었어. 자기는 죽이라도 먹을 수 있다는 답을 얻기를 바랬는데 그런 답을 듣지 못해서 매우 실망스럽다고 했어.

소변을 조금씩밖에 보지 못해서 조바심하는 모습이 보였고….

가장 큰 걱정은 백혈구와 호중구가 어제보다 모두 100 이상씩 떨어졌다는 사실이야. 못 먹은 것이 원인이 될 것 같아. 그리고 숙주 반응을 막기 위해서 면역제를 계속 먹고 있는데, 그것도 큰 원인이 되는 것은 아닐까 생각해.

백혈구 510, 호중구 240, 혈색소 10.5, 혈소판 40,000이다.

외출하고 오는 동안에 윤명이가 대신 4시간 정도를 자기 옆에 있었어. 자기는 소변을 기저귀에 의존할 수밖에 없었지. 아들에게 기저귀를 갈아달라는 용기가 나지 않았기 때문이야. 나도 그래서 서둘러서 돌아왔어.

배가 많이 나와서 먹는 약보다는 주사약으로 대신하기 시작했네…. 어제부터인가….

빨리 서울성모병원으로 가서 치료를 본격적으로 받아야 하지 않을까 생각했어.

내일은 호중구가 내려가지 않았으면 좋겠네…. 그리고 내일 중에 병실이 나서 병원을 옮기라는 말이 나왔으면 좋겠다.

오늘은 배에 황토팩을 잘해서 너무 좋다. 아침에 대변을 정말 오랜만에 보아서 기분이 나아진 것 같아. 간호사에게 황토팩을 하라는 이야기를 들어서 그런지 오늘은 팩을 열심히 하려는 모습이 보였어.

내일도 힘내자. 자기 사랑한다. 자기의 현재 모습이 마음에 들지 않겠지만 그래도 나는 이런 자기 모습 모두를 진정으로 사랑한다.
자기야~

2018. 3. 25(일)

잠을 자다가 혼났어.

점심을 먹고 너무 졸려서 잠을 자는데 자기가 나를 깨웠지.

무슨 보호자가 잠만 자냐고 하면서~

어젯밤에 사실 잠을 잘 자지 못하였는데…. 악몽을 꿨어. 아이들이 말을 듣지 않고 수업 준비도 해오지 않아서 한참 혼내다가 깼거든. 나이가 들어도 아이들에 대한 스트레스는 끊임이 없는 것 같아.

혹시나 오늘 병원을 옮기라고 할지도 몰라서 3시에 간병인을 오시라고 했어.

점심 약이 안 나와서 물어보니 주사로 바꿨다고 하네.

그리고 혈액 수치는 조금 올랐어.

백혈구 610, 호중구 260, 혈색소 11.3, 혈소판 26,000이야.

집에 왔는데 윤명이가 케이크와 빵을 사 왔어.

아빠 오늘 생일이 아니냐고 이야기를 하면서….

좀 어이가 없으면서도 웃음이 나왔지. 카톡에 뜬 주민등록상의 날짜로 착각했지^^ 향이가 이모티콘을 보내줬고, 현○이는 시간 될 때 찾아온다는 문자를 했어. 오늘이 아니라고 이야기를 하기는 했지만….

둘째 처남, 우리 큰형과 작은형, 셋째 형이 오늘 자기 안부를 묻는 전화를 했어.

2018. 3. 26(월)

이게 뭐야?

병원에 도착하니 자기가 침울해 있었어.

균이 발견되었다며 접촉을 자제하고 접촉하려면 비닐을 끼라는 이야기를 듣고 풀이 죽어있었어. 그렇지 않아도 오랫동안 식사를 하지 못해서 고생하고 있는데 다제내성 그람음성균이 발견되었으니 조심하라는 종이가 벽에 붙여져 있었어. 소변 통을 사용해서 변을 받은 것이 원인인지… 백혈병이 아닌 여러 환자와 함께 방에 있어서 그런지 원인을 알 수가 없네. 하기는 청소 등이 불량한 것 등 불안한 것들이 많았는데, 이런 일이 벌어져서 나도 많이 힘들었어.

그런데 더 기가 막힌 말을 간호사에게 들었어.

내일 서울성모병원의 옛 주치의에게 외래로 가려고 예약을 했다고 하자 간호사는 가서 록사핀 좀 처방받아서 가져오라는 것이야. 1주일 이상 록사핀을 먹어야 하는데 없어서 주지 못했다는 것이다. 이런… 어찌 이런 말이 그냥 나올 수 있는지 기가 막혔어. 전에 언젠가 집에 록사핀 먹던 것이 없느냐는 말에 없다고 했던 기억이 있는데 그럼 그 이후로 이 약을 먹어야 하지만 주지 못했다는 말이 아닌가. 이 병원에는 그 약이 들어오지 않는다는 것이다. 참으로 기가 막혀서 말이 나오지 않았다. 자기에게 이런 말을 하면 더 화를 낼 것 같아서 꺼내지도 못했어.

자기는 오늘도 배가 계속 아프다면서도 진통제를 맞지 않겠다고 하고, 너무 답답하다면서 몸을 뒤틀었어. 그런 자기를 두고 가기도 그렇고 내일 서울성모병원에 가기도 해야 하니 그냥 병원에서 자고

　　　　　　　　　내가 아파서 다행이야

아침에 직접 가는 것이 좋을 것으로 생각되어 간병인께 집에서 주무시고 오시라고 했어.

둘째 처남이 아침부터 자기가 걱정되어 몇 번 전화했어.

묽은 변을 소량 보았고 오늘도 금식이다. 그나마 변이 나오는 것에 위안으로 삼았어.

백혈구는 540, 호중구 170, 혈색소 11, 혈소판 16,000이다. 피야 힘내라~

병을 키워 유턴

● ● ●

2018. 3. 27(화)

너무 바쁜 하루였어.

평일이지만 서울성모병원 주치의를 만나야 해서 지참을 달았기에 일찍 병원에 왔어.

밤에 목이 마른다며 물로 목을 축이겠다고 이야기를 하고, 소변통을 사용하지 못하니 기저귀를 자주 갈아야 했어. 아침에 일어나서 얼굴과 손발, 그리고 몸까지 물수건으로 닦으니 8시가 거의 되었어. 아침은 그냥 영양식인 앤커버 하나로 때웠다. 세수도 제대로 못해서 아란이 학교에 어떻게 가나 걱정이 되었어.

암튼 의사 소견서를 떼어서 서울성모병원에 갔는데 금방 주치의를 만날 수 있었어.

골수검사 결과에는 이상이 없다고 하고, 백혈구 수치가 계속 내려가는 것은 재발일 수도 있고, 숙주 반응의 결과를 억제하기 위한 약물 투여가 원인이 될 수 있다는 원론적인 이야기만 들었어. 이원을 하기로 했다고 하니 오면 다시 검사해보면 된다네. 시원한 대답을 얻지는 못했지만 그래도 몹시 나쁜 결과를 이야기하지는 않으니 다행이다.

13시까지 지참을 냈는데 병원에서 너무 일찍 끝나서 학교로 갔어. 그런데 아란 학교에서 학교 폭력자치위원회가 열리니 28일(수) 직접 참석하거나 아니면 학부모진술서를 써서 직접 가져와야 한다는 것이야. 무슨 내용인지 자세히 알지도 못하는 데 그냥 써서 갈 수도 없고, 시간은 좀 있어서 오후에 학부모 특별휴가를 달고 다시 나왔어. 집에서 전신을 처검지검 머고 학교에 가서 학생부장을 만나 자초지종을 들어보니 성희롱 발언을 한 남학생이 좀 문제가 있는 듯했어. 그래서 무조건 용서해주는 것으로 하려다가 진심 어린 사과를 하면 용서를 해주면 좋겠다는 내용으로 글을 남기고 담임을 잠깐 만나고 다시 병원으로 갔어.

서울성모병원에 병실이 났으니 4~5시에 오라고 해서 부랴부랴 여의도성모병원에서 입원비를 계산하고 서울성모병원으로 갔지. 입원비는 19일이나 있었는데 60만 원이 되지 않았어. 오히려 간병비가 160만 원 정도 지급되었지. 그래도 성모병원으로 유턴해서 다행이다. 다인실이 없어서 2인실로 우선 이원을 하게 되었다. 병원에 들어가서 짐을 푸는데 본가에 온 느낌이었고, 마음이 놓였어.

내가 아파서 다행이야

자기는 서울성모병원으로 와서 대변을 두 번이나 보았어.

오늘은 백혈구가 500, 호중구가 160, 혈색소 9.4로 떨어졌고 혈소판은 수혈 덕에 58,000이 되었어. 무엇인가 돌파구가 있을 것으로 기대를 한다. 힘내자. 그리고 내일 다시 보자~

2018. 3. 28(수)

자기가 힘이 없네.

오늘은 전문적 학습공동체가 시작되는 날로 연수를 받고 오느라 병원을 향해서 조금 늦었어.

자기가 혹시 먹을 수 있을까 하여 많이 찾던 사과주스를 두 개 사고, 바나나 2개를 사 들고 들어갔으나 자기는 아직 금식이라 먹을 수가 없었어. 선희가 문병하며 사 온 오렌지를 까는데, 향이 좋다고 하는 자기를 생각하니 옆에서 먹는 것이 미안했어.

오늘도 입을 축이기 위해서 여러 번 물을 달라고 했어. 간병인에게 자꾸 물을 달라고 하는 것을 많이 부담스러워하는 것을 느꼈어. 그리고 얼음주머니를 사 갔는데 참 잘한 것 같았어. 나에게 눈썹을 잘했다고 칭찬을 했어.

여의도에서 강남으로 옮겼다고 가족 톡방에 올리자 호주의 아영이와 사위가 걱정의 톡과 전화를 했어. 그래도 결혼을 해서 사위가 생기니 참 좋다는 생각이 들었어.

수액 한 봉만 달고 지내던 것이 한 달가량은 된 것 같은데…. 오늘 보니 4개가 걸려있네. 먹는 것을 잘하지 못하니 다시 주사액으로 바꾼 것이야.

이전 병원에서 소변에서 균이 나왔다고 하는데 어제 검사한 소변 검사 결과는 어떻게 나왔느냐고 간호사에게 물어보니 아무 이야기가 없으면 이상 없는 것이라고 대답하자 자기의 표정도 좀 안도하는 것 같아.

오늘은 어찌 된 것인지 백혈구 수치가 나와 있지 않고, 호중구가 100, 혈색소는 8.4, 혈소판은 22,000이다.

빛나는 모습을 다시 보고 싶다

● ● ●

2018. 3. 29(목)

자기야~

아침에 일어나서 자기가 썼던 일기장을 확인해 보니, 오늘이 몸이 좋지 않아서 병원에 가서 피검사를 받은 지 1년이 되는 날이다. 그때부터 자기 참 많이 고생했어.

불과 어저께 일어났던 일들이고, 얼마 되지 않은 것 같은데.

검사를 하고 큰 병원으로 가보라고 해서 아주대로 갔었지. 자기는 이때에도 학교 걱정만 했었어. 자기가 결근하면 샘들에 큰 피해를 줄 것이라고.

그다음에 서울성모병원으로 가서 급성 골수형 백혈병이라는 진단을 받았었는데.

내가 느끼기에는 짧은 기간이지만 자기는 얼마나 힘들고, 무섭고, 아팠겠어. 내 걱정, 아이들 걱정, 학교 걱정하느라 정작 자기 걱정은 많이 하지 못했잖아.

지금도 간병인이 힘들어할까 봐 뭘 시키고 싶어도 선뜻 말하지 못하고 있잖아. 이런 것이 다 병의 원인이 되는 것 같아. 할 말을 하면서 살아야 하는데 자기나 나나 못하고 살았어.

오늘은 병원에 가니 어제보다는 표정이 좀 나아진 것 같아. 그러나 숨을 쉬는 소리가 매우 커진 느낌이었어. 입술이 타고, 물이 먹고 싶어서 어쩔 줄 모르고….

주치의 샘이 와서 물을 먹어도 된다고 말해 주길 기대했을 텐데 오늘 회진도 오지 않았다고…. 크게 실망했을 것 같아.

나는 가서 다리 조금 주무르고, 입을 적실 물을 좀 준 것 외에는 한 것이 없네. 내가 할 일이 많아져야 하는데….

오늘은 혈액 수치를 보기가 두려웠어. 어제 가장 아래까지 왔었는데…. 오늘은 어떨까 해서.

오늘 역시 마찬가지였어. 백혈구 230, 호중구는 적혀있지도 않네. 0인 것으로 생각돼. 혈색소 7.4, 혈소판 70,00이야. 혈색소와 혈소판을 각각 2봉씩 맞는다고 하더라고….

혈압은 140-90으로 안정 숫자에 들어가긴 하다.

남들은 나에게 고생 많이 한다고들 하더라고. 그런데 나는 전혀 그런 생각이 들지 않아. 가끔 꼭 가야 할 모임이나 출장 등이 있을 때 가지 못하는 아쉬움이 있는 것은 사실이지만 자기가 가장 우선이기 때문에 힘들 것은 없어.

자기만 완치될 수 있다면 더 힘든 일도 할 수 있어.

자기는 가장 소중한 나의 보물이니까.

나의 보물 박정안.

빛나는 멋진 자기의 모습을 다시 보고 싶다.

힘내고~

멋진 제2의 인생을 함께 즐겨보자.

자기 사랑하고

함께 잘 극복해보자.

이제 포기했다고…

● ● ●

2018. 3. 30(금)

오랜만에 서울성모에서 편지를 쓰네~

금요일은 왠지 피곤한 것 같아.

병원에 도착해서 간병인과 교대하고 자기와 같이 있게 되었어.

오랜만에 이 병원에서 잠을 자게 되네…. 여의도로 갔다가 20여 일 만에 다시 왔기 때문이지. 집으로 갔으면 더 좋겠지만 그래도 이곳으로 오게 된 것만으로도 다행으로 생각해.

오늘은 자기에게 3월 13일에 썼던 편지를 읽어줬어. 자기가 잘 들어주어서 고마웠어. 오랜만에 나의 진솔한 마음을 담은 편지였어.

소변을 몇 번 보았는데 소변 기저귀를 버리러 가면서 소변을 잘 보는 것만으로도 감사하다고 생각했어. 이곳 중환자실에 있을 때는 투석을 했잖아. 큰 기계로 피를 돌리는 것을 보면 보는 사람이 더 무서웠었거든. 그런데 소변을 잘 보니 얼마나 다행이야.

어제부터 자기 둘째 오빠가 자꾸 피의 수치를 물어보면서 걱정이 많으셨어.

수치가 좋다고 말씀드릴 수도 없고, 있는 그대로 알려드리니 한숨 소리가 여기까지 들리는 듯했어. 톡으로 알려드렸지만.

오늘 혈액은 백혈구 230, 호중구 110, 혈색소 9.5. 혈소판 33,000 이었어. 어제는 호중구 수치가 나오지 않아서 0으로 생각했었는데 그나마 그저께보다 10이라도 올라가서 다행이다.

오늘은 자기 손발이 조금 정상으로 돌아온 것 같아. 배는 어제보 다 더 나온 것 같아. 그리고 약만 먹었는데 토했다고 했어. 조금 전 의 일들도 생각이 안 나는 듯한 말도 했었어.

혈압은 140~150을 오가서 좀 높은 편이었다.

자기가 오늘은 그냥 될 대로 되라고 이야기를 했어. 이제 포기했 다고…. 그런 이야기를 하면 안 되는데. 그래서 내가 긍정적인 마인 드와 웃음이 좋은 치료제라고 이야기를 했는데 수긍이 되었었으면 좋겠다.

가늘어진 다리의 검은 각질이 나무껍질 같아 보이는 것을 보면서 예쁜 피부가 어디로 갔나 생각을 했었어.

오늘은 처음으로 배선실에서 글을 쓴다. 배선실은 황토팩을 데우 거나, 음식을 전자레인지에 익혀 먹거나, 정수기를 사용하거나 얼음을 만드는 곳이지. 물론 보호자들이 음식을 먹기도 하고, 그릇을 씻기도 하는 곳이야. 그리고 이곳의 엘리베이터를 통해서 식사가 들어오는 곳이기도 하지.

이곳은 보호자를 위한 시설도 좋아서 마음이 많이 놓인다.

창밖으로 보이는 서울 풍경은 멋있지만, 아직 내 마음은 편안하지 않다. 요즘 마음이 찹찹하고, 웃음이 나오지 않고, 가슴이 가끔 아프고, 아침에 꿈만 꾸는 등 우울증 증상이 다시 보이기도 해서 좀 그런 상태야.

자기가 긴 눈썹을 좀 다듬으라고 했는데…. 집에 가면 그렇게.

내일은 더 좋은 더 건강한 상태가 되었으면 좋겠다.

3월 다 갔네….

2018. 3. 31(토)

자기 상태가 조금씩 나빠지는 것이 눈에 보인다.

자꾸 헛소리, 헛발음을 하고 있어.

배가 계속 부르고, 간호사들이 이것저것 주사를 놓아주고 있어. 호중구 촉진제를 맞았고, 혈당이 높다고 주사를 놓았어. 혈당이 400이 넘었었는데 저녁에는 230 정도로 많이 떨어졌어. 200 이하로 내려가야 하는데~ 혈압도 왔다 갔다가 하고….

이융조 교수님은 자기 안부 전화를 하셨어. 사모님도 다치셨는데 이제 거의 회복되어 함께 운동을 다니신다네.

나는 어젯밤에 잠을 거의 못 잤어.

좀 춥기도 하고, 자기 소변을 치우고 입술이 타서 입속을 가시느

내가 아파서 다행이야

라 물을 달라고 해서…. 밤에는 피곤한 줄 몰랐는데 아침이 되니까 매우 피곤했고, 온종일 정신이 없는 상태였어. 자기에게 표현을 할 수는 없었지만….

어찌 조금 피곤한 것을 당신에게 이야기할 수 있겠어. 자기는 얼마나 고생을 많이 해왔고, 얼마나 불안한지 알고 있는데~

오늘은 호중구가 30으로 내려왔다.

백혈구는 250이고, 혈색소 9.6, 혈소판 7,000이야. 그래서 혈소판 수혈을 2봉 맞았어.

각종 수액과 주사약과 비교해서 소변량이 적다고 이뇨제까지 맞아서 소변을 아주 자주 보았어.

의사를 만나보고 싶었는데 의사는 보이지도 않고….

병이 재발하지는 않았겠지 하는 당신의 말을 듣고, 제발 재발하지 않았으면 하는 간절하고 두려운 생각까지 들었어. 지금까지 얼마나 고생을 해왔는데…. 생각하기 싫은 말이었어.

오늘이 3월의 마지막 날이다.

내일은 4월 1일이야.

4월에는 자기가 모든 것을 훨훨 털고 웃는 달이 되었으면 좋겠다.

자기야…. 사랑하고. 힘내자~

2018. 4. 1(일)

4월이다.

4월이 시작되었지만, 병원 창밖으로 내다보이는 서울의 풍경은 종일 미세먼지로 뒤덮였어.

마치 나와 자기의 마음을 대변해주는 풍경을 연출하고 있네.

새벽에 1시, 1시 30분, 3시에 자기가 물을 달라고 해서 주면서 기저귀를 갈았는데…. 이틀밖에 되지 않았는데 너무 힘들다는 생각이 든다. 간병인이 밤에는 깨우지 말라고 했다는데 그 말이 이해는 될 것 같아. 나는 자기의 배우자이고 자기를 가장 아끼는 사람인데도 이런 생각이 드는데 간병인은 훨씬 더 힘들겠다는 공감을 했어.

오늘 불룩 튀어나온 배를 가리키며 이렇게 많이 나왔다고 하는 자기의 자조 섞인 말을 들으면서 무어라고 위로를 해주지 못했어. 나도 자기 배를 볼 때마다 마음이 매우 불편하고 조마조마해.

혈압은 150대로 올라가기도 하고 120대로 내려오기도 했어. 혈당도 300대로 갔다가 190대로 내려오기도 했어. 다행이라면 백혈구가 20 오른 250, 호중구는 70 오른 100이다. 100이나 30이나 큰 차이는 없다고는 생각되지만, 촉진제를 맞은 상태에서 올랐다니 희망이 생긴다. 혈색소는 7.4라서 2봉을 맞았고, 혈소판은 38,000이었어.

병원에서 돌아와서 윤명이와 봉덕이네에 가서 삼겹살과 항정살 등을 먹었어. 내가 기분이 나빠지기는 했나 봐. 고기를 모르고 우리 테이블에 가지고 오지 않아서 짜증 섞인 말투로 말을 했나 봐. 그러니까 사장님이 죄송하다면서 음료수를 서비스로 주네. 스스로 티를 내면 안 되는데….

내일은 더 좋은 하루가 되었으면 좋겠다.

박정안 자기를 사랑한다.

'오늘 이실한다 해서 짐을 쌌어. 콧줄도 뚫었어.'

● ● ●

2018. 4. 2(월)

'오늘 이실한다 해서 짐을 쌌어. 118동 112호, 콧줄도 뚫었어.'

오후 1시 59분에 힘겹게 쓴 자기의 톡 내용이야.

국어교육으로 대학원을 마친 당신이 중시하는 것이 문법인데…. 글자까지 틀린 것을 보면 당신의 상태를 잘 보여주는 것이었어.

콧줄도 뚫었다는 단어는 다시 내 가슴을 내려앉게 했어.

중환자실에서 코와 입에 호스를 박고 있던 모습이 연상되었기 때문이야. 이때부터 내 마음도 바빠졌어. 빨리 가야겠다는 마음으로….

병원에 도착하니 112호실 왼쪽 5번 자리에 자리를 잡았더군. 2인실은 너무 조용해서 힘들었는데 여기는 간병인들의 목소리가 떠들썩하더라고.

자기가 침대에 앉아서 물끄러미 나를 바라보는 모습이 매우 힘들어 보였어. 먼저 눈에 부푼 부분이 더 빨개 보였고, 호스가 코에 붙어 있는 모습이었어.

간병인이 저녁을 드시러 나가고 당신과 이야기를 하는 데 점점 나아져야 하는데 점점 나빠지고 있다고 자조 섞인 말을 했어. 나는 중환자실에 있을 때보다 훨씬 좋은 상태라고 이야기를 하면서도 배가 너무 불러있는 모습을 보면서 어떻게 말을 이어가야 할지 몰랐어. 얼마나 무섭고 답답하고 숨을 쉴 때마다 힘들까 하는 생각이 몰려왔어.

어머니가 보내온 200만 원이며, 윤명이 운전 도로 연수 이야기, 장모님 이야기 등을 하면서 있으니 면회 시간이 금방 끝나버렸어. 오늘도 입이 말랐는지 물을 달라고 했고….

집으로 오면서 이실한 내용을 처남들에게 보냈는데 걱정이 태산 같았어.

오늘은 백혈구가 어제보다 조금 오른 300이었고, 호중구는 나와 있지 않았어. 혈색소 10.9, 혈소판은 8,000이야. 그제 수혈을 했는데 금방 이렇게 많이 떨어졌다.

처남에게 말했듯이 긴 싸움이니 너무 일희일비하지 말고 열심히 싸우자.

자기는 꼭 일어나서 행복하게 살아야 해.

병원을 가다 보니 길가에는 벌써 흰 벚꽃이 자태를 뽐내고 있다.

자기 꽃이 피면 미모 회원들과 꽃구경 간다고 했잖아.

빨리 일어나자.

다시 중환자실로…

● ● ●

2018. 4. 3(화)

다시 중환자실이라니….

점심을 먹고 들어와서 스마트 폰을 확인하니 간병인과 병원 번호

내가 아파서 다행이야

로 생각되는 번호가 찍혀 있었어. 그래서 확인 전화를 하니 간호사가 중환자실로 가야 할지 모르겠다며 병원으로 5시 전까지 오면 좋겠다고 하더라고.

그래서 부랴부랴 조퇴를 달고 병원으로 향했어. 마침 내가 정신병원에 가야 할 날 이틀 전이라서 겸사겸사 조퇴 했어.

1월 15일에 중환자실을 갔다가 고생고생하고 2월 7일 일반실로 옮겼는데 다시 가다니~ 여의도 성모도 갔다가 다시 왔는데…. 별의별 생각을 다 하면서 버스에 몸을 싣고 병원으로 갔었다. 앞이 캄캄하고 왜 이리 시련을 주는지 기분이 좋지 않았어.

병원에 도착하니 자기는 맥이 쭉 빠져서 나를 바라보고 있었어. 자포자기한 표정이었어.

간병인은 중환자실로 가면 그만둬야 해서 인사를 하고 보내드렸어.

2시간 정도 기다리니 중환자실로 가라고 하더군.

오늘 차도 가지고 오지 않았는데 가져갈 짐들이 너무 많았어. 중환자실에는 꼭 필요한 것 외에는 가져갈 수 없기에 집으로 가져가야 하는 데 이것을 어떻게 가져갈까 걱정이 앞섰었어.

자기와는 멀리 보내는 것이라도 되는 듯 매우 착잡했지. 앞으로는 20분씩밖에 함께할 수 없기 때문이야.

걱정하고 있는데 층 담당 의사가 보자고 했어. 따라 나가니 혈액에서 균이 발견되어서 이것을 잡고, 만약을 대비하기 위하여 간다고 하면서 혹시 손을 침대에 묶을 수도 있으니 사인을 하라는 거야. 어찌하겠어 해야지. 자기 전에 들어갔을 때 손을 묶어서 다 쏠렸던 아픈 기억이 있는데…. 그래도 해야지.

배가 많이 나온 것에 관하여 묻자 이것은 큰 문제가 되지 않다고 하더라고. 코에 호스를 끼웠는데 그것이 배에 찬 가스와 노폐물을 빼내고 있다고 했어.

앞의 침대에 있는 분이 용기를 주는 말씀을 하신다. 이식을 하고 9개월 동안 병원에 있으면서 갖은 고생을 많이 했지만 나았으니 용기를 가지고 열심히 치료하라고 하셨어. 자기에게도 물론 이야기를 했지만….

중환자실에 가니 전에 있던 간호사들이 당신을 알아보고 왜 들어왔느냐며 인사를 했어. 좋은 시설에서 빨리 고치고 나오라고 당신에게 이야기했지만, 일반실에 있을 때보다 훨씬 마음이 아팠어.

병실에서 필요한 것을 남기고 나머지를 가지고 오는데 커다란 가방 2개가 꽉 찼어. 내 가방을 등에 멘 것을 제외하고도….

짐이 많아서 택시를 타고 강남역에서 3007번을 타려고 했으나 어찌나 사람이 많이 서 있는지…. 그 버스에 타면 짐을 추단하기가 어려울 것 같아서 집에서 먼 거리에 서는 M5422번 버스를 타고 법원 사거리에서 내려서 다시 버스를 갈아탔는데 하필 집 앞으로 오는 것이 아니라 다시 내려서 집까지 가방을 메고, 들고 걸어왔어.

그렇지만 이런 고생이 어찌 당신만 하겠어. 중환자실에서 외로이 누워있는 당신은 이런 고생이라면 몇백 번이라도 할 수 있을 만큼 어려운 일이 아니겠지.

호중구와 백혈구가 종잡을 수가 없다. 어제 백혈구가 300이더니, 오늘은 250이네. 그리고 어제는 호중구 숫자도 나와 있지 않더니 오늘은 150이 되었네. 혈색소는 9.9, 혈소판은 35,000이다.

내가 아파서 다행이야

수진이와 승면이 아이들이 매우 잘생겼더라. 자기도 동의했었지만.

내일은 일이 있어서 못가. 잘 자고… 더 나은 내일이 되었으면 좋겠다.

어제 새벽에는 목감기가 걸린 꿈을 꾸었어. 어찌나 몸이 달았는지 식은땀을 흘리다가 깨었어. 감기에 걸리면 자기에게 가지 못하기에 가장 예민한 부분이잖아.

오늘은 홍교장님이 글을 보내주셨는데 용기를 주시는 글에 눈물이 나려고 해서 혼났어. 참 글을 잘 쓰고 훌륭한 분들도 많은 것 같아.

모레 오전 면회 때 보자.

2018. 4. 4(수)

오늘은 학부모와 지역주민을 대상으로 한국사 무료강좌를 시작하는 날이다.

그래서 자기에게 가지 못하고 둘째 오빠에게 부탁을 드렸어. 자기를 끔찍하게 아끼는 오빠잖아.

둘째 처남과 처남댁이 면회를 마칠 때쯤 되어서 전화를 드리니 잘 만나고 나왔으며, 주치의를 감염내과 교수로 교체할 예정이라고 하더라. 말도 하고, 상태가 괜찮아 보인다고 하더군.

혈액 수치는 물어보지 않았어. 거기까지는 생각하지 못하셨을 것 같아서. 앞으로 내가 가지 못할 때면 언제든지 연락하라고 하시네. 참으로 감사한 분들이야.

집에 와서는 밥을 먹고 탁구장에 가서 1시간 30분간 땀을 쭉 빼고 왔어.

일부러 스트레스를 날리려고 소리도 많이 지르고 많이 웃고 하니 가슴이 뻥 뚫리는 것 같더라.

오늘 혈액 수치는 내일 간호사에게 물어볼 예정이야. 수치가 많이 올라갔어야 하는데 너무 궁금하다.

요즘 나도 학교에서 좀 힘들다.

내가 속이 좁은 것 같아.

2018. 4. 5.(목)

어제 학교 일로 자기에게 가지 못해서 오늘은 들떠있었어. 자기를 보고 싶어서.

그런데 버스 전용차선까지 막혀서 KCC 사옥 앞에 도착하니 6시 50분이야. 병원까지 보통 20분 정도를 걸어가야 하는데… 마음이 급한 나는 막 뛰어갔어. 비가 오는 날씨라서 우산을 들고 가방을 멘 채로 뛰기가 어렵지만, 많이 늦으면 자기 얼굴만 보고 나와야 하는 상황이라서… 7시에서 겨우 20분간 면회인데….

아무튼 병원 20층에 도착하니 이미 면회객들은 들어간 상태였어. 시계도 보지 못하고 면회자 명부에 이름을 적고 비닐 앞가리개 치마와 마스크, 비닐장갑을 끼고 자기 앞에 서니 7시 5분이었어. 그래도 나름 선방을 했다고 생각하면서 자기를 보았는데 그저께와 비교해서 눈 아래가 더 나온 것 같았고, 얼굴도 말라보였어.

주사액을 거는 폴대에는 수액 타임을 맞추는 기계가 5개인가 달려있으면서 계속 수액을 쏟아붓고 있었어.

내가 아파서 다행이야

추우냐고 물으니 추운데 열이 난다고 더 덮어주지 않으려 한다는 이야기를 듣고 간호사에게 더 덮어달라고 하니 미열이 있어서 그런 다면서도 덮어주었어.

목이 아프다고 해서 간호사에게 이야기하니 목구멍을 살펴보고서 큰 이상은 없는 듯 이야기했어. 그런데 당신은 목이 너무 말라서 아프다고 했고, 간호사는 식염수를 반 컵 가져와서 먹이려고 하는데 못 미더워 내가 먹이고 헹군 물을 받아냈어. 내가 자기와 함께 있으면서 헹군 물을 받아내는 선수가 되었잖아.

제대로 말도 못 했는데 안전요원의 시간이 다 되었다는 소리가 들리더군. 그래서 서둘러서 나오면서 자기 얼굴을 보는데 너무 화가 나더라. 왜 자기가 이렇게 고생해야 하는지….

혈액에 균이 있어서 입원한 곳은 유리문이 닫혀 있었는데 그곳에서 나오니 장갑과 비닐 옷을 안쪽에다 벗어 놓고 나오라고 하더라. 감염된 것이라는 생각에서 그런 것 같아.

그리고는 간호사가 주치의가 지금까지의 혈액 내과 김○○ 교수에서 감염내과의 이○○ 교수로 바뀌었다고 사인을 하라는 거야. 정해 놓고 하라는데 내가 뭐라고 해봐야 소용없을 것 같아 사인했지. 간호사의 말이 지금과 똑같이 진행되는 것이라 별문제는 없는 것이라고 하더라고.

그리고 어제와 오늘의 혈액 수치를 달라고 하니 써주었어.

어제는 백혈구 360, 호중구 180, 혈색소 9.3, 혈소판 32,000이었어. 촉진제와 혈소판 2봉도 맞았다고 기록되어 있었어. 오늘은 백혈구가 360, 호중구 170, 혈색소 7.5, 혈소판 73,000이었어. 혈소판이 많이 오른 것은 어제 혈소판을 맞은 것이 나타난 것이네. 그런데 같은 병원인데 왜 중성구와 호중구를 따로 쓰고, 혈색소와 적혈구를 달리 쓰는지 이해가 가지 않는다. 아마 학자들 간에 쓰는 용어가 다를 것으로 생각하면서도 환자에게 혼동을 주지 않나 하는 생각이 들었어. 우리 역사학계도 한자 용어와 한글 용어를 구미에 맞게 쓰는 식으로 이해하면 될 것은 같아.

내일이 빨리 왔으면 좋겠다. 빨리 가서 자기 상태 확인하고, 자기와 이야기를 하고 싶어서.

자기야 사랑하고 힘내자 파이팅~ 박정안

죽어서나 나가려나

● ● ●

2018. 4. 6(금)

오늘은 매우 바빴어.

수업을 세 시간하고 점심시간에는 음악 미술과 수업을 컨설팅했어.

요즈음 선생님들 수업 참 잘하셔서 해줄 말이 거의 없었어. 칭찬 밖에는….

오늘은 조금 여유 있게 병원에 도착해서 기다리다가 1등으로 중환자실에 들어갔어.

자기는 이런저런 불만이 많이 있더군.

눈이 보이지도 않고 불러도 간호사들이 오지도 않고, 배가 나온 것이 들어가지도 않고, 언제 나갈지도 모른다고. 그리고 여기서 나갈 수나 있을지…. 죽어서나 나가려나…. 이렇게 살아서 무엇하겠느냐 등등.

당연히 모두 이해하지. 얼마나 힘들겠어. 온종일 이야기할 대상이 있나. 내가 가야 20분 정도 할 수 있잖아. 간호사들은 너무 바쁘고~ 너무 춥다고 투덜대기도 했었지. 덮개가 2장이 있었으나 모두 접혀서 이리저리 가 있어서 자기 몸을 덮은 부분이 조금밖에 없었어. 간호사에게 이야기하니 미열이 있어서 그렇다고 하면서도 덮개를 한 장 더 가져다주었어.

오늘은 백혈구가 460, 호중구가 280, 적혈구 9.4, 혈소판 12,000이다. 눈에 띄는 것은 백혈구와 호중구가 어제보다 100 정도씩 올라간 것이야. 그래서 큰처남과 둘째 처남께 톡으로 알려주니 매우 반가워하더군.

병실을 나오면서 자기에게 사랑해. 힘내자. 그리고 빨리 퇴원해서 미국, 스페인, 호주도 가고 한 달 동안 유람선 여행도 하자고 했어. 꼭 그러자.

2018. 4. 7(토)

어제는 마음도 울적하고 배도 고프고 술도 마시고 싶어서 교장 선생님과 술을 먹었는데 소주를 1병 넘게 마셨어. 이것은 나에게 치사량이나 마찬가지인데 취하지 않아서 생맥주도 좀 먹었더니 나중에는 진짜 몸이 많이 흔들렸다. 대리를 불러 집에 왔는데 자다가 깨워서 어디로 가느냐고 묻더군. 집에 와서는 세수도 못 하고 바로 쓰러져서 잤어.

아침에 9시가 되었는데 간신히 일어나서 물 한 잔 마시고 자기에게 갔어. 머리가 깨지는 듯하고, 얼굴이 퉁퉁 부은 채로…

그런데 40분이나 먼저 갔어. 면회 시간을 기다리는데 성희가 안부 전화를 했더군.

자기 보러 들어갔더니 수술복을 입고 홑이불을 하나도 덮지 않고 있었어. 들어가니 눈물을 보이면서 너무 힘들다고 했어. 앞도 보이지 않고, 너무 춥고, 입에 가래가 있는데 화장지도 주지 않는다고 했어.

그래서 화장지를 주고, 호출 벨도 찾아주니 나에게 자기가 최고라고 했어. 으쓱…

그리고 홑이불 2장을 덮어주니 조금 덜 춥다고 했어.

오늘도 언제나 나갈지 모르겠다며 불만이 많이 있었어.

너무 안쓰러워서 말이 나오지를 않았어. 그러나 안색은 많이 좋아진 것 같아.

백혈구는 어제보다 110이나 올라간 570이었으나 호중구는 20이 떨어진 260이었어. 적혈구는 8.5, 혈소판은 어제 2봉을 맞아서 조금 오른 31,000이었어.

오는 길에 아란이 과외 하는 곳에 가서 데리고 왔어. 김밥과 음료수를 주니 잘 먹더라고. 반찬가게에서 고등어 조림도 사고, 음료수도 샀어.

7시 면회 때에는 눈이 부셔서 잘 뜨지 않으려고 했어.

발을 주무르라고 해서 주물러주었어.

내가 아파서 다행이야

의사에게 상황이 어떠냐고 물어보니 담당 의사는 아니지만 친절하게 이야기는 했지만, 그냥 염증 수치는 내려가고 있지만 간 수치가 올라가서 무엇이라고 말할 수가 없다고 하네.

큰형이 전화하셔서 자기 중환자실에 있다고 하니 한숨을 쉬시면서 전화를 끊으셨어.

내일 보자.

실망하지 말고, 의지를 다지고 열심히 치료받아야 해.

2018. 4. 8(일)

집안일도 하고 피곤도 해서 윤명이를 점심 면회 가라고 했어.

윤명이도 가고 싶다고 했었고….

갈 때 자기에게 추우냐고 물어보라고 했고, 혈액 수치를 나에게 알려달라고 했어.

11시 47분에 카톡을 했더라고. 그런데 믿을 수 없을 만큼 백혈구와 호중구가 올라간 거야.

윤명이가 사진을 찍어서 보내준 것에는 백혈구가 1,120, 호중구가 850, 적혈구 8.6, 혈소판 27,000이었어.

백혈구가 어제보다 약 600 정도 올라갔고, 호중구도 600 가까이 올랐어. 조바심내던 내 걱정을 한꺼번에 날려버리는 숫자였어. 더좋은 소식은 일반 병실이 나면 자기를 일반 병실로 옮긴다는 사실이었어.

사실 어제 갔을 때 자기가 눈물을 보이면서 절망적으로 생각을 하고 있어서 나도 많이 힘들었는데 일반실로 옮길 수 있다니 너무 희

소식이었어. 물론 일반실로 가도 항생제를 긴 기간 동안 맞아야 한다고는 했지만….

기분이 좋아서 아란이 옷을 빨래해서 배달해줄 때도 기분이 좋았고, 저녁 면회하러 가면서도 기분이 아주 좋았어. 중환자실의 자기도 기분이 괜찮아 보였어.

집으로 오면서는 내가 이것저것 생각하니 가슴에 통증이 있었어. 통증을 고칠 수 있는 가장 좋은 것은 탁구라서 단톡방에 올리니 송 사장 부부가 나왔어. 그래서 셋이 치고 맥주를 마셨는데 아팠던 가슴이 통증이 사라졌어. 역시 병의 반은 스트레스인 것 같아.

며칠 전에 자기 중환자실 가면서 집으로 가져왔던 짐을 풀지도 않았는데 잘했다 싶더라. 자기가 일반실로 오면 다시 들고 가면 되기 때문이지.

오늘은 이만 줄일게….

자기야 고마워. 호전되어주어서.

사랑한다.

내일도 기대할게.

안녕!

내가 아파서 다행이야

결혼 30주년

● ● ●

자기야! 4월 9일이다.

1988년 오늘 명동성당 마리아상 앞에서 자기와 풋풋한 모습으로 식을 올린 지 딱 30년이라는 세월이 흐른 날이다.

너무 예쁘고 지적인 자기 모습에 반해서 따라다니던 것이 어저께 같은데…

충주호로 향하던 버스 안에서 자기 손을 꼭 잡고 황홀해했던 것이 내 인생에서 가장 행복한 순간이었던 것 같아. 그때의 짜릿함은 지금도 잊을 수가 없어. 따스한 자기 손을 처음 잡았을 때 그 느낌은 어떻게 말로 표현할 수 있는 단어가 없다. 손을 잡은 채로 버스가 멈추지 않고 계속 갔으면 했던 기억이 지금도 너무 생생하고, 생각만 해도 기분 좋다.

자기 자췻집에서 장모님을 만나 절을 올리면서 결혼을 하겠다고 했던 것이 정말 어저께 같은데 이제 장년기의 중반에 접어들게 되었다.

연애할 때 설악산에 놀러 갔다가 지갑을 잃어버렸었는데 자기와 있는 것 자체가 너무 좋아서 지갑에 대한 기억은 전혀 없어. 그때 대청봉의 대피소에서 쪽잠을 자던 기억도 좋은 기억으로 남아 있어. 30년 전인데 산장의 소주 한 병이 2,000원이었어.

아영이를 임신했을 때 거꾸로 자리를 잡아서 고생했던 당신, 아침에 양수가 나온다는 이야기를 듣고도 아무것도 모르고 출근했다가 강화도에서 시외전화를 받고 산부인과로 뛰어갔었지. 윤명이가 태어났을 때 어른들이 좋아했던 모습, 아란이가 태어났는데 어찌나 예쁜지 자기 친구들이 이제 정안이가 성공했다고 이야기했던 기억이 지금도 또렷하다.

자기는 우리 세 명의 아이들을 참 잘 키워냈어. 나는 옆에서 투덜거린 것밖에 없는데….

처음으로 살던 송죽동의 빌라에 청소하러 갔을 때 너무 행복해서 대자로 누워 천정을 바라보던 생각이 나고, 신안아파트로 이사를 와서야 식당에서 처음 소고기를 먹었었지. 결혼한 지 7년이 지난 시간이었어. 자기는 외식을 하면 항상 값싼 것만 먹으려 했어. 그 결과 지금 그래도 쪼들리지 않는 생활을 할 수 있는 것 같아.

여행을 갔던 일은 별로 많은 기억이 나지 않는다. 내가 답사단의 일원으로 하도 많이 다녀서 가족과 함께했던 기억이 별로 없다. 참 미안하다. 일본에 가족여행을 갔을 때가 가장 즐거웠던 것 같아. 그리고 캄보디아의 앙코르와트 유적을 볼 때도 기억에 남고…. 국내 여행에서는 제주도에 갔을 때가 좋았던 것 같아. 신혼여행을 갔을 때는 바람이 유난히 많이 불었던 곳인데….

자기가 이렇게 아프게 될 줄 알았더라면 더 많은 여행을 가야 했는데…. 많이 갔더라면 아프지 않았을 수도 있었다는 생각도 들어. 그저 자기에게 제대로 해주지 못한 것들에 대해 후회가 많이 밀려온다. 내 삶에서 가장 잘못한 일은 자기를 행복하게 해주지 못한 점이야.

30년을 내가 자기에게 힘들게 했다면 앞으로의 30년은 자기가 나에게 힘들게 할 차례야. 나는 자기를 행복하게 해줄 준비가 충분히 되어있으니까 자기는 빨리 낫기만 하면 돼.

일반 병실로 가서 혈액으로 생긴 문제들을 모두 해결해버리고 허리와 다리에 힘을 키워서 함께 손잡고 걸어 나가자.

집에 가서 더 빨리 회복이 된다면 내가 휴직을 하던 퇴직을 하든지 어떤 것도 할 수가 있으니 빨리 노력해서 나가자.

사랑하는 자기야~ 나를 만나서 너무 고생만 했어. 너무 미안하고 앞으로 자기에게 최선을 다할 것이니 나를 부려 먹기 위해서라도 빨리 완쾌해라.

자기 컨디션이 좋아지면 나의 기분도 좋아지고 자기 컨디션이 나쁘면 나도 많이 힘들어. 이것을 보면 이제 우리는 일심동체로 완전한 부부가 된 것 같아. 자기야 아픔을 빨리 걷어내라. 나를 위해서라도…

앞으로는 지금까지보다 훨씬 큰 행복을 일구면서 살자. 국내뿐만 아니라 세계의 아름다운 곳들을 모두 가보자. 항상 손을 꼭 잡고서…

나랑 살아주어서 고맙고, 너무너무 사랑한다. 나의 가장 소중한 존재 박정안… 끝까지 지켜주고 사랑할게.

오늘의 일기는 결혼기념일의 글로 대신했어. 오늘은 편지를 써서 당신에게 읽어줄 생각으로 마음이 부풀어 있었어. 중환자실이라 꽃이나 선물도 사 가지 못하잖아. 오늘은 컨디션이 괜찮아 보였고, 이것저것 불평을 늘어놓는 것을 보면서 힘이 있다는 생각에 어느 정도 안심을 했어. 편지를 읽어주자 자기는 고맙다고 했고, 진심으로 쓴 것이냐고 했어…. 당근 진심이지~

오늘은 백혈구와 호중구가 어제보다 많이 올라가서 기분도 좋았어. 백혈구 1,740, 호중구 1,480, 혈색소 8.1, 혈소판 31,000이었어.

집에 가고 싶다

● ● ●

2018. 4. 10.(화)

우산을 가져가려고 학교에서 찾아도 없어서 그냥 버스를 탔어.

강남에서 내려서 걸어가는데 왜 이리 바람이 세게 부는지….

바람에 부러진 잔가지들이 도로에 많이 떨어져 있었어. 벚꽃도 벌써 다 없어지고…. 올해는 꽃을 보아도 예쁘다는 생각이 들지 않는 것은 마음이 아프기 때문인 것 같다.

병실에 들어가니 눈을 뜨고 이리저리 움직이고 있었어.

티슈를 달라고 하더니 침을 뱉었고, 팔뚝에 채워진 혈압계를 빼달라고 해서 뺐어.

집에 가고 싶다고 말을 하더라. 그 말을 들으면서 눈물이 날 뻔했어. 빨리 집에 가서 침대에서 편안하게 누워있는 모습을 보고 싶어. 벌써 4개월 이상 집에 가지 못했는데…. 얼마나 집이 그립겠어.

들어가면서 놓여 있는 혈액 수치를 보았는데 어제보다 많이 올라간 것 같았어. 백혈구 3,410, 호중구 2,820, 적혈구 8.4, 혈소판 10,000이었어. 백혈구는 1,400 정도, 호중구는 1,400 정도가 올랐어. 참 많이 올랐더라. 혈소판이 급격히 떨어진 것이 걱정이지만….

간호사가 촉진제를 맞아서 그렇다고 하면서 3,000이 넘으면 촉진제를 놓지 않는다고 하더라. 내일은 3,000이 넘을 것으로 생각해.

첫째, 둘째 처남께 수치가 올라갔다고 하니 좋아하셨어.

낮에는 점심시간을 이용해서 잠깐 장모님께 다녀왔는데 건망증이 너무 심하신 것 같았어. 자기가 아직도 아프냐고 몇 번이나 물어보셨어. 차라리 건망증이 심한 것이 장모님의 건강을 위해서는 다행일 수도 있다는 생각이 들었어. 자기가 이렇게 심하게 아픈 것을 알면 참아내기가 어려울 것 같아.

내일까지 일반 병실에 다인실이 나지 않으면 1인실이나 2인실이라도 이실해야해. 자기가 너무 외로워하고 있으므로…. 자기가 어제까지는 다인실로 꼭 가야 한다고 했는데 오늘은 1인실이나 2인실도 괜찮다고 했어. 그래서 내일까지 기다려 보다가 모레 오전에 외출해서 의사를 만나본 후에 옮기려고….

나올 때쯤 코에 꽂은 호수에서 거무틱틱한 액체들이 나오는 것을 보았어. 자기 배에서 나오는 것들이야. 나오는 것을 보니 내 속이 다 편하더라. 배가 빨리 가라앉아야 하는데 걱정이다.

내일 보자. 자기야 힘내~

2018. 4. 11.(수)

아침에 출근해서 일하고 있는데 병원에서 전화가 왔어.

내시경 검사를 해야 하는데, 보호자의 사인이 필요하다고. 오늘 중으로 해야 하는데 빨리 사인을 하러 오면 좋겠다고. 그런데 오늘 따라 1~3교시 수업이 이어져 있어서 1시까지 간다고 했어.

수업을 마치고 부랴부랴 도착하니 12시 30분이었어.

중환자실 초인종을 누르니 의사가 올 때까지 기다리라는 거야. 그래서 다시 눌러서 자기 얼굴을 보고 있다가 의사를 만나면 그때 나오겠다고 했지. 외출을 달고 왔기에 온 김에 보려고 했어. 그랬더니 지금 보면 저녁 면회가 안된다고 하더군. 그래도 그러라고 했지.

자기는 몸 전체가 아프다고 했어. 눈에는 연고를 많이 발라서 그런지 연고가 많이 묻어 있었어. 얼마 후 의사가 와서 사인하고는 나올 수밖에 없었어.

그리고 부랴부랴 돌아오는데 또 전화가 왔더라고. 수면내시경을 해야 하는데 그것을 사인하지 않았다고. 그래서 내일 가면 하겠다고 하고 그냥 돌아왔어.

내일도 오전에 가야 하거든. 감염내과 중환자실 담당 의사와 만나기로 했어. 진작부터 자기 내시경을 한 줄로 알았더니 호중구 수치가 낮아서 하지 못한 것 같아. 혹시 용종이라도 있으면 떼어내야 해서 호중구가 오르길 기다렸던 것 같아.

오늘은 호중구가 5,290으로 올랐어. 어제보다 무려 2,400이나 올랐어. 백혈구는 2,500 정도가 오른 5,940이야. 그런데 적혈구가 4.1, 혈소판은 18,000으로 낮다. 그래서 오늘 적혈구 혈소판 혈장을 각

내가 아파서 다행이야

각 2봉씩 맞은 것 같아. 내시경 검사를 위해서….

내시경 검사를 하면 자기 배가 많이 부풀어 오른 원인을 알 수 있으려나 모르겠다. 배가 아파서 항상 걱정했었는데, 빨리 그 원인을 찾아서 해결되었으면 좋겠다.

오늘은 저녁 면회도 못 해서 그냥 집에 일찍 왔어.

내일 보자….

치료가 너무 복잡하다네

●●●

2018. 4. 12(목)

오늘 담당 의사를 만나기 위해서 외출을 했어.

그런데 병실에 들어가니 자기는 잠만 잤어. 졸린다고 하면서 서너 번을 깨웠는데 눈만 잠시 떴다가 잠을 계속 자는 거야. 그래서 손발을 주무르다가 왔어. 의사와 이야기를 했는데 예상했던 대로 장이 많이 무너져 있었다고 하더라. 그래서 대변이 나오지 않는 것 같아. 오랫동안 식사를 하지 못했는데 건강을 회복하는데 별로 좋지 않은 징조라고…. 치료하기가 너무 복잡하다고 이야기했어.

어제 적혈구 혈장 혈소판을 각각 2봉씩 맞아서 그런지 적혈구 5.8, 혈소판 53,000으로 올랐어. 오늘도 혈장과 혈소판 수혈을 각각 1봉씩 맞았어. 촉진제를 어제 맞지 않아서 그런지 백혈구가 4,410,

호중구 3,080으로 낮아졌어.

오늘은 낮에 자기를 보아서 가지 않았어. 가지 못한 이유는 운영
위원회와 용인역사교과연구회가 있어서 참석해야 했기 때문이야.

매일 20분밖에 면회 시간이 없는데 가지 못해서 미안하다.

저녁에도 자기 상태를 봤어야 했는데….

오늘은 3월 27일부터 4월 6일까지의 병원비를 중간정산했어.
3,121,000이었어. 2인실에 머칠 있었던 점과 중환자실에 들어오면서
입원비가 많아진 것 같아.

오가는 길목에 새싹들이 파랗게 올라와 있고, 나무에도 꽃과 어
린 잎사귀들이 예쁘게 자태를 뽐내고 있는데 자기는 이런 풍경을
볼 수가 없구나. 그저 누워있는 자기에게 미안할 뿐이야….

그렇지만 힘내자~ 내년에 이런 자연을 마음껏 보면 되잖아. 힘내
자 박정안~

도와줄 방법이 없다

● ● ●

2018. 4. 13(금)

10시쯤에 병원에서 다인실 병실이 났으니 오후 중에 올 준비를 하
라고 연락이 왔어.

이제 드디어 일반실로 간다고 좋아했으며, 5교시가 끝나고 곧장

내가 아파서 다행이야

병원으로 왔어.

중환자실에 도착했다고 하니 30분 정도만 기다리라고 해서 휴게소에서 있으니 보호자를 찾는 소리가 나서 가니 자기 침대가 나오고 있었어.

그런데 자기는 가쁘게 숨을 몰아쉬고 있었어. 중환자실에 들어갈 때보다 더 상태가 좋아 보이지 않았어. 어제부터 산소 줄을 코에 달고 있었는데…. 19층 112호실에 와서는 이것이 모자라는지 산소마스크로 바꾸었어.

간호사와 의사가 이것저것을 살피더니 피검사 등을 하고는 처치실로 자기를 옮겨 사진을 찍는다고 했어. 그런데 사진을 찍고는 계속 처치실에서 지켜봐야 한다고 했어. 나도 이곳에 있는 것이 더 안심되고 병실에 있으면 자기 거친 호흡과 앓는 소리로 남들에게 피해를 많이 줄 수 있다고 생각했기 때문이야.

자기는 계속 힘겹게 숨을 몰아쉬며 힘들게 버티고 있었어. 배는 더는 부풀지 못할 만큼 부풀어 있었어. 얼마나 숨이 가쁠까 생각하니 속이 미어졌어.

열은 계속 38도를 넘었는데 떨어지지를 않았어.

자기야 너무 고통스럽고 힘든 모습 너무 안타깝다. 그런데 내가 도와줄 방법이 없으니 더 무능함을 느낀다.

내가 할 수 있는 일이라고는 자기 손과 발을 주무르고, 대답도 잘하지 못하는 자기에게 말해 주는 것밖에 없었어. 내일 아침에는 좋아질 것이라고 이야기는 했지만, 자꾸 숨이 가빠 하는 자기에게 불안하기만 했어.

자기를 내려다보고 서 있으니까 손을 조금 올려서 앉으라는 신호를 보냈어…. 내가 힘들 것 같아서.

자기야~ 지금까지 1년 동안 잘 버텨왔으니 잘 될 것으로 믿어. 자기 파이팅이다.

오늘 백혈구는 3,510, 호중구 2,810, 혈색소 8.5, 혈소판 54,000이야.

'코드블루'

●●●

2018. 4. 14.(토)

밤사이에 처치실에 있는 자기 주변을 간호사들이 분주하게 드나들었고 이것저것 한다는데 나는 잠결에 그렇게 하라고 밖에 할 수가 없었어.

5시쯤 자기를 보니 숨소리가 어제보다는 줄어들었지만, 일정한 패턴을 유지하면서도 매우 빠른 속도로 숨을 쉬었어. 가끔은 무엇인가 막히는 듯한 소리도 들렸고.

자기에게 말 걸면 조금씩 반응만 할 뿐이었어. 고개를 조금 끄덕이는 정도였어.

어제부터 그런 생각을 했어. 상태가 나쁜데 왜 일반실로 가라고 했는지….

9시가 넘어서 아침을 먹으러 내려가서 햄버거 하나 먹고 올라오는

내가 아파서 다행이야

데 '코드블루'라는 소리가 들렸어. 혹시 하는데 '19층 처치실'이라는 말이 뒤이어 나왔어. 아이쿠 이게 뭐야 하는 생각에 처치실로 가보니 의사와 간호사들 열댓 명이 심폐소생술을 하는 거야. 바로 자기에게…. 보호자는 나가라고 하면서 나를 내보내는데 가슴을 어찌나 세게 누르는지 갈비뼈가 부러지면 어쩌나 하는 생각이 들었어.

자기 심장이 멈췄던 것을 다시 뛰게는 했어.

그런데 의사가 오더니, 일단은 다시 뛰게 만들었는데 앞으로 이런 일이 또 발생할 수 있고 그때는 대비해야 한다고 하더라고. 그리고 다시 중환자실로 옮겨야 한다고 해서 나는 짐을 챙겼어.

나는 멍해서 무엇인지는 모르지만 자기가 죽을 수도 있겠다는 무서운 생각을 했어. 전에 벽에 기대서 눈물을 훔치는 보호자들의 모습이 떠올랐어.

그래서 우선 큰처남에게 전화를 드렸고, 작은 처남에게 전화하니 빨리 와보겠다고 했어. 그리고 자기를 끔찍이 여기던 큰형님께 전화를 드리니 바로 달려오셔서 상황을 애기하니 같이 오신 형수님과 눈물을 흘렸어.

윤명이, 큰처남과 둘째 처남이 차례로 왔어.

윤명이는 눈물을 흘리면서 어떻게 하느냐고 하더라고.

큰형수, 윤명이, 둘째 처남이 차례로 자기를 보고 나왔어.

이게 운명인가 싶더라.

저녁에 면회하는데 자기가 한 번 눈을 떴었어. 의식이 돌아오고 있나 했는데 윤명이 말이 통증반응으로 눈을 뜨는 것이라고 간호사에게 들었는데.

저녁을 윤명이와 먹고 집에서 자고 오라고 했어.

가지 않겠다고 하는데 여기 있어도 뾰족한 방법이 없으니 어쩌겠어. 마지못해 집에 가서 내가 필요한 물건을 가지고 온다고 하네.

아란이도 왔다가 갔는데 표현은 안 하지만 얼마나 힘들겠어.

자기야 간호사는 자기가 의식이 없다고 하는데 다 알아들을 것으로 믿어.

힘내라. 자기가 지금 가는 것은 너무 억울해. 자기는 고생만 하고 진짜 이제 살만하니 이렇게 되잖아. 자기 억울해서라도 가지 마라. 내일 면회 시간에는 좀 더 바른 자세로 누워있었으면 좋겠다. 저녁 시간에 보니 몸이 다시 전체적으로 부은 느낌이었어. 혈액 순환이 잘 안 되고, 소변도 배출이 잘 안 되는 것 같아. 다시 투석한다고 하지 않을까 생각을 한다. CT 촬영하러 저녁에 2층에 내려가는데 참···. 너무너무 그랬어.

잘 싸워서 이겨내자. 자기야~

이 병원에 입원한 지 1년이 넘었다. 그간 너무너무 잘해줬어···.

2018. 4. 15(일)

자기야.

오늘은 너무 조용한 날이다.

자기가 중환자실로 들어간 이후로 나는 중환자실 맞은편의 휴게소에서 앉아 있는 것 외에는 할 일이 없다. 아침 5시쯤에 일어나서 왔다 갔다 하다가 지하 1층에 있는 중환자 보호자대기실에서 두어 시간 잠을 잤어. 잠을 깨서 전화기를 보니 윤명이가 일찍부터 와서

내가 아파서 다행이야

휴게소에서 대기하고 있었어. 윤명이가 참 정이 많고 자기를 생각하는 마음이 크다는 것을 느낄 수 있었어.

5시에 일어나서 윤명이도 밥을 먹고 바로 병원으로 온 것 같아. 시험이 코앞이라 많이 바쁠 텐데…. 그래도 자식이 최고구나 싶네.

나는 샌드위치로 아침을 먹고 윤명이와 있다가 윤명이에게 커피숍에서 공부하라고 하고 나는 20층이 있었어. 점심 면회 시간에 들어가니 자기가 눈을 조금씩 뜨는 것 같은 기분이 들었어. 발도 조금씩 움직이고…. 그리고 이야기를 하면 조금씩 반응을 보이는 듯했어.

저녁 면회 때에는 몸이 더 불었어. 간호사의 말로는 소변도 이제 조금씩 나온다고 하면서 투석 여부는 내일 결정될 것 같다고 하네. 전에 자기가 몹시 나쁠 때의 상황이랑 비슷한 것 같아.

인공호흡기를 하는 자기 모습을 보니 참 사는 게 무엇인가 하는 생각이 든다.

이렇게 힘들게 살아야 하는가 생각이 들었어.

자기 얼마나 예쁜 사람이었는데…. 지금은 완전히 망가진 모습…. 차마 말로 하기가 어렵다.

열심히 살아온 당신인데 이렇게 가혹한 시련을 왜 겪어야 하는지 모르겠다.

능력이 있고 하늘나라에서 필요하면 빨리 데리고 간다는 이야기도 들었는데 그러기에는 자기에게 너무 많은 시련을 주는 것 같아.

큰형수, 큰형, 큰누나, 둘째 누나, 셋째 형, 둘째 형 모두가 걱정되어서 전화했지만 어떻게 대답해야 할지 모르겠다.

오늘 백혈구 3,270, 호중구 2,620, 적혈구 10.3, 혈소판 28,000이

다. 그런대로 혈액 상태는 좋은데….

자기야 힘내라.

밖은 너무 아름다운 계절인데 자기는 너무 시련의 시간을 보내고 있으니….

그냥 자기에게 미안한 마음뿐이다.

내가 해줄 것이 없으니….

자기 사랑하고, 빨리 일어나라. 힘내고….

영원한 이별

● ● ●

2018. 4. 16(월)

자기야.

영영 자기와 헤어졌네.

아침에 병실 담당 의사가 나를 보자고 하더라.

가까운 일가친척을 모이게 하라는 거야.

병원에서 최선을 다했지만 장기가 많이 상했다는 거야. 간장, 폐, 간까지…. 거기에다 자기 배가 가라앉지 않았었어. 마지막 혈액은 적혈구 98, 백혈구 4,130, 호중구 3,680, 혈소판 27,000으로 오히려 괜찮은 편이었는데 다른 곳이 많이 손상되어 자기를 하느님이 데려 가셨어. 자기의 직접 사인은 급성골수성 백혈병이 아니라 다발성 장

내가 아파서 다행이야

기부전이래. 거기에다 폐렴 패혈증과 급성골수성 백혈병이 원인이 되었다네.

이게 정말 마지막인가 하면서도 큰형과 형수, 큰처남과 둘째 처남께 연락을 드려서 모두 오셨어. 윤명이도 2시쯤 오라고 했다가 되도록 빨리 오라고 다시 연락했고, 둘째 누나도 와있었어. 자기가 눈을 감기 전에 둘째 누나와 큰처남이 보고 나오셨어.

그런데 1시가 넘어서 갑자기 '코드블루'가 건물을 뒤흔들면서 중환자실로 의사와 간호사들이 모여들었는데 자기임을 직감했어. 간호사들의 제지로 들어가지 못하고 나중에 의사가 나와서 최선을 다했으나 회생이 어렵다면서 10분 이상 인공호흡을 하는 것은 2차 이기도 하고 여러 장기가 많이 손상되어 회생이 거의 불가능하니 환자를 위해서라도 10분 정도만 한다고 해서 그러라고 했어. 그 전에 이런 일이 있으면 회생 불가능하다는 이야기를 들은 터라 더는 아프게 하고 싶지 않았기 때문이야.

나중에 들어가서 힘들었던 자기 모습을 볼 수 있었어. 정리가 끝난 뒤 의사가 불러 들어가서 자기 모습을 보니 오히려 마음이 편했어. 얼굴이 편안해 보이더라. 숨을 몰아쉬면서 힘들어했던 모습에서 편안한 모습을 하고 있어서. 윤명이가 많이 목놓아 울더라….

최종적으로 7시쯤에 사망선고가 내려지고, 자가가 좋아하는 권선동성당 장례식장으로 자리를 옮겼어.

자기는 윤명이와 구급차를 타고 오고, 나는 둘째 누나와 짐을 싣고 내 차로 왔어. 오면서 참 허망하다는 생각이 들더라. 그리고 자기에게 해주지 못한 것이 너무 많은데 하는 후회가 밀려왔어. 푹신한

집 침대에서 자고 싶다던 생각이 자꾸만 나고…. 그냥 이렇게 고생할 줄 알았다면 집에서 치료했으면 어떨까 하기도 했어. 1차 심정지가 오기 전날 자꾸 코에 박힌 호수를 빼려고 했다는 것이 자기가 무엇인가 하고 싶은 말이 있었던 것 같았는데…. 한스럽다.

9시가 넘어서 성당 장례식장에 도착했어. 성당으로 모시는 데는 처남들의 역할이 컸어. 나는 성당에 잘 다니지 않아 미적거렸는데 큰 처남과 처남댁, 그리고 둘째 처남과 처남댁이 잘 알고 있어서 이곳으로 모시게 된 거야. 나도 성당이면 좋겠다고 했었는데 잘 된 것 같아.

늦게 도착해서 이것저것 연령회장님과 상의를 하다 보니 시간이 많이 흘렀어. 연락드린 몇 분(신○○, 박○○, 김○)은 미리 와서 조문하고자 했으나 조금 앉아 있다가 가셨어. 미모 회원님과 성가대원들도 오셔서 기도를 드리고 가셨어. 자기는 이런 사실을 다 알고 있지?

친척들 여럿이 오셔서 장례 준비를 상의하면서 내일을 준비했어.

늦은 밤에 자기 앨범 사진을 확대한 영정 사진이 도착을 했는데 자기 모습이 너무 예뻐 보였어. 병실에서 고생할 때 너무 예뻤던 당신에게 내 엄마냐고 묻기도 하고, 이송 요원이 자기에게 아저씨라고 불렀다고 해서 얼마나 가슴이 아팠을까 하는 생각이 들었어. 사진 속의 자기의 예쁜 모습을 보면서 이렇게 예쁘니 하느님이 빨리 데려가셨다고 생각했어. 하늘나라에서 큰 역할을 할 준비가 되어있는 당신이니까. 자기를 조금이라도 더 보고 싶어서 영정 사진 앞에서 이불을 깔고 잤어.

그나저나 내일은 30년 전 여의도 교원공제회관에서 자기와 손잡고 결혼식을 올렸던 날이다. 참 세상일이라는 것이….

내가 아파서 다행이야

6장

떠난 자리
나 홀로

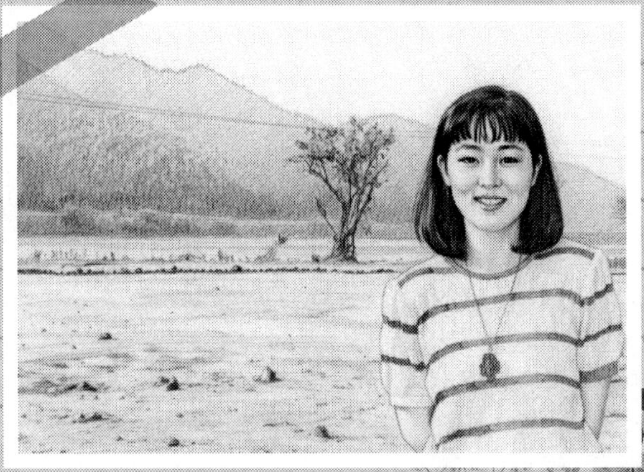

아픔을 털어버리고 천사가 된 아내

미안하다. 지켜주지 못해서

●●●

2018. 4. 17(화, 4월 20일 씀)

자기야

오늘 4월 17일은 삼일장 중에 둘째 날이야.

너무 많은 분이 오셔서 앉을 자리가 모자랐고 접수하는데 오랫동안 기다리게 해서 많이 죄송했어.

밥과 국도 모자라서 누님들과 조카들이 매우 힘들었다고 하더라.

자기가 평소 덕을 많이 쌓아서 슬픔을 나누기 위하여 오신 분들이었어.

나는 조문을 받는데 친한 분들이 오면 눈물이 쏟아지더라.

이렇게 눈물이 많은 나였는지 몰랐어.

윤명이와 아란이는 더 많이 울었지.

아란이는 어제 담임선생님이 성당까지 데려다주고 가셨어.

미모 회원님과 모바일고, 오산정보고, 미바 합창단 등 많은 분이 오셔서 눈물을 흘리셨어.

윤명이 대학 선후배들이 줄줄이 몰려왔고, 영북종고 제자와 수원여고 제자들이 와서 많이 슬퍼했어.

문득문득 자기가 정말 떠났다는 생각이 들더라.

영정 속의 자기는 나를 계속 쳐다보는 것 같았어. 인상이 조금이 변하면서….

많은 분이 오셔서 연도를 해주셨어. 나는 연도가 무엇인지도 몰랐는데 자기를 위한 노래였어.

11시에 입관 예를 했어. 마지막으로 자기를 볼 수 있는 시간이었어. 많은 분이 자기의 모습을 보면서 오열을 했어. 나도 많이 울었지만, 미모 회원님들이 더 소리 내어 우시더라.

나는 계속 힘들어했던 자기 배에 손을 얹고 이야기했어. 미안하다고, 자기를 지켜주지 못해서. 그리고 하늘나라에서는 행복하게 살라고….

성당에서 자기를 보내기로 한 결정이 장례식장이 좁아서 불편하기는 했었지만 즐겨 다니던 공간이라서 자기를 위해서는 잘한 일이라는 생각을 했어.

사위는 내일 아침에 호주에서 이곳으로 온다네. 비행기로 오면서 어떤 심정일까 생각을 했고, 학업 때문에 오지 못하는 아영이는 얼마나 마음이 아플까 생각을 했어. 드라마 속에서나 볼 수 있는 것으로 생각했는데 이런 일들이 우리에게 벌어졌다.

많은 지인이 문상 오시는 것을 보면서 자기는 힘들게 일 년 동안 고생을 했지만, 그래도 가는 길이 외롭지는 않겠다는 생각이 들었어.

자기야 잘 가라. 그리고 아무런 걱정이 없는 편안한 천국에서 행복을 누렸으면 하고 기도를 한다.

오늘은 이만 줄일게.

장례 일정으로 3일 이전의 편지를 쓰니 그날의 감정을 제대로 표현하지 못하겠다.

그래도 당신이 잘 이해해줄 것으로 믿어.

자기야 사랑해!

자기 무덤에 절을 할 줄은

● ● ●

2018. 4. 18.(수)

자기 무덤이 만들어졌어.

내가 자기 무덤에 절을 할 줄은 몰랐어.

나는 결혼 하면서 속으로 같은 날 죽었으면 좋겠다고 생각했었는데…

어떻게 이렇게 되었을까? 참으로 허망하기만 하다.

오늘이 발인이지. 남들이 상을 당했을 때 발인이 언제냐고 여러 차례 물어보았는데…. 자기의 발인이라는 단어를 쓰다니.

오늘은 9시 15분에 권선동성당 장례식장에서 발인인사를 했어. 친지들이 촛불을 들고 주변에서 가는 길을 밝혔어. 성수도 뿌리고…. 처음 접하는 일이라 방법도 모르는데 그냥 시키는 대로 했어. 미모 회원들의 울음소리가 아주 크더라….

그리고 자기야. 내가 성체를 받을 수 있도록 큰처남이 해놓으신 것 같아. 앞으로 열심히 성당에 다니겠다고 하니 신부님이 허락을 해주셨어. 9시 40분경에 고해성사를 했는데 이번에는 허락해주신 거야. 두 달 전쯤에 성체를 받고 싶어서 판공성사를 했다가 오랫동안 나오지 않았다고 하니 안된다고 하셨는데 이번에는 허락을 해주셨어. 그래서 성당에서 발인예식을 할 때 성체를 모실 수 있었어. 처음으로 밀떡을 먹었어.

11시쯤에 성당을 떠나 장지로 출발을 했어. 뒤늦게 호주에서 도착한 사위가 자기 위패를 들고 조카인 종명이가 영정을 들었었는데, 장지로 떠날 때는 윤명이가 캐딜락 앞자리에 영정과 위패를 들고 타고 나는 뒷자리 자기 가까운 곳에 앉아서 갔어.

장지로 갈 때 일부러 정들었던 우리 집 옆으로 지나갔어. 자기가 그토록 가고 싶었던 집이었는데.

고향으로 향하는 길에 펼쳐진 광경들은 마치 자기를 위해서 일부러 가꾸어놓은 꽃길과 같았어. 산과 들에 연두색의 풀과 나뭇잎들이 너무 예뻤고, 그 중간중간의 꽃들은 너무나 아름다웠어. 마치 무릉도원을 가는 길 같았어. 자기가 완쾌되어 가보고 싶다던 꽃구경을 그래도 마지막 길에 할 수 있어서 얼마나 다행스러웠는지 몰라.

장지에 도착하니 친척들과 친구들이 와서 대기하고 있었어.

8명이 자기를 산소까지 옮겼는데 그중 6명이 내 친구들이었어. 그래서 아, 내가 잘못 살지는 않았다는 생각이 들었어.

둘째 형이 자기가 잠들 곳을 거의 정리하고 연령회 회원님들의 기도 속에 자기는 영원히 볼 수 없는 곳으로 가버렸어. 왜 그리도 무덤이 빨리 완성되는지….

걱정했던 것은 우리 어머니였어. 96세로 자기를 끔찍하게 여기셨는데 역시 많이 우시지만 고생한 자기를 알기에 그래도 실신을 하시거나 하지는 않으셨어. 나에게 부담을 주시지 않으려고 많이 참는 느낌을 받았어. 자기를 많이 아끼셨던 아버지 산소 아래에 자기가 있으니 그래도 마음이 놓이더라. 우리 식구들은 사실 나보다 자기를 더 좋아한 것 같아.

집으로 돌아와서 자기 사진을 세워놓고 십자가와 촛불을 켜놓고 윤명이가 성당에서 가져온 위령기도 책자를 토대로 간단하게 예를 올렸어.

이제 윤명이가 알아서 열심히 하려고 하더라.

장지로 향하면서 윤명이에게 성당을 다닐 것이냐고 물으니 당연하게 잘 다닐 것이라는 대답을 하더라. 윤명이가 자기가 하늘나라로 가면서 많이 달라진 것 같아. 상주 역할을 하면서 이제 책임을 져야 한다고 생각하는 것 같았어.

이제 나를 너무 많이 챙기더라. 나는 마치 할아버지가 된 느낌이야.

자기를 하늘나라로 보내는 과정에는 처남과 처남댁은 성당에서 우리 형제들은 산소에서 모든 일을 알아서 잘 처리해주셔서 아무런 불편이 없이 잘 치러진 것 같아.

묫자리도 마음에 들고, 봉분도 예쁘게 잘 만들어졌어.

그리고 우리 큰형님과 셋째 형님은 그간 매우 사이가 좋지 않으셨는데, 오늘 어느 정도 관계가 개선되었어. 자기가 둘 사이도 좋게 해놓고 갔다고들 하셨어.

60살의 젊은 나이에 1년 동안 고생을 하면서 투병했지만 그래도 마지막 가는 길은 아름다워서 성공적으로 살다가 간 것 같아.

자기야 하늘나라에서 푹 쉬고, 많이 여행도 다니고, 그간 먹지 못한 것들도 실컷 먹었으면 좋겠다. 20일 넘게 물도 제대로 마시지도 못하고 떠나게 한 것이 가장 가슴이 아프다.

사랑한다. 아주 아주 많이.

2018. 4. 19.(목)

 자기야. 자기 사망신고를 했어.

 오늘은 맥이 많이 풀린 날이었어.

 어젯밤부터 친척과 지인들이 주고 가신 부의금을 계산하느라고 눈이 매우 아팠어. 그래서 아침을 먹고 나서 침대에 누웠다가 아란이가 점심을 먹으라고 깨워서 가보니 윤명이가 점심을 차려놓았어. 어제부터 윤명이가 밥을 계속 차리고 설거지까지 하는 거야.

 전에는 거의 그런 날이 없었는데…. 이제는 나를 챙기는 것을 느낄 수 있어.

 점심을 먹었는데도 눈 주변의 통증이 가시지 않았지만 윤명이가 사망신고를 하러 혼자 가겠다고 해서 내가 같이 가자고 했어.

 몇 자만 쓰니 신고가 끝났다고 하네. 우리가 사는 권선1동 사무소에를 반드시 가야 하는 것을 처음 알았어. 물론 구청으로 가도 되고.

 눈이 계속 아파서 안과에 들렀더니 이상이 없다고 하더라.

 내일 삼우제다.

 저녁에 외출했던 사위가 들어와서 비행기표 값을 주었더니 눈물을 흘리더라. 아영이이게 잘하고, 나중에 꼭 모시고 살고 싶다고. 말이라도 기분은 좋더라.

 자기는 오늘 혼자 매우 쓸쓸하겠다.

 내일 보자.

천국에서 아프지 말고 행복하게 잘 지내

● ● ●

2018. 4. 20(금)

삼우제다.

10시에 성당에서 봉헌미사가 있는 날이야.

8시 40분이 되지 않아서 가고 있는데 큰처남이 어디냐고 부르는 거야. 사무실에 봉헌금을 내야하고 봉헌미사 날짜를 잡아야 해서 나를 찾으시는 것이었어.

처남이 봉헌미사 날짜를 잡고, 나는 감사헌금과 봉헌금을 내는 일을 했어. 4월 24일부터 5월 29일까지 7차례에 걸쳐 봉헌미사가 이루어진다고 하더군. 그런데 거의 화요일 10시라서 참석하는 데 애로가 있기는 하겠어. 그때마다 외출을 달아야 하니까.

그리고 소성당에서 수백 명이 모인 가운데 봉헌미사가 이루어졌어. 대상자 여러분 중에 자기 이름이 불리더라. 자기 이름이….

봉헌미사를 마치고 나, 처남, 사위, 윤명, 아란이 등 5명이 내 차로 고향으로 향했어. 발인하는 날과는 달리 함께 같은 차로 가니 좋더라고. 특히 둘째 처남이 함께해서 좋았어.

중간에 장숙이 동생 집 짓는 곳에서 둘째 형과 동생을 만나서 점심을 먹고 고향으로 갔어. 간단하게 제사 음식을 차려놓고 절을 하고는 돌아왔어. 이때도 전직 교장 선생님이 순서를 말씀해 주셨어.

형 집에서 커피를 마시고 서둘러서 집으로 돌아왔어. 둘째 형 집에서는 셋째 형이 분위기를 돋우느라고 농담을 많이 해서 많이들

웃었어. 비가 빨리 와서 자기 무덤에 잔디가 잘 자랐으면 좋겠다.

집에 와서는 내가 자기 사진에 붙어 있는 검은색 끈을 제거하고, 자기가 좋아했던 커피만 한 잔 남겨놓았어.

시간이 왜 이리 빨리 흐르는 줄 모르겠다.

자기 사진을 보면 계속 나를 응시하는 것 같아. 표정은 잘 모르겠어….

아란이도 철이 많이 난 것 같아. 나를 많이 위로하려고 하니….

자기야 천국에서 아프지 말고 행복하게 지내.

혼자 무섭지? 자기 무서움을 많이 타잖아. 그래도 호랑이 같은 시아버지가 계시고, 그 아래에는 형님과 조카들이 사니까 잘 지켜줄 거야.

〈큰딸 아영이가 보낸 편지〉

아버지께

아빠, 큰딸 아영이에요.

그저 먼일인 줄로만 알았던 일이, 먼일이기만 바라던 일이 생각보다 너무 빨리 일어나 버렸네요.

처음 그 소식을 들었을 때, 머리가 멍하고 아무 생각도 나질 않았어요.

실감이 나질 않았어요. 제 삶은 그대로인데, 엄마가 세상에서 사라지셨다는 사실이요.

그 소식을 들은 날, 자려고 누웠다가 결국 한참을 목놓아 울었어요. 거칠지만 따듯했던 엄마 손의 감촉이 너무나 생각이 나서요.

떨어져 사는 저도 이렇게 마음이 아픈데, 30여 년의 세월을 옆에서 함께 살아오신 아빠는 얼마나 가슴이 미어지고 힘이 드실지, 엄마가 없는 앞으로의 삶이 얼마나 막막하고 쓸쓸하게 느껴지실지, 그 생각을 하면 더 마음이 아파요.

그래도 엄마가 어느 날 갑자기 돌아가신 게 아니라 다행이라는 생각을 해요. 물론 병을 이겨내실 거라고 믿었지만, 마음 한편으로는 엄마가 내 곁에 오래 계시지 못할 거라는 마음의 준비를 할 시간이 있었으니까요. 엄마가 집에 계시던 동안, 매일 엄마를 위해 삼시세끼를 차리며 물론 힘들 때도 있었지만, 이런 일이나마 엄마를 위해 해 드릴 수 있어서 참 다행이라고 생각했어요. 내가 이 시기에 이걸 해 드릴 수 있는 상황이어서 참 다행이라고, 나중에 엄마 돌아가시면 그래도 덜 죄송할 것 같아서요. 아무것도 해 드리지 못한 채로 돌아가시면 내 마음이 얼마나 한스러울까. 이런 생각에 나름대로 최선을 다했어요. 지금 와서 생각해보니 그 작은 일이라도 해 드렸던 것이 그나마 저에게 위로가 되네요.

엄마랑 했던 마지막 여행이 요즘 계속 생각이 나요. 호주의 한 작은 마을에서 바다가 너무 예쁘다며 한참을 앉아 계셨던 모습, 남자친구였던 민규에게 나중에 아영이랑 어떻게 될지 모르니 꼭 독사진을 찍어 놓으라며 농담하시던 모습, 시드니 강가의 멋진 레스토랑에서 불꽃놀이를 보며 좋아하셨던 모습 하나하나 너무나 소중한 추억이 되었네요.

내가 아파서 다행이야

아빠가 엄마한테 읽어주셨다는 편지를 보면서, 그래도 엄마의 삶이 그렇게 나쁘지는 않았다는 생각이 들었어요. 엄마는 그 편지를 들으시면서 정말 행복하셨을 거예요. 30년을 함께 한 남편에게 그렇게 진심이 담긴 절절한 사랑 고백을 들을 수 있는 사람이 세상에 얼마나 되겠어요. 엄마에게 못 해주신 것에 대해 너무 가슴 아파하시지 마세요. 그래도 일 년여의 투병 하는 동안 아빠는 최선을 다하셨잖아요. 세상 어떤 사람이 봐도 아빠가 엄마를 위해 최선을 다하셨다는 것은 알 거예요. 물론 그 누구보다도 엄마가 잘 아셨을 거예요. 아빠가 얼마나 엄마를 사랑하시는지를요. 여자들은 그 어떤 호강을 시켜 주는 것 보다, 사랑받는다는 느낌을 받을 때 더 행복하거든요. 그러니까 너무 가슴 아파하지 마세요. 좋은 기억만, 좋은 추억만 간직하면서 사셨으면 좋겠어요. 저도 그럴 거고요.

아란이는 걱정하지 마세요, 저랑 운명이가 있으니까요. 제가 멀리 떨어져 있어 엄마의 빈자리를 채울 순 없겠지만, 이제 제가 아란이의 엄마라는 마음으로 신경 많이 쓸게요. 이번 일을 겪으면서, 형제자매가 있다는 게 참 좋은 거라는 생각을 많이 했어요. 그 어떤 사람도 가족들만큼 같은 슬픔을 나눌 순 없고, 가족들만큼 의지가 될 순 없으니까요. 제 걱정도 하지 마세요. 저는 저를 정말 아껴주고, 저를 항상 웃게 해주는 신랑과 행복하게 살고 있어요. 마음을 나눌 친구들도 많이 생겼고요.

아빠, 부디 건강하게 오래오래 저희 곁에 있어 주세요. 지금은 매우 힘드시겠지만, 하루하루 살다 보면 분명히 언젠간 또 행복한 날이 있을 거예요. 몸에 좋은 것도 많이 드시고, 친구들도 많이 만나시고,

취미생활도 하시면서 즐겁게 사셨으면 좋겠어요. 바쁘다는 핑계로 연락도 자주 안 드리는 무뚝뚝한 딸이지만, 그래도 아빠를 너무너무 사랑하는 딸이라는 거 항상 잊지 마세요. 그리고 제가 생각나시면 언제든 전화 주세요. 아빠, 정말 많이 사랑해요.

큰딸 아영 올림(2018.4.20.)

2018.4.21.(토)

오늘은 매우 피곤했어.

아침에 일어나서 집 청소라도 하려고 했는데 잘되지 않았어.

피곤해서 그냥 소파에 앉아 있었어.

윤명이는 큰형이 보내주신 보약 먹으라고 따라다니면서 성화였어. 그리고 정신과 약도 먹으라고….

이제 시험도 얼마 남지 않았으니 윤명이도 밥하는 것에서 손을 떼라고 했더니 내일은 학교에 가서 족보도 얻고, 공부도 하겠다고 하네.

저녁에는 자기 양말, 속옷, 신발 등을 대충 봉지에 넣어서 일곱 봉지 정도를 버렸어. 내일 누나, 동생, 형이 와서 자기 옷가지 등을 정리한다고 했어.

아란이에게 엄마 옷 중에서 마음에 드는 것이 있으면 고르라고 했더니 꽤 많이 골라놓았어. 대학교에 가면 입는다고…. 자기를 많이 닮은 아란이가 자기 옷을 입으면 자기만큼이나 예쁘게 보일 것 같아.

아이들이 공부하는지 저녁에는 보이지를 않는다.

　내가 아파서 다행이야

아침에는 사위를 세류역까지 데려다주고 왔어.

사위가 참 인정이 많은 것 같아.

사위를 잘 얻은 것 같아.

그리고 자기 장례식에 찾아준 분들께 감사의 글을 쓰는 일을 했어.

이만 줄일게….

사랑해! 박정안 크리스티나

● ● ●

2018. 4. 22(일)

자기 옷과 신발을 모두 정리했어.

10시가 되지 않아서 둘째 형, 둘째 누님 내외, 동생 내외분이 집에 왔어. 자기 옷과 신발 등을 정리하고 자기가 아픈 1년 동안 집안이 엉망일 것으로 알고 치워주시러 오신 것이야.

아란이가 5월 1일부터 시험이라 학교에 가서 공부한다고 해서 데려다주고 오니 이미 와계셨어. 윤명이는 내일부터 시험이라 학교에서 공부하겠다고 나갔고….

누나와 동생이 자기 옷을 열심히 정리하면서 마음에 드는 옷이 있으면 가져가라고 했더니 기꺼이 고르는 모습을 보면서 자기를 참 좋아했다는 생각이 들었어.

매제, 매형, 둘째 형과 나는 하는 둥 마는 둥 하다가 점심을 먹는데, 누님과 동생이 만들어 온 반찬이 어찌나 많은지 식탁을 넘쳐흐르는 듯했어.

옷을 정리한 후에는 냉장고는 물론 싱크대 주변, 그릇, 그리고 김치냉장고까지 모두 깨끗하게 청소해 주었어.

누나이고 동생이지만 몸 둘 바를 모를 정도로 열심히 해주어서 정말 고맙고 미안했어.

형제가 많은 것이 좋다는 생각을 새삼 느끼게 되었어. 그리고 이렇게 정 많은 형제를 두었다는 것이 얼마나 행운인가 하는 생각을 하게 되었어.

자기야 일기를 여기서 줄여도 되겠지?

못 쓰는 글이지만 자기가 꼭 읽어주었으면 좋겠다.

2월에 백혈구 헌혈을 할 때 성분헌혈실의 간호사들이 너무 친절해서 '칭찬합시다'에 글을 남겼더니 그것이 당첨되어서 상품권 2만 원이 날라왔네~

자기가 완쾌되어 지금 옆에 있으면 얼마나 좋았을까?

자기야. 사랑한다. 자기 말대로 아이들 잘 키울게. 그리고 아란이 유학하러 간다고 하면 꼭 보내줄게.

걱정하지 말고 잘 지내.

사랑해! 박정안 크리스티나~

2018. 4. 23(월)

오늘은 월요일이다.

특별휴가로 오늘까지 출근하지 않아.

내가 아파서 다행이야

아침에 일어나서 윤명이가 새벽에 시험공부를 하러 간 것을 확인하고는 다시 누웠어.

뭔가 할 일이 없는 것 같아. 아니, 하고 싶지 않아서이기도 하지.

계속 뒤척이다가 10시가 넘어서 일어났어.

이것저것 정리를 해야 하는 데 아무것도 손에 잡히지를 않는다.

아침을 먹는 둥 마는 둥 하고 자동차, 농협, 메트라이프, 동양생명, 국민은행 등을 다니면서 자기 이름으로 된 자동차, 통장 등을 어떻게 바꿔야 하나 상담했어.

자기가 알뜰하게 살림을 잘해서 여기저기에 돈이 묻혀있었어.

물론 아영이가 귀국해서 얼굴을 보여주어야지 명의 변경이 가능하다니 아영이가 귀국하는 6월까지는 잠잠하게 기다려야 할 것 같아.

이곳저곳을 돌아다니는데 힘이 빠지더라.

자기에 대한 그리움이 쌓여만 가는 거야.

여기저기서 위로의 문자와 전화도 계속 오고….

저녁에는 밥을 먹고 나서 무엇인가를 해야 하는 데 손에 잡히지 않아서 탁구장에 갔어.

위로의 말을 들으면서 괜히 나갔나 하는 생각도 들었어.

자기야 앞으로 열심히 살아갈게.

열심히….

자기야. 잘 자라.

나는 맥주 한 캔 하고 자려고….